복지한국, 미래는 있는가

복지한국, 미래는 있는가

1판1쇄 | 2007년 3월 15일
2판1쇄 | 2009년 8월 27일
2판3쇄 | 2013년 9월 13일

지은이 | 고세훈

펴낸이 | 박상훈
주간 | 정민용
편집장 | 안중철
책임편집 | 최미정
편집 | 윤상훈, 이진실, 장윤미(영업 담당)
업무지원 | 김재선

펴낸 곳 | 후마니타스(주)
등록 | 2002년 2월 19일 제300-2003-108호
주소 | 서울 마포구 합정동 413-7번지 1층 (121-883)
전화 | 편집_02.739.9929 제작·영업_02.722.9960 팩스_02.733.9910
홈페이지 | www.humanitasbook.co.kr

인쇄 | 천일_031.955.8083 제본 | 일진_031.908.1407

값 15,000원

ⓒ 고세훈, 2007
ISBN 978-89-90106-93-3 03300

이 도서의 국립중앙도서관 출판시도서목록(CIP)은 e-CIP 홈페이지(http://www.nl.go.kr/ecip)에서
이용하실 수 있습니다(CIP제어번호: CIP2009002586).

복지한국, 미래는 있는가

고세훈 지음

후마니타스

차례

Welfare

서문

이 책에서는 한국 사회에서 복지국가로의 발전 전망을 여러 국내적 상황뿐 아니라 신자유주의적 세계화라는 외적 환경 변화의 조건 속에서 탐색해 보고자 한다. 나아가 이런 조건에서 한국이 선택할 수 있는 대안적 복지 체제를 모색해 볼 것이다.

빈곤과 사회경제적 불평등의 문제가 날로 심화되고 있는 오늘의 한국 사회에서 정치의 방법을 최대한 활용하여 복지국가의 길을 개척해야 하는 것은 현실적인 문제다. 복지국가 이외에 우리가 선택할 수 있는 더 우월한 대안은 없기 때문이다. 신자유주의적 세계화가 힘을 확대하고 복지국가 위기론이 확산되고 있지만 우리가 다시 복지국가에 주목하는 이유가 여기에 있다.

과연 한국에서 복지국가로의 발전은 가능한가?

오늘날 하나의 실체로서 세계화가 가할 압박에 초연할 국가는 어디에도 없다. 그러나 세계화와 그것이 동반하는 신자유주의가 우리 운명을 규정하는 절대적인 제약은 아니며, 순응할 것 이외에 달리 선택은 없다는 정치적 알리바이로 작용할 수는 없다. 현실 세계의 모든 시장 체제가 정치적 구조물인 것처럼, 신자유주의적 세계화도 정치적 선택의 결과일 뿐이다. 세계화의 구조적 압박 역시 개개 국민국가의 정치적 대응에 따라 걸러지고 차별화될 수밖에 없다.

세계화의 폐해들은 정치의 중요성을 새삼 일깨우지만, 현실에서 정치는 일상적으로 폄하되고 있다. 세계화론자들이 정치의 무용無用을 부추기는 다른 한편에서 사람들은 정치의 무능에 실망하며 체념한다. 정치의 가장 우월한 형식이라는 민주주의가 현실 세계에서 보여 온 무력감 때문일 것이다. 오늘날 문명 세계 국가 대부분에서 민주주의가 하나의 규범으로서 정착·확산되고 있지만, 빈곤과 상대적 박탈감의 정도는 갈수록 심화되고 있다. 심지어 사회경제적 민주화를 웬만큼 일궈 냈다는 서유럽 국가들조차 새로운 갈등 요인들 앞에서 혼란을 겪기도 한다.

소위 민주화 이후 20년이 지났지만, 오늘날 '민생'과 관련된 거의 모든 사회경제적 지표들에 나타난 한국인의 삶은 갈수록 고달프고 신산하다. 아마 산업화된 국가들 가운데 한국은, 민주주의가 복지를 위한 제도화를 자동으로 담보해 주지 못함을 보여 주는 가장 명료한 사례 가운데 하나일지 모른다.

2007년도를 기준으로 국가 예산이 책정한 복지 관련 지출은 국민총생산GNP의 6%를 약간 웃돌며 여전히 서유럽 복지 선진국의 1/5을 넘지 못하고 있다. 실업 급여의 소득 대체율은 선진국의 1/4 정도인

20%를 밑돈다. 극빈층을 대상으로 한 공공 부조의 규모는 특히 저급해서, 복지 선진국들의 1/10 수준이다. 차상위계층이란 가구 소득이 최저생계비의 120% 이하이면서 정부의 기초생활보장 수급 대상에 들어가지 못하는 잠재적 빈곤 계층을 의미하는데, 국가 복지의 사각지대에 방치된 이들 차상위계층의 비율은 전체 인구의 거의 10%에 달하고 있다.

오늘날 한국의 노조 조직률과 단체협상 적용률은 모두 경제협력개발기구OECD 최하위에 머물러 있다. 중앙 교섭이나 연대 임금 정책 혹은 체계적 훈련 제도 등 노동시장 체제의 중핵을 형성하는 제도들은 사실상 부재한 것이나 다름없다. 고용 불안정과 임금 불평등의 정도는 선진국에 비해 현저히 높다.

그런데도 한국 시민사회의 의식과 관행은 반노동, 반국가, 반복지, 성장지상주의 등의 담론들에 깊이 침윤되어 헤어날 줄 모른다. 국가 복지의 수준, 노동시장 제도, 기업지배구조, 그리고 시민사회의 의식과 담론 상황은 서로 긴밀하게 맞물리면서 한국 사회를 '반복지의 덫'이라는 심연 속으로 빠뜨리고 있다.

민주주의가 복지 체제의 발전을 위한 충분조건은 되지 못할지라도, 사회경제적 약자를 위한 최소한의 절차적 필요 요건이라는 점을 인식하는 일은 중요하다. 무엇보다 정당 체제, 선거제도, 지방분권 등과 관련하여 민주적 대표성을 공고히 함으로써 국가(개입)의 윤리적 정당성을 확보해야 한다. 복지국가를 둘러싼 모든 중요한 개혁은 국가의 입법적 발의에서 비롯될 수밖에 없기 때문이다.

동시에 사회경제적 영역에서 권력 자원의 불균형을 줄이기 위한 노력이 시급하다. 현재의 사회경제적 상황이 적나라하게 확인시켜 주듯이, 시장은 정치 영역에서 민주주의의 절차적 외양을 일거에 웃음거리로 만들 수 있는 권력적 현장이거니와, 시장의 민주화 없이 명실상부한 복지 체제를 구축하는 일은 애초에 불가능한 일이다.

만일 국가 복지가 저급하다면, 실업 보호를 받지 못하는 노동은 노동시장과 기업의 부담으로 떠넘겨질 것이다. 노동시장의 제도화 수준이 낮고 기업이 비민주적 지배 구조로 되어 있다면, 고용 보호를 받지 못하는 노동은 다시 국가의 부담으로 전가되거나 고용 상태에 있으면서도 저임금과 열악한 노동조건에 시달리는 사실상의 시장 탈락자로 전락하기 쉽다.

한국 복지의 궁극적 발전 방향은 민주화가 정치적 수준에서 사회경제적 수준으로 확대되는 것이어야 한다. 나아가 그 과정에서 국가 복지의 확대뿐 아니라 시장의 민주화, 곧 노동시장 제도와 기업지배구조의 개선이 이루어져야 한다. 이는 우리가 개인-국가 관계, 개인-기업 관계를 재조정함으로써 '자본주의' 세계를 그나마 살 만한 곳으로 만드는 '통합적' 복지 모델을 구상해야 하는 시점에 와 있음을 의미한다.

이 책은 복지 한국이 나아가야 할 길로서 '이해관계자 복지'를 제시한다. 그것은 노동의 참여가 제도적으로 실천될 수 있는 구조를 국가, 노동시장, 기업에 착근시킴으로써 노동을 자본주의의 '진정한' 이해관계자로 만든다는 사상에서 출발한 것이다.

문제는 우리가 복지와 관련된 모든 의미 있는 제도적 전통의 부재에서 시작해야 한다는 점이다. 그것은 곧 복지 한국을 위한 개혁이 장기적 구상일 수밖에 없음을 의미한다.

그러나 이런 구상의 중장기적 실천을 비관적으로만 전망할 필요는 없다. 오히려 우리는 복지 한국을 위한 제도화의 주체는 정치라는 점,

빈곤·불평등·불안이 만연하면서 한국 정치가 동원할 수 있는 잠재된 채 조직되지 않은 방대한 계급적 자원이 존재한다는 점, 그리고 '부재의 상황'이란 오히려 제도적 공백을 메우기 위한 정치적 이니시어티브가 작동할 수 있는 유리한 조건일 수 있다는 점 등을 예민하게 포착해야 한다.

이 책은 2007년 출판된 초판을 개정한 것이다. 보통 개정판은 내용을 늘린 '증보판'인 경우가 많으나 이 책은 반대로 기존 내용 가운데 상당 부분을 줄이고 압축했다는 차이가 있다. 특히나 한국의 복지 현황을 보여 주는 내용이 많이 삭제되었다. 복지 관련 제도와 결과는 나날이 변화하는지라, 이를 포함할 경우 시간의 풍화작용을 견딜 수 없기 때문이다. 그 결과 이 책은 복지국가의 형성 과정에 대한 기본 이해를 진작시킴과 동시에 이를 바탕으로 우리가 지향해야 할 복지 한국의 길을 거시적으로 조망하는 내용이 되었다.

2009년 8월
고세훈

● 나는 언젠가 말벌에게 몹쓸 장난을 했던 기억이 있다. 그 벌은 내 접시 위에서 잼을 흡입하고 있었는데, 그것을 두 동강 내버렸던 것이다. 그런데 동강난 식도 밖으로 가늘게 잼이 흘러나오는데도 그 벌은 먹는 일에만 몰입하고 있었다. 말벌은 날아가려 애 쓸 때 비로소 자신에게 일어난 그 끔찍한 일을 알아차렸다. 현대인도 이와 다를 바 없다. 동강난 것은 그의 영혼이며, 그가 그것을 알아채지 못한 지 벌써 꽤 — 아마 20년 정도 — 됐을 것이다.
| 조지 오웰(George Orwell), "Notes on the Way"(1940)

● 여호와께서 말씀하시되 너희의 무수한 제물이 내게 무엇이 유익하뇨. 나는 수양의 번제와 살진 짐승의 기름에 배불렀고 나는 수송아지나 어린 양이나 수염소 의 피를 기뻐하지 아니하노라 …… 헛된 제물을 다시 가져오지 말라. 분향은 나의 가증히 여기는 바요 월삭과 안식일과 대회로 모이는 것도 그러하니 성회와 아울러 악을 행하는 것을 내가 견디 지 못하겠노라 …… 너희가 손을 펼 때에 내가 눈을 가리우고 너희가 많이 기도할지라도 내가 듣 지 아니하리니 이는 너희의 손에 피가 가득함이니라. 너희는 스스로 씻으며 스스로 깨끗케 하여, 내 목전에서 너희 악업을 버리고 악행을 그치고 선행을 배우며 공의를 구하며 학대받는 자를 도 와주며 고아를 위하여 신원하며 과부를 위하여 변호하라. | 이사야 1: 11-18

Welfare

1부

문제의 출발

Welfare

1장 │ 민주화 이후 한국 사회의 빈곤과 불평등

민주화 이후 한국의 빈곤과 불평등

오늘날 인류 절대다수의 일상적이고 구체적인 생존 양태는 '불안'이다. 80 대 20 사회를 상상해 보라. 우리는 일하면서도 불안하다. 그러나 그것은 신을 떠난 뿌리 뽑힌 자의 존재적 불안도, 계몽과 자유의 망망대해를 홀로 노 젓는 근대인의 실존적 불안도 아니다. 그보다는 오늘의 노동이 내일의 목숨을 부지하기 위한 물리적 조건조차 담보할 수 없다는 두려움에서 비롯된 매우 현실적인 불안이다. 일찍이 케인스는 자본주의가 화폐와 시간의 간섭을 피할 수 없다면, 자유주의 정치경제학의 균형과 안정은 애초에 터무니없고 어리석은 낙관이요 순수 가정에 불과하다고 말한 바 있다(Hutton 2000). 지금이 그런 상황이다.

민주주의 선진국들이 사회민주적 합의 체제를 반세기 가깝게 구상하고 실천해 왔던 것에 반해, 우리는 민주화 이후 빈곤, 불평등 그리고 그로 인한 불안의 문제에 직면해 있다. 지난 10여 년 동안 우리의 위대한 '민주' 정부들은 신자유주의를 맨발로 맞이하며 무디스Moody's Investors Service와 스탠더드 푸어스Standard &Poor's의 순위 놀음에 전전긍긍해 했다. 그러면서 우리는 서구에서 신자유주의가 2백 년의 민주화 실험 위에서 비로소 담론화될 수 있었던 역사적 개념임을 망각해 버렸다.

본래 사회는 다양한 갈등으로 점철되어 있다. 인종, 종교, 성gender, 지역 등의 요인들이 촉발하는 대부분의 갈등은 인간(집단)의 원초적 차이에서 비롯된 것이므로 타협 자체가 원칙적으로 불가능할 때가 많다. 그런 갈등은 다원주의 자체를 부정하는 근본주의적 신앙과 얽히거나 정치적·경제적 이해관계와 맞물려 도발되지 않는 한, 보통은 수면 아래 잠복해 있는 비본질적 갈등이다.

그러나 빈부 혹은 경제적(계급적) 갈등은 첫째, 인간적 삶의 조건에 보편적이고 구체적으로 영향을 미친다는 점에서, 둘째, 본래적이 아니라 인위적·제도적으로 창출된다는 점에서, 셋째, 인간의 집단적 노력에 따라 완화 혹은 교정이 가능하다는 점에서, 넷째, 때로 앞의 원초적 갈등들을 자극하고 확대시키는 원인으로 작용한다는 점에서, 본질적 갈등이라 불릴 만하다.

민주주의란 자본주의라는 인위적 경제체제가 낳은 빈곤 혹은 극빈, 불평등 혹은 극분極分의 문제를 교정하기 위한 정치적 장치다. 이는 자본주의라는 경제 체계가 소유와 재산권에 기초한 불평등 체계인 데 반해 민주주의 정치 원리란 1인 1표의 정신에 입각한 평등 체계라는 점에 일차로 기인한다.

만일 정치가 시민사회의 이런 중심적 갈등에 정직하게 대면하기를 회피하거나 혹은 오히려 앞장서서 갈등을 부추긴다면, 그것은 민주주의를 절차의 수준에 가두고 정치 계급들만의 닫힌 체제로 만드는 결과를 낳게 된다. 그런 정치란, 자신의 존재 이유를 스스로 부정하고 방기하는 것이라 할 수 있다. 이때 정치, 정치 엘리트, 민주주의에 대한 일상적 냉소, 무관심, 혐오가 비등할 것은 자명하며 민주화 이후 한국 정치, 한국 민주주의의 위기의 소재가 바로 여기에 있다.

오늘날 한국인은 빈곤과 불평등 그리고 불안이 구조화된 시대에 살고 있다. 여기서 구조화라는 말은 두 가지 의미를 담고 있다. 첫째, 빈곤과 불평등의 문제가 1990년대 소위 민주 정부들이 들어서면서 지속적으로 악화 내지 심화되는 경향성을 띠고 있다는 점이고, 둘째, 그 저변에는 완강하게 소멸되기를 거부하며 복합적으로 얽혀 있는 여러 요인들의 망網이 지속적으로 영향력을 행사한다는 점이다.

민주화 이후의 한국 민주주의는 빈곤과 불평등의 심화 경향을 제어하거나 원인을 규명하고 처방을 제시하는 일 모두에 실패했다. 민주주의의 잠재력을 스스로 소진시켜 온 것이다. 문제는 이런 갈등적 상황이 정치의 본질적 과제로서 적절히 담론화·의제화되지 못한 채, 그것의 교정 또는 해소를 위한 제도화가 한없이 천연되고 있다는 것이다. 그 결과 우리는 임기응변적 진단과 처방, 비본질적 말싸움만이 난무하는 희망 상실의 시대를 살고 있다.•

• 빈곤과 불평등 현상에 대한 다각도의 문제 제기와 실증적 분석을 위해서는 최장집 편
  (2005)을 참조.

빈곤과 양극화의 증가

보건복지부의 추계에 따르면, 2005년 8월 현재 우리나라 빈곤층의 규모(기초생활보장 수급자, 최저생계비의 120% 미만 소득을 올리는 차상위계층, 그리고 잠재적 빈곤층을 합한 숫자)는 총 716만 명(전체 인구의 15%)이며, 이들의 70~80%가 4대 보험의 혜택 밖에 있다. 이들 중 절반이 넘는 57.4%가 소위 일하는 빈민working poor이며, 중위 임금 2/3 이하의 저임금노동자 수는 전체 근로자 수의 25.9%에 달한다(통계청 각년도). 결국 취업이 빈곤 탈출의 청신호로 간주됐던 시절은 이미 지나갔다고 볼 수 있다.

더욱 심각한 것은 빈곤이 고착화·심화되고 있다는 사실이다. 빈곤과 관련된 거의 모든 지표가 외환 위기 이후 지속적으로 악화되었다. 최저생계비 이하의 절대빈곤층 비율은 1999년의 3.35%에서 2004년 2/4분기에는 무려 8.07%로 증가했다. 엥겔계수는 1999년 3/4분기 23.4%에서 2004년 3/4분기 28.5%로 늘어났다. 가계 부채는 1997년 9월 말 186조 1,055억 원에서 2006년 9월 말 현재 558조 8,176억 원으로 세 배가량 증가했다. 같은 기간 개인 파산 신청, 전기 요금 연체, 국민연금 체납, 건강보험료 체납 건수 역시 급격하게 증가했다.

2004년 현재 무급 가족 종사자를 포함한 우리나라의 자영업 비중은 34.0%로, 이는 미국(7.2%), 프랑스(8.7%), 독일(11.2%)은 물론이고 일본(15.4%)과 대만(28.4%)보다도 월등히 높다. 이 중 40%가 월평균 소득 1백만 원 미만의 생계형 자영업이다. 이들은 영세성과 과당 경쟁으로 인하여, 자금 지원 1년 후의 휴·폐업 비율이 2001년 15.0%에서 2004년에는 24.3%로 급증했지만 퇴출된 자영업자를 위한 사회안전망은 사실상 거의 없다. 노동연구원의 추정에 따르면, 자영업 체감경기 지수 또한 2002년 6월 105.3에서 2004년 10월 56.7로 지속적인 감소 추세에 있다. 한국인의 고통 지수(물가 상승률과 실업률을 더한 수치)가 외환 위기 직후보다 더 높아진 상황에서(1999년 7.1% → 2004년 8월 8.3%), 이혼이나 아동 유기 등 가족 해체 현상과 사실상 사회적 타살인 생계형 자살의 비율이 OECD 국가들을 선도하는 것이 어쩌면 당연한 일인지 모른다.

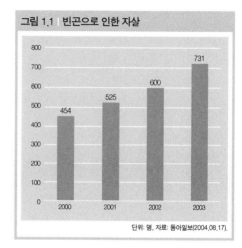

그림 1.1 빈곤으로 인한 자살

단위: 명, 자료: 동아일보(2004.08.17).

빈곤과 더불어, 한국 사회는 부문(수출, 내수), 산업(제조, 서비스), 기업(대기업, 중소기업), 업종(IT, 비IT, 경공업, 중화학공업), 고용 형태(정규, 비정규), 분배 구조(임금과 부)에서 양극화가 심화되는 추세에 있다. 저소득계층의 재생산이 내수 부문, 중소기업, 비IT산업, 서비스업 중심으로 이루어지고 있으며, 대기업과 중소기업 간의 수익성, 이윤율의 격차가 심화되고 있고, 경공업 및 부품, 조립가공 산업 중심의 대기업이 확대되고 소재 산업 중심의 중소기업이 위축되면서 수출과 성장의 고용 창출 효과는 하락하고 있다.

무엇보다 외환 위기 이후 기업들이 단기적 수익성에 집착하면서 그들의 고용 창출 잠재력은 현저히 줄어들었으며 중상위 수준의 일자리는 감소하고 하위 수준의 일자리는 대거 비정규직화되었다. 특히 기업의 규모가 커질수록 재무구조와 수익률이 개선되는데도 고용 규모는 줄어들고, 기업의 규모가 작을수록 재무구조와 수익률이 악화되면서 저임금의 불안정 고용이 늘고 있다. 상대적으로 임금이 높고 안정적인 제조업 고용 비중은 1989년의 27.8%를 정점으로 줄어들기 시작하여 2004년에는 19.0%로 떨어졌다. 특히 300인 이상 기업체의 고용

표 1.1	기업 규모별 주요 경영지표 비교 (제조업 기준)								
	부채 비율			영업이익률			매출액 증가율		
	2003말 (A)	2004말 (B)	B-A (%P)	2003 (A)	2004 (B)	B-A (%P)	2003 (A)	2004 (B)	B-A (%P)
대기업	113.5	91.7	△21.8	8.2	9.4	1.2	6.6	19.9	13.3
30대 기업	94.0	78.1	△15.9	9.5	11.8	2.3	10.2	24.7	14.5
30대 이외 기업	139.8	110.4	△29.4	6.4	6.1	△0.3	2.3	13.7	11.4
중소기업	147.6	138.7	△8.9	4.6	4.1	△0.5	5.4	12.3	6.9
매출액 500억 이상	125.5	112.8	△12.7	6.1	6.1	0.0	10.9	22.3	11.4
매출액 500억 미만	157.7	152.6	△5.1	4.0	3.1	△0.9	3.2	7.9	4.7

단위 : %, 자료 : 재정경제부(2005).

비중이 지속적으로 하락하는 가운데, 외환 위기 이후에는 1,000인 이상 대규모 사업체의 경우 고용의 절대 규모가 급격히 감소해 왔다.

반면에, 저임금과 불안정 고용을 특징으로 하는 소규모, 특히 10인 미만 사업체의 고용 비중은 외환 위기 직후 급격하게 증가했다. 2003년 현재, 10인 미만 소규모 사업체와 1,000인 이상 대규모 기업에 종사하는 취업자 수의 비율이 각각 45.3%, 5.3%로서, 이는 미국의 12.0%와 19.0%에 비해 훨씬 불균형적이다. 중소기업(300인 미만)과 대기업(300인 이상)이 차지하는 고용 비중의 큰 차이가 경영 실적의 차이 때문이라고는 보기 어렵다. 오히려 지난 몇 년간 양자의 경영 실적은 대기업에 유리한 쪽으로 전개되어 왔다.

재무구조와 관련해서는, 2004년 말 대기업과 중소기업의 부채비율은 각각 91.7%, 138.7%로 대기업이 전년도 말(113.5%)에 비해 크게 개선된 반면, 중소기업의 경우는 변한 것이 없다. 2004년도 대기업과 중소기업의 영업이익률도 각각 9.4%, 4.1%로, 전자가 그 전 해(8.2%)에 비해 늘어난 반면, 후자의 수익성은 오히려 악화되었다.

중소기업들도 기업 규모에 따라 재무구조와 수익성에서 상당한 차이를 보였다. 2004년을 기준으로 할 때, 매출액 500억 원 이상 중소기업의 부채비율과 영업이익률은 각각 112.8%, 6.1%인 반면, 매출액

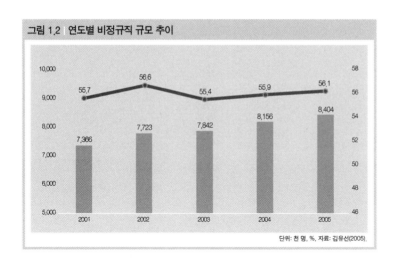

그림 1.2 연도별 비정규직 규모 추이

단위: 천 명, %, 자료: 김유선(2005).

500억 원 미만 기업은 각각 152.6%, 3.1%로 훨씬 낮다. 이런 수익률의 차이는 연구개발R&D 투자액과 인재 확보 수준과도 밀접히 연관돼 있다. 대기업의 연구개발 투자 비중은 2001년 71.2%에서 2003년 76.4%로 증가(상위 5개사의 비중이 대기업 전체의 약 1/2을 점유)했는데 여기에다 임금 및 근로조건의 격차로 인해 우수 인력이 대기업으로 집중되면서, 대기업과 중소기업 간의 생산성 격차는 더 확대되고 있다.

요컨대 신자유주의적 구조조정과 뒤이은 노동 유연화 담론이 대세를 형성하면서, 기업들은 비용 절감을 앞세워 소수 전문 인력과 다수 비정규직의 이중적 노동시장을 창출하고, 정규직의 임금 상승 부담조차 노동시장 내의 취약 계층으로 전가시키고 있는 것이다.

이중적 노동시장의 문제

아마 한국 사회에서 비정규직 문제만큼 빈곤과 양극화 실태, 그리고

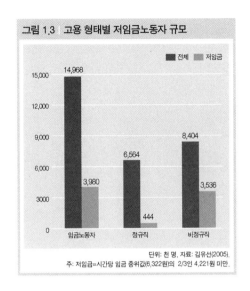

그림 1.3 고용 형태별 저임금노동자 규모

단위: 천 명, 자료: 김유선(2005).
주: 저임금=시간당 임금 중위값(6,322원)의 2/3인 4,221원 미만.

그 인과적 고리를 적나라하게 드러내 주는 주제는 없을 것이다. 그것은 임금, 노동시간, 고용 등과 관련된 수량적 노동시장 유연화 전략의 산물로서, 빈곤화의 중심적 요인이며, 소득과 부뿐만 아니라 노동시장의 양극화를 주도하는 문제라 할 수 있다. 나아가 성장의 잠재력과 노동운동의 가능성을 그 뿌리부터 훼손하는 핵심적 사안이다.

실제로 "비정규직 남용 방지와 보호"를 대선의 핵심 공약으로 내걸었던 노무현 정부가 들어선 이후 비정규직은 오히려 꾸준히 증가했다. 외환 위기 이후 비정규직의 비중이 대체로 전체 임금노동자의 55~60%에서 구조화·고착화되는 경향을 보이는 가운데, 2005년 8월 현재 그 규모는 전체 임금노동자의 60%(이는 선진국의 두 배에 해당하는 수치다)에 육박하고 있다. 2005년 현재 비정규직의 임금 소득은 정규직의 50%에도 못 미치지만, 비정규직을 위한 사회안전망 조건은 매우 취약해서 사회보험 가입률은 정규직 82%에 비해 30%를 간신히 넘어서고 있으며, 퇴직금, 상여금, 시간외수당, 유급휴가 등 노동조건의 적용 수준도 정규직 82%에 비해 14%에 불과하다.

무엇보다 정부의 비정규직 대책을 신뢰할 수 없게 하는 것은 공공 부문이 비정규직 증가를 오히려 주도했다는 사실이다. 2005년 10월의 민주노동당 자료에 따르면, 공공기관의 비정규직 규모, 임금 등 고용조건이 민간 부문과 차이가 없을 뿐만 아니라 공공기관에 종사하는 비정규직 중 3년 이상 장기근속자가 37.2%에 달할 정도로 공공기관에서도 비정규직 고용이 매우 일반화되어 있다. 특히 비정규직 관련

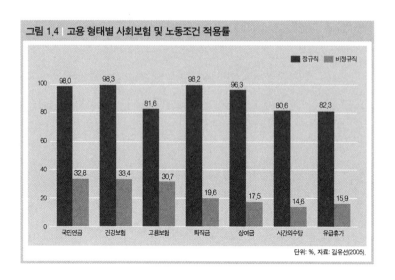

그림 1.4 | 고용 형태별 사회보험 및 노동조건 적용률

■ 정규직 ■ 비정규직

	국민연금	건강보험	고용보험	퇴직금	상여금	시간외수당	유급휴가
정규직	98.0	98.3	81.6	98.2	96.3	80.6	82.3
비정규직	32.8	33.4	30.7	19.6	17.5	14.6	15.9

단위: %, 자료: 김유선(2005).

주무 부처인 노동부의 비정규직 고용 비율이 47%에 이른다는 점은 비정규직의 상용직화 등 비정규직 남용을 억제하겠다던 정부의 공언이 얼마나 무책임한 것이었는지를 단적으로 보여 준다. 임금수준도 열악해서, 공공 부문에서 정규직과 동종·유사 업무를 수행하는 비정규직의 임금수준은 정규직의 46.5%에 불과한 것으로 드러났다. 한국의 비정규직은 공사 부문에 관계없이 구조화되고 있는 것이다.

　여성 비정규직의 상황은 더욱 심각하다. 여성의 경제활동 참여율이 50%를 넘어서고 있지만, 그들 가운데 80% 이상이 10인 미만 사업장의 생산직, 판매직, 서비스직에, 60%를 훨씬 웃도는 비율이 제조업, 숙박과 요식업, 도소매업의 3개 산업에 집중되어 있다. 또한 여성 임금노동자 전체의 70%가 파견, 임시, 시간제 등 불안정 노동 형태로 취업하고 있다. 중위 임금 2/3 이하의 저임금 근로자를 성별로 보면, 전체 남성 근로자 중 남성 저임금 근로자 수는 12.7%, 전체 여성 근로자 중 여성 저임금 근로자 수는 44.3%를 차지하고 있다. 전체 저임금 근로자 중 여성의 비율은 2000년 이후 줄곧 70%를 상회하여, 2004년 8월 71.8%(일용직의 경우 85.4%)를 기록하여 최고조에 달했다. 오늘날 여성 비정규직의 임금수준은 남성 비정규직의 40%에도 미치지 못하며 정규직과 동일한 노동을 하면서도 4대 보험의 혜택에서 거의 배제되어 있다.

불평등 구조의 영속화

일하는 빈민으로서 비정규직이 늘고 빈곤의 여성화가 심화되는 상황에서, 한국은 OECD 국가들 가운데 임금 소득 불평등 정도가 가장 심각하다는 불명예를 안게 되었다. 불평등의 대표적 지표인 소득분배율, 지니계수, 5분위 소득률은 모두 시간이 지날수록 사정이 악화되고 있음을 보여 준다. 노동소득분배율은 외환 위기 직전인 1996년 63.4%에서, 직후인 1998년 61.9%, 그리고 2004년엔 58.8%로 지속적으로 줄어들고 있는데(선진국은 70% 이상 수준에서 안정적), 이는 총자본과 총노동 간의 양극화가 그만큼 심화되고 있음을 의미한다.

노동소득분배율

국민소득 중에서 노동소득이 차지하는 비율. 한 나라 국민의 생산활동으로 발생한 소득은 노동, 자본, 경영 등의 생산요소를 제공한 경제주체에게 나누어진다. 이 중에서 노동을 제공한 대가로 가계에 분배되는 것을 급여, 즉 피용자 보수라고 하고 생산활동을 주관한 생산주체의 몫을 영업 잉여라고 한다. 여기에서 피용자 보수를 좁은 의미의 국민소득(NI), 즉 피용자 보수와 영업 잉여의 합계로 나누어 얻어지는 값을 백분율로 나타낸 것이 노동소득분배율이다. 노동소득분배율은 노동의 가격이 자본의 가격보다 높을수록, 그리고 한 나라의 산업이 노동 집약적일수록 그 값이 커지게 된다.

지니계수(1에 가까울수록 소득분배의 불균형이 심함을 의미) 또한 1997년 0.283에서 외환 위기를 겪으면서 높아지기 시작하여 2004년에는 0.310을 기록했다. 통계청의 가계수지 동향 자료에 따르면, 2004년 소득 5분위 배율(하위 20%에 대한 상위 20%의 소득배율을 나타내는 지표)은 5.41로서 1997년의 4.49 이후 급격하게 증가했다. 실업률이 1998년 7.0%에서 2003년 3.4%로 점차 안정되고 전체 취업자 중 피용자 비중이 1998년 61.7%에서 2004년 66%

	1990	1997	1998	1999	2000	2001	2002	2003	2004	1990~97 평균	1998~ 2004 평균
지니계수	0.295	0.283	0.316	0.320	0.317	0.319	0.312	0.306	0.310	0.286	0.314
5분위 배율	4.64	4.49	5.41	5.49	5.32	5.36	5.18	5.22	5.41	4.48	5.34

자료 : 통계청(도시가계연보).

로 늘어났음에도 불구하고 소득분배 구조가 이처럼 악화된 배후에는 일하는 빈곤층인 비정규직의 증가가 자리 잡고 있다.

고용 자체에 대한 불안도 날로 커질 뿐 아니라 차별화되고 있다. 2004년 현재 임금노동자 가운데 1년 미만의 근속자 비중은 40.1%로 이는 외환 위기 직전인 1997년 20.9%의 두 배 가까운 수치이고, 전체 임금 근로자의 평균 근속연수는 4.4년이지만 이중 상용직은 7.7년, 임시직은 1.8년으로 그 차이가 분명하다. 사업 규모별로도 차이가 명료하게 드러나는데 1~4인 기업, 5~9인 기업, 10~29인 기업, 30~299인 기업, 300~499인 기업, 500인 이상 기업을 순서대로 들여다보았을 때, 1년 미만 근속자의 비율은 62.7%, 54.3%, 40.2%, 29.2%, 24.4%, 15.2%로 기업 규모가 클수록 그 숫자가 현저히 작아지고, 평균 근속 일수는 1.6년, 2.2년, 3.8년, 5.5년, 6.4년 그리고 9.1년으로 기업 규모가 클수록 현격하게 증가한다. 중소기업은 대기업에 비해 임금수준도 낮을 뿐 아니라 고용 불안 또한 더욱 심각한 것이다.

그러나 300인 이상 대기업의 경우에도 15%에서 25%에 해당하는 근로자가 1년 미만을 근속하며, 평균 근속 일수가 6년에서 9년에 불과하다는 것은 외환 위기 이후 비정규직뿐 아니라 전체적으로 고용 불안이 얼마나 만연·심화되고 있는가를 잘 보여 준다. 노동자들이 1년 안에 실업을 경험할 확률은 1996년 4.8%에서 2004년 9.5%로 두 배 증가했다. 비빈곤층 경제활동 인구 중 실업자의 비율은 4.7%인 데 비

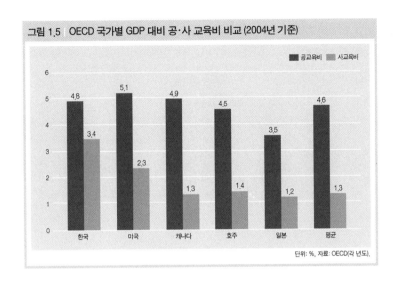

그림 1.5 OECD 국가별 GDP 대비 공·사 교육비 비교 (2004년 기준)

■ 공교육비 ■ 사교육비

단위: %, 자료: OECD(각 년도).

해, 빈곤층의 실업률은 22.4%로 약 네 배 이상 높다. 요컨대 노동이동의 증대는, 노동력의 효율적 재배분과는 무관하게, 개별 근로자의 고용 불안정과 임금 저하를 담보로 이루어지고 있는 것이다.

소득의 양극화는 의료와 교육의 양극화에 그리고 다시 부의 대물림, 불평등 구조의 영속화에 기여한다. OECD의 추계(2003)에 따르면, 총의료비 지출에서 공공지출과 본인 부담의 비율은 한국이 각각 44%, 41%, OECD 주요국 23개국의 평균이 각각 72.2%와 18.3%로, 그 대비가 뚜렷하다. 한국인의 총 민간 의료비 부담 비율은 OECD 국가의 평균치 27.4%보다 두 배 이상 높은 수준에 이르고 있다.

이런 통계들은 의료 서비스의 양과 질이 소득 계층별로 양극화되어 있다는 것을 말해 준다. 예컨대 한쪽에서는 한 해 평균 1만 명이 해외 원정 진료를 위해 1조 원 이상을 소비하는데, 다른 한쪽에서는 지역 건강보험 가입자 체납 가구 수가 2002년 136만 가구에서 2004년 191만 가구로 늘어났다. 이들 가운데 월평균 가구 소득 1백만 원 이하의 가구 비율은 60%를 훨씬 웃돌고 있다.

한편 OECD 조사에 따르면, OECD 국가들이 초·중등교육과 고등교육을 위해 각각 92.4%와 76.2%를 정부가 부담하고 있는 데 반해, 한국의 경우 그 비율은 각각 78.2%와 15.9%에 불과하다. 또 다른 자료에 따르면, 현재 우리나라의 최상위 10% 소득 계층은 최하위 10% 계층에 비해 자녀 1인당 연간 교육비를 열 배 가까이 더 지출하고 있다. 정부의 미흡한 공적 지출과 소

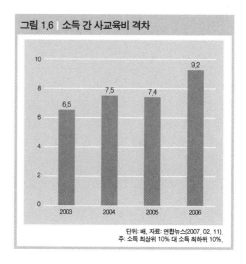

그림 1.6 | 소득 간 사교육비 격차

단위: 배, 자료: 연합뉴스(2007. 02. 11).
주: 소득 최상위 10% 대 소득 최하위 10%.

득 격차에 따른 사교육의 혜택 차이는 서로 맞물리면서 학벌주의 풍토, 지식 위주의 보상 체계를 더욱 강화시키고 있다. 이제 한국에서 교육은 상향적 계층 이동을 위한 통로가 아니며, 오히려 부와 빈곤의 대물림을 위한 기제로 작동하고 있는 것이다.

한국 복지의 저발전

빈곤과 불평등의 문제는 시장이 낳은 문제이며 시장 논리가 우위를 점할수록 심화될 수밖에 없다. 그것은 불가피하게 시장 외부, 즉 정치의 개입을 통해 완화되거나 해소되어야 한다. 그럼에도 불구하고 한국 국가의 복지국가성welfare stateness 혹은 복지 의지는 매우 낮은 수준이다. 예컨대 오늘날에도 선진 산업국들은, 지난 사반세기 동안 위세를 떨쳤던 신보수적 정치와 '복지국가 위기론'에도 불구하고, 여전히 GNP의 50~60%를 국가 예산을 통해 지출하고, 국가 예산의 다시

50~60%를 복지 관련 지출에 할애하고 있다.

한국은 국제통화기금IMF 이후 복지 지출이 급격하게 증가했다고 하지만 여전히 GNP의 25% 정도만을 국가 예산에, 그리고 국가 예산의 다시 25% 정도만을 복지 관련 지출에 할당하고 있다. 한국의 복지 지출은 복지 선진국들이 오늘날의 우리와 비슷한 국민소득 수준에 진입했던 1980년대의 지출 수준(현재 한국의 5~6배 수준)이나, 심지어는 오늘날 우리보다 훨씬 못한 소득 수준을 지닌 동구나 근동의 국가들(한국의 1.5~2배 수준)에 비해서도 매우 열악한 실정이다.

가장 초보적인 사회안전망인 공공 부조의 지출 규모는 특히 저급한 수준이다. 복지 선진국들은 오늘날의 우리와 비슷한 수준의 1인당 국민소득 수준에 진입했던 1980년대에 GNP 대비 공공 부조 지출 비율에서 오늘날 한국의 8~10배를 지출했고, 지금은 오히려 격차가 더 커져서 그 국가들의 정부 예산 대비 공공 부조 지출 비율은 평균 10%를 상회하고 있다.

정부는 2009년까지 4년 동안 8조 6천억 원을 국민 기본 생활 보장과 빈곤 예방, 빈곤 탈출을 위해 지출하겠다고 밝혔지만, 그것은 정부가 제시한 2006년도 예산(221.4조)의 4%에도 미치지 못하는 금액을 네 차례에 나누어, 즉 예산 증가를 고려하지 않더라도 1년에 1%도 안 되는 수준에서 지출하겠다는 정도의, 터무니없이 적은 금액이다. 국민연금 등 보험 가입의 여력이 없으면서도 기초 보장을 위한 공공 부조의 대상에서도 제외된, 즉 국가 복지 혜택의 사각지대에 방치된 준극빈층(남한 총인구의 거의 10%에 해당함), 이른바 차상위계층의 문제 또한 엄연하다.

가장 큰 문제는 한국 정부의 복지 정책이 일관된 철학이나 이념에 근거하기보다는 잔여적이고 임기응변적으로 추진되고 있다는 점이다. 예컨대 우리는 복지 선진국들이나 우리와 소득수준이 유사한 나라들의 경험에 비춰, 언제까지 국민소득의 어느 정도를 복지 예산을 위해 활용할 것인지, 노동시장 정책을 국가 복지와 어떻게 연계시킬 것인지, 조세의 관행과 제도를 어떻게 활용할 것인지에 대해, 구체적이고도 세밀한 중장기 전망을 가져 본 적이 없다.

철학이나 이념이 뒷받침된 정책적 조사와 준비가 동반되지 않은 채 상황적 대응에다 주먹구구식으로 복지 예산을 운영하다 보니, 정책 실행도 비체계적·관성적 관행에 의존할 수밖에 없다. 예컨대 복지 지출의 관할 업무가 여러 부처로 분산되어 제각각 취급되면서, 중복 투자가 만성적으로 빈발하고 천문학적인 예산이 매년 낭비되는데도, 이렇다 할 문제 제기나 책임 소재를 규명하려는 시도는 어디에서도 찾아 볼 수 없다.

저급한 복지 수준과 비효율적 정책 집행은 한국인들로 하여금 빈곤이나 실업 등의 문제를 순전히 개인적 실패로 간주하게 만드는 문화적 관행을 강화시켜 왔다. 복지에 대한 요구가 하나의 권리로서 국가를 상대로 제기되지 못할 때, 인간의 가치는 쉽사리 물질로 환산되고, 요행으로 일확천금을 꿈꾸거나 '비정상적' 행위를 통해 사회로부터 이탈하려는 경향이 늘게 된다. 그것의 극단적 표출이 자신에 대한 폭력, 즉 자살일 것이다.

오늘날 한국은 자살이 질병 다음으로 중요한 사망 원인인 나라, 자살률이 교통사고 사망률을 앞선 나라, OECD 국가들 가운데 생계형 자살률이 가장 높은 나라라는 오명을 갖게 되었다. 앞에서도 보았듯이, 가장 심각한 문제는 빈곤을 개인적 품성의 탓으로 돌리는 반복지의 문화가 확산되는 가운데, 복지 선진국, 즉 국가 복지가 웬만큼 자리 잡은 나라들에서나 가능한, 복지국가의 폐해에 대한 논란이 그치지 않고 있다는 점이다.

'복지'국가의 복지를 헐뜯는 것과, 복지의 문턱에도 진입하지 못한 국가의 복지를 트집 잡는 것은, 마치 굶기를 밥 먹듯 하는 사람에게 비만인 사람에게나 요구할 수 있는 다이어트를 강요하는 것과 같다.

- 민주화 이후의 한국 민주주의는 빈곤과 불평등의 심화 경향을 제어하거나 근본적 원인을 규명하고 처방을 제시하는 일 모두에 실패했다.

- 일하는 빈민으로서 비정규직이 늘고 빈곤의 여성화가 심화되는 상황에서, 한국은 OECD 국가들 가운데 임금 소득 불평등 정도가 가장 심각하다는 불명예를 안게 되었다.

- 빈곤과 불평등의 문제는 시장이 낳은 문제이며 시장 논리가 우위를 점할수록 심화될 수밖에 없다. 그것은 불가피하게 시장 외부, 즉 정치의 개입을 통해 완화되거나 해소되어야 한다.

Welfare

2장 반복지의 덫에 걸린 한국 사회

복지국가에 대한 낮은 사회적 합의

복지하면 서유럽 국가들을 먼저 떠올리게 된다. 복지 선진국들은 동시에 자본주의와 민주주의에 있어서도 선진국이라는 말이다. 달리 말하면 자본주의, 민주주의, 복지국가 간의 관계가 역사적으로 친화적이었다는 뜻이기도 하다.

서양의 근세사를 통해 알 수 있듯이 자본주의의 발전과 계급 구조의 변화를 매개로 민주주의가 발전했고, 민주주의의 발전과 노동 정치를 매개로 복지국가가 형성되고 발전되었다. 그러나 자본주의와 정치적 민주주의가 발전한다고 복지국가가 당연히 뒤따르는 것은 아니다. 실질적 수준의 복지 입법을 가능하게 하는 노동 정치의 역할은 나라마다 다르기 때문이다. 예컨대 노동 정치가 취약한 미국이나 복지

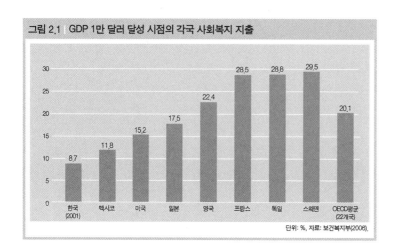

그림 2.1 | GDP 1만 달러 달성 시점의 각국 사회복지 지출

단위: %, 자료: 보건복지부(2006).

공여가 주로 민간에 의해 주도되는 일본, 자본주의의 발전 정도에서
는 오래 전에 선진국의 반열에 올랐지만 국가 개입을 통해 시장의 교
정이 아닌 시장의 강화를 지향하는 싱가포르의 경우는 모두 복지국가
로 분류되지 않거나 복지국가로의 발전 정도가 매우 낮다.

한국 역시 국가 복지의 수준과 실질적 민주화의 수준이 자본주의
발전에 조응하지 못하는 대표적인 사례다. 오늘날 한국의 1인당 국민
소득 수준은 서유럽 국가들이 국가 복지의 정초를 다졌던 1950년대
나 복지국가의 황금기를 경험했던 1960년대보다 훨씬 높다. 하지만
GNP 대비 복지 관련 지출의 비율은 당시 서유럽 국가들의 1/5에 불
과하다.

앞 장에서 살펴보았듯이, 복지국가란 '생산'은 사적 소유를 근간으
로 하는 민간 부문, 즉 시장에 맡기되 '이미 생산된 것의 분배'를 위해
서는 민주화된 국가가 개입한다는 논리에 입각해 있다. 복지국가의
이념적 기원도 한편으로 '생산'수단의 집단적 소유 없이 진정한 복지
는 불가능하다고 보는 고전적 마르크스주의와, 다른 한편으로 생산은

물론이고 분배도 시장에 맡겨야 한다는 고전적 자유주의 양자로부터 일정한 거리를 유지하려는 중도via media에 있다(Kloppenberg 1985).

물론 복지국가가 발전해 온 역사적 토양과 경로는 나라마다 다르다. 기존 연구들에 따르면, 지금은 사라진 봉건제나 행정·정치 단위로서의 교회 제도 같은 전통적 복지 제도들이 완강했던 사회일수록, 정치적 노동운동이 강고한 나라일수록, 그리고 국가의 윤리성에 대한 사회적 기대 혹은 합의가 광범위할수록 대체로 복지국가성(사회적으로 복지국가가 받아들여지는 정도)이 높다. 반대로 전통적 복지 제도의 유산과 노동운동의 권력 자원이 취약하며 국가가 국민 위에 일방적으로 군림해 온 나라일수록 국가의 복지 의지는 미약하다.

전자의 국가들처럼 국가 복지의 제도화 역사가 길수록 복지는 경제적 이해관계를 넘어 문화적 헤게모니로 작동할 가능성이 크다. 따라서 한 세대 넘게 회자된 신우익 담론에도 불구하고 이들 국가가 지닌 국가 복지의 골격은 여전히 견고하며 복지국가에 대한 지지 역시 변함이 없다. 같은 논리로, 국가 복지의 제도화 역사가 일천할수록, 경제적 기득권층을 중심으로 한 반복지 연대가 강고하며 반복지의 담론과 논리가 시민사회에 광범위하게 스며들어 복지국가의 발전을 더욱 요원하게 만든다. 국가 복지의 제도화가 절실히 요구되는 사회일수록 역설적으로 반복지의 덫trap에 쉽게 빠져들게 되는 것이다. 한국처럼 아예 복지국가의 범위 밖에 있는 나라에서 복지국가 위기론이나 복지 다원주의 혹은 성장 결정론growth determinism 등 국가 복지에 적대적인 담론이 더욱 기승을 부리는 것은 그 대표적인 예다.

한국은 공적 영역과 사적 영역 모두에서 복지와 관련

복지 다원주의

국가가 관리해 온 복지 공급의 책임을 다원화하고 민영화하자는 주장을 가리킨다. 민간 보험을 장려함으로써 복지에 대해 국가가 아니라 개인이나 시장의 책임을 강조하는 것이 대표적이다. 그러나 자본주의에서의 모든 상품이 그렇듯이 민간 보험 상품이란 자산 혹은 소득과 같은 구매자의 구매력 수준에 의해 엄정하게 차별화된다. 따라서 민간 보험은 경제활동 당시의 계층구조를 퇴직이나 노령의 시기에도 변함없이 재생산하는 역할을 한다. 기업 복지는 복지 다원주의의 또 다른 내용을 구성한다. 요컨대 복지 다원주의는 탈상품화와 사회재계층화의 효과를 수혜자의 자산 능력(재산, 소득, 고용 여부, 고용 연한 등)에 따라 좌우되게 만듦으로써 노동 내부의 분화를 촉발하고 결과적으로 시장의 논리를 교정하기보다는 오히려 강화한다.

된 변변한 제도적 유산이 없을 뿐 아니라, 국가 복지를 견인하는 정치적 노동운동 또한 매우 취약하다. 제도화의 수준과 의식의 발전 정도가 서로 밀접하게 연관되어 있음을 고려할 때, 복지국가를 향한 한국 사회의 기반은 매우 부실하다고 말할 수 있다. 시민사회의 의식도 문제이고 복지의 요구를 정치화시킬 수 있는 통로의 부재 역시 문제가 아닐 수 없다. 만일 이런 악순환의 고리를 어디에선가 끊고 반복지의 덫에서 벗어나야 한다면, 우선 '시민사회'에 팽배한 퇴행적 복지 의식이 '국가' 복지의 제도적 발전에 매우 큰 걸림돌이 되고 있는 현실을 문제 삼지 않으면 안 된다. 결과든 원인이든 주체의 의식적 결핍의 문제에 대한 투철한 성찰 없이 사태가 저절로 개선되기를 기대할 수는 없기 때문이다.

일상화된 반복지 의식

페이비언이며 언론인이었던 윌리엄 클라크William Clarke는, 자본주의는 자신의 성공을 통해 다수에게 견딜 수 없는 고통을 주지만, 다시금 그 고통받는 다수에 의해 쉽게 포획되는 상황에 직면하게 된다고 기록한 바 있다(고세훈 2006).

그러나 오늘의 한국 사회에서 성장이 분배를 일상적으로 배반하고, 민주주의와 정치가 자본주의와 시장의 들러리로 전락하고, 신자유주의적 세계화 담론이 우리의 미래를 위협하고 있음에도 불구하고 이런 상황을 개선하려는 노력은 매우 미약하다. 우리의 삶은 냉전 반공주의, 물질주의, 지역주의에 압도되고, 누구나 개탄하는 학벌

페이비언주의 Fabianism

1884년 영국에서 만들어져 지금까지 활동하고 있는 가장 오래된 사회주의 싱크탱크인 페이비언협회(Fabian Society)의 사상을 가리키는 개념. 사회주의는 광의로 정의되며 '점진성의 불가피성'과 '침투의 원리' 같은 방법론이 매우 중시된다.

'페이비언'이라는 말은 고대 로마의 장군 파비우스에서 왔다. '지연자'라는 뜻의 이름을 가진 파비우스가 카르타고의 한니발과 지구전을 펼쳐 이겼던 것처럼 '비록 많은 사람들이 비난할지라도 적당한 때가 오기를 참을성 있게 기다리되, 일단 때가 도래하면 모든 기다림이 헛되지 않도록 사정없이 내리치는 사람들'이라는 의미를 담고 있다. 페이비언협회는 영국 노동당보다 더 오랜 역사를 가졌으며 지금까지도 영국 노동당의 단체 회원이지만 대외적으로는 독자적인 조직으로 남아 있다.

중심의 한국적 보상 체계는 변함없이 우리를 유인하며, 공공적 덕목이 함양되어야 할 교육의 현장은 사적 이해의 전유물이 된 지 오래다. 민주화 이후에도 성장과 경제 논리는 경쟁력 강화 이외에 '대안은 없다!'를 강변하며 빈곤, 불안, 불평등을 부추기고 있다.

'대안은 없다!' There Is No Alternative!

신자유주의 이외에 다른 대안은 없다는 뜻. 1980년대 대처 수상이 한 말로 유명하다. 일반적으로는 사회주의든 제3의 길이든 그 어떤 것도 대안이 될 수 없다는 매우 공격적인 신자유주의 옹호론을 상징하는 개념으로 사용된다. 영어 단어의 첫 글자를 따서 TINA라고 부르기도 한다.

언제부터인가 우리는 이런 모순들에 정직하게 대면하기보다는 현실에 안주하면서 안도하고 있다. 곳곳에서 인간적 관계가 훼손되고 공동체가 무너지는데, 사회 전체가 무거운 침묵에 휩싸인 채 병들어 가고 있는 것이다.

만일 한 사회의 발전 혹은 성숙 정도를 가르는 기준이 그 사회의 가장 취약한 계층이 어떻게 취급되는지(혹은 대우받고 있는지)에서 가장 잘 드러난다면, 분명 우리는 아직 야만 사회에 살고 있다. 일반적으로 국가 복지의 수준이 저급한 경우를 잔여적 복지국가로 부르는 이유는 약자에 대한 복지의 일차적 책임을 국가 이전에 가족이나 시민사회가 떠안아야 하는 것으로 가정하기 때문이다. 그러나 우리는 복지'국가'는 말할 것도 없고 그 이전에 복지'사회'를 구축하는 데도 실패했다.

우리 의식의 내면을 들여다보면, 복지 의식에 관한 한 현실만큼 강력한 통계는 없다는 점을 자각하게 된다. 오늘날에도 우리는 수많은 장애인들을 일터, 학교, 거리로부터 내몰거나 보이지 않는 곳에 꼭꼭 숨긴다. 기업들은 법정 장애인 고용 인원을 채우기보다는 차라리 얼마 되지 않는 부담금을 감수하곤 한다. 사실 웬만한 공공시설조차 장애인의 자유로운 이동이 어려운 것이 현실이기도 하다. 그러다 보니 우리가 거리에서 마주치는 장애인의 상당수는 숨어 있는 것조차 쉬운 일이 아닌 걸인인 경우가 많다. 선진국에도 걸인은 있지만 장애인 걸인을 찾아보기 어려운 것과는 매우 대조적이다.

우리 사회는 복지의 가장 최소 단위인 가족의 해체에서도 단연 선두를 달리고 있다. 대가족제의 소멸은 세계적 추세라 하더라도, 출산율과 이혼율에서도 세계 1, 2위를 다투고 있다. 부부와 자식 중심의 전형적 핵가족마저 위협하는 이런 '극소주의적 핵가족' 추세는 매우 퇴행적인 현상이 아닐 수 없다. 가족에게 버림받고 국가로부터도 외면당한 채 거리를 떠돌거나 기차역과 공원을 헤매는 노숙인들의 숫자는 늘어 가고, 매년 적지 않은 유아와 장애인이 유기되거나 해외로 입양된다. 오늘날 한국은 높은 이혼율, 낮은 출생률, 높은 비율의 해외 입양을 대표하는 나라가 되었으며, 가정폭력, 낙태, 유아 방기에서도 세계 최고 수준에 올라선 지 오래다.

재벌의 부정적 행태를 비판하면서도 대기업 회사원을 자신과 자기 자식의 역할 모델로 선망하기를 주저하는 사람은 거의 없다. 정치를 이구동성 비난하면서도 연예인이건 언론인이건 범죄자건 교수건 가리지 않고 정치판을 기웃거리는 사회가 대한민국이다. 영역을 불문하고 감투와 벼슬과 돈에 대해 우리 사회가 보이는 편집증적 집착은 줄어들 것 같지 않다.

불로소득자에게 도덕적 질타를 퍼부으면서도 노동을 통한 정직한 소득 대신 너도나도 일확천금을 꿈꾸며 단번에 인생 '역전'을 노리는 서글픈 욕구들이 늘어 가고 있다. 그리하여 나라 전체가 카지노, 로또, 부동산, 경정, 경륜, 경마, 주식 투기 등 도박판으로 변한 지 이미 오래다. 재산 형성에 대한 진지함과 재산에 대한 정직한 존경심이 사라진 상황에서 "부자 되세요"는 단순한 덕담이 될 수 없다. 정직한 노동으로는 부자가 될 수 없는 상황이란 극소수의 우연과 요행 뒤에 절대다수가 일상적으로 죽음에 내몰리는 정글의 상황이다.

우리는 선한 국가 혹은 공적 시혜 체제에 대한 경험, 즉 국가나 사회로부터 무엇을 받아 본 변변한 기억이나 경험을 가져 보지 못했다. 그리하여 실패한 자들은 자신의 불행을 공동의 사회문제로 승화시키기보다는 자책하고 체념하는 데 익숙하다. 자신 이외에 아무도 믿을 사람이 없다는 강박관념으로 인해, 내 소유는 불법과 탈법을 동원해서라도 대를 물려 보존하려는 비정상적 집착이나 이기주의적 직계 혈통주의 정서를 깊이 내면화하게 된다. 혹은 앞서 언급한 대로, 아예 핵가족의 울타리 안으로 자신을 은폐하거나 이웃이나 공적 문제로부터 스스로를 차단한다.

지난 몇 년간 생계형 자살이 급증한 것이나, 국민소득 수준에 비해 담세율이 지극히 낮은 실정인데도 조세에 대한 심리적 저항이 남달리 강한 현실, 혹은 부자들의 자선 행위가, 몇몇 경우를 제외하면, 연례행사의 체면치레 수준을 넘지 않는 점 등이 모두 이와 무관하지 않을 것이다. 요컨대 우리 의식의 저 밑바닥에는 약자와 희생자(바우만 Zigmund Bauman은 'the humiliated'라고 표현했다)에 대한 경멸과, 수단과 방법을 안 가리고 출세한 자들에 대한 한없는 동경이 있다.● 인간의 위엄이 동원할 수 있는 자원의 양에 따라 평가받는 사회에서는 개체적 '소비자'가 부상할수록 공동체적 '시민'은 추락하게 마련이다.

● 이런 사회적 조건에서 타자의 고통이 스민 얼굴로부터 "살아남는 데 성공한 사람들의 죄의식"(the guilt of the survivor)을 불러들이려는 레비나스(Emmanuel Levinas)의 존재적 고뇌가 울림을 주기는 어려울 것이다(Plant 2005). 복지와 관련된 우리 사회의 의식이 사실상 복지사회를 혐오하는 내용을 갖게 된 것은, 한국 자본주의의 천박한 현실에 기인하는 바 크다.

가해자 문화의 내면화

시민사회가 부실하면 국가의 책임이 그만큼 막중해진다. 그러나 우리의 국가는 구제금융이라는 명목으로 자본을 위해서는 수십 조 원을 아낌없이 퍼부으면서도 시민사회에서도 소외된 가장 취약하고 빈한한 자를 위한 불과 몇 천 억 원의 예산 배정에는 소극적이다. 오늘날 한국의 복지 관련 지출 규모는 OECD 국가들 가운데 최하위일 뿐 아니라 제3세계의 평균적 수준에도 미치지 못한다. 사회와 국가가 서로 책임을 떠넘기는 동안 시장 탈락자들의 소외와 고통은 깊어질 대로 깊어지고 있다.

우리는 피해자에 대한 멸시와 가해자에 대한 동경, 그 접점에 도사리고 있는 가해자 문화에 자신도 모르게 동화되고 있다. 권력이든 금력이든 특권을 열망하고 환호하는 뒷전에서 가해자 문화는 탄생한다. 특권은, 그것이 형성되는 과정과 결과에서, 그로부터 배제되는 소외 계층을 전제한 개념이다. 특권을 제어하고 소외 계층을 보호할 수 있는 장치가 없을 때, 특권층과 소외 계층의 관계는 가해자와 피해자의 관계가 되며, 가해자 문화야말로 오늘날 한국의 시민사회가 기득권층의 담론에 그리 쉽사리 물들게 된 연유다.

그런데 대체로 담론이란 계급적 힘의 우위를 반영할 뿐 아니라 역으로 계급관계를 강화한다는 점에서 기본적으로 정치적 성격을 띤다. 국가도 법도 담론의 지배적 역할 아래에서는 눈치 보기에 급급하다. 담론은 총과 칼을 들이대지는 않지만, 언론과 지식인, 대학과 연구소를 동원하여 조용히 우리의 의식과 언행을 지배한다. 따라서 담론에 지배된 자는 자기도 모르게 기득권층의 논리를 펼들고 가해자의 심리에 자연스럽게 동화된다. 예컨대 대기업 노조에게 비정규직을 위해

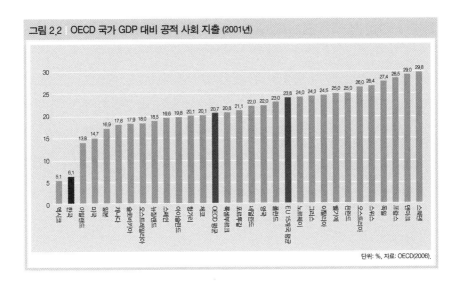

그림 2.2 OECD 국가 GDP 대비 공적 사회 지출 (2001년)

단위: %, 자료: OECD(2006).

파업도 할 줄 모르는 노동귀족이라고 욕하다가 막상 파업하면 귀족이 파업한다고 호들갑을 떤다. 노동자들의 파업으로 불편을 겪게 되면 파업하는 노동자들을 국민경제를 파탄에 몰아넣는 존재라고 비난하는 경우가 대부분이다.

지식 계층이라고 크게 다르지 않다. 근대적 쟁점들이 여전히 산적해 있는데 탈근대 담론으로 주체와 쟁점을 없애고, 복지국가의 문턱도 못 넘어섰는데 복지국가는 실패한 모델이라고 강변하며, 변변한 자유주의의 경험도 없는데 신자유주의가 대안이라고 주장한다. 공공부문의 규모가 선진국의 절반에도 미치지 못하는데 정부가 비대하다고 말한다. 의식의 분열 증세와 담론의 비일관성은 그렇게 순환적으로 증폭되며 기득권층의 논리를 강화시킨다.

복지국가 위기론 : 복지국가는 위기다?

복지에 대한 시민사회의 퇴행적 의식과 국가 복지의 낙후된 제도화 수준은 일상화된 반복지 담론들을 양산해 내는 기반이 되고 있다. 사회민주주의를 지향하는 정당과 노동운동이 취약한 데다 시민사회의 의식과 담론 구조마저 복지 요구를 위한 압박으로 작용하지 못하고 있는 것이다. 대표적인 것이 '복지국가 위기론'이다.

이른바 '복지국가 위기론'의 역사는 길다. 축적의 위기가 감지될 때마다 자본이 변함없이 동원하는 논리에 따르면, 복지국가는 만성적 재정 적자 → 인플레율·이자율 상승 → 민간 부문 투자 위축의 악순환을 만들고, 윤리적으로도 노동으로부터 이탈하려는 유인을 조장하여 고용과 성장에 위기를 가져온다는 것이다. 이런 논리는 과연 현실을 적절히 설명하는가.

무엇보다 투자는 수많은 요인의 함수인 예상 수익률에 따라 좌우되며 이자율은 그것들 가운데 하나에 불과하다는 것이 상식이다. 복지 공여가 의존성을 키우고 노동 의욕을 감소시킨다는 주장도 결함투성이다. 우선 '의존성'이라는 지적은 초점을 벗어난 문제 제기다. 예컨대 우연히 돈 많은 가정에서 태어난 청년 실업자가 부모의 도움을 받는 것은 정당하고, 기댈 가족이 없어서 국가의 도움을 받으면 의존적이므로 부당하다고 말하는 것부터가 비논리적이다. 부자 남편을 만난 자식 있는 여자와 국가 복지에 의존해야 하는 편모single mother도 마찬가지다.

사람들에게 교훈을 주기 위해 엄마와 아이를 굶길 수는 없다. 원래 안전망이란 최종적 기능을 수행하기 때문에 어느 정도 무조건적 성격을 띠어야 한다. 엄밀한 의미에서 자기 의존self-reliance이란 없으며 우리는 누구나 부모, 자식, 친지 등 타인들과 사회 관습, 국가 등에 일정하게 의존한다.

신자유주의적 세계화가 대세를 장악하면서 위기론은 더욱 기세를 떨친다. 자본 유치를 위한 국가 간 경쟁이 과열될수록 '사회적 덤핑'이 만연하고 국가 복지는 축소·재편의 방향으로 수렴할 수밖에 없다는 것이 논리의 한 축이다. 그러나 막상 진행되는 현실은 담론이 예측하는 경향과는 사뭇 다르다. 무엇보다 우리는 세계화가 실제의 현실이라기보다는 담론적 측면을 더 많이 갖는다는 사실에 주목할 필요가 있다.

사회적 덤핑 social dumping

다른 나라와의 경쟁에 있어 비용상 비교 우위를 갖기 위해 더욱 열악한 노동조건에서 생산을 수행하고 낮은 임금을 감수하는 상황을 가리킨다.

투자철회disinvestment나 외국인직접투자FDI 등 산업자본의 이동은 단순히 임금이나 세금의 변화에 따라 좌우되는 것이 아니며, 원료 공급의 근접성, 유통 구조의 편리성, 숙련노동의 존재 여부, 정치적 안정도, 국가의 총체적 거시경제정책 등 다양한 요인의 영향을 받는다. 아직 FDI의 대부분은 고임금과 고세금의 국가들 간에 이루어지며, 국내 투자에 비하면 그 비중 또한 지극히 미미한 실정이다.* 더욱이 국가별로 투자율, 저축률, 실질이자율 등에서 상당한 차이가 엄존한다는 사실은 금융자본의 이동 또한 개별적 국민국가들의 재정·금융정책을 자동으로 수렴시키는 것이 아님을 말해 준다.

요컨대 위기론과 같은 담론, 논리, 구호 들이란 현실을 초월 또는

----

* 미국 다국적 기업은 대부분 빈국이 아니라 부국에 투자한다. 인구 1천6백만 명의 부유한 네덜란드는 인구 8억의 아프리카 모든 국가와 비교해 일곱 배나 많은 미국의 직접 투자를 받는다. 작은 나라 스위스는 남아메리카의 모든 국가보다, 캐나다는 (멕시코를 포함한) 라틴아메리카보다 더 많은 미국 투자를 받고 있다. 미국 기업은 멕시코와 브라질보다 독일과 영국에서, 모든 아프리카 국가보다 벨기에에서 더 많은 노동자를 고용한다(Bowles, Edwards and Roosevelt 2005, 398).

과장하여 자신들이 원하는 해석 틀을 합리화하고, 시장주의자들의 정치(권력)적 입지를 보편적 '경제' 논리를 빌어 강화하는 역할을 한다. 또한 위기론은 세계화가 지니는 양면성을 적절히 고려하지 않는다. 현재 진행 중인 세계화가 복지국가의 정신과 논리에 역행하는 것은 사실이지만, 그럴수록 국가 복지에 대한 요구 또한 급등할 수밖에 없다. 여기에 고용구조와 인구구조의 변화가 더해지면 복지 확대를 위한 압박은 더욱 거세질 것이다. 더욱이 국가 복지가 중산층을 아우르는 보편 체제로 자리 잡고 복지 공급을 비롯해 방대한 공공 부문이 존재하는 한, 복지국가의 축소는 우선 정치적으로 쉬운 일이 아니다. 서유럽의 제도화된 국가 복지는 하나의 문화적 헤게모니로 정착된 지 오래이며, 시민사회의 의식과 문화적 관행에 의해 강력하게 지지되고 있다.

　복지국가 위기론은 복지국가가 성숙기에 접어든 나라들에서나 거론될 수 있는 일이다. 한국처럼 복지국가의 범주 밖에 위치한 경우에 공공연히 복지국가 위기론을 거론하는 것은 현실에 맞지 않다. 그럼에도 위기론이 미국이나 한국 같은 비복지 혹은 반복지국가에서 기승을 부리는 이유는 제도적 복지에 대한 경험의 부재와 더불어 복지에 대한 시민사회의 의식이 메말라 있기 때문일 것이다. 복지국가 위기론자들은 두 가지 담론을 집중적으로 동원하고 있다. 먼저 성장을 위해 분배 혹은 복지를 유보할 수밖에 없다는 것이고, 둘째, 국가 복지를 축소해 복지의 민영화로 나아가야 한다는 것이다.

성장이 먼저다?

분배도 성장이 있어야 가능하다. 언뜻 당연한 말처럼 들린다. 언제부터인가 성장은 모든 것을 해결하는 만병통치약이 되었다. 문화일보와 한국사회여론연구소KSOI가 2005년 9월 두 차례에 걸쳐 실시한 공동 여론조사에 따르면, 저성장보다는 양극화를 가장 심각한 경제사회문제로 꼽은 사람이 두 배 가까이 많았다(62.2% 대 31.4%). 그럼에도, 사람들은 정부 정책이 분배보다는 성장 중심으로 취해져야 한다고 생각하고 있다(57.5% 대 40.9%). 이는 민심이 성장보다는 분배, 즉 빈곤과 불평등의 문제를 훨씬 더 심각한 질병으로 파악하고 있으면서도 성장이 분배의 전제라는 담론에 깊이 침윤되어 있음을 말해 준다. 그런데 과연 무엇을, 누구를 위한 성장인가.

자본주의가 발전한다는 말은 축적, 곧 성장이 지속적으로 일어난다는 말이며, 이때 빈곤과 불평등이 증가한다면 이는 대부분의 사람이 성장의 과실에 참여하지 못하고 있다는 의미일 것이다. 실제로 자본주의 역사가 시작된 이래 성장과 더불어 빈곤과 불평등이 심화되는 것은 예외적이라기보다는 오히려 일반적이었다. 예컨대 오늘날에도 1인당 국민소득에서 가장 앞선 미국의 빈곤율이 스웨덴이나 독일의 두 배가 넘는다. 한국은 체코나 폴란드보다 1인당 국민소득이 두세 배 높지만 빈곤율 또한 두세 배를 기록하고 있다.

적하 이론 trickle-down theory

미국 조지 부시 공화당 정부(1988~92)의 경제 정책을 뒷받침했던 이론. 정부가 투자 증대를 통해 대기업과 부유층의 부(富)를 먼저 늘려 주면 중소기업과 소비자에게 혜택이 돌아감은 물론, 이것이 결국 국가의 경기를 총체적으로 자극해 경제발전과 국민 복지가 향상된다는 내용을 핵심으로 한다.

무엇보다 복지국가의 역사적 경험은 성장 결정론, 적하 이론, 혹은 수위론("A rising tide floats all boats")을 정면에서 거스르는 대표적 사례라 할 수 있다. 서유럽 국가들이 복지국가를 본격적으로 발전시킨 것은 오늘의 한국보다 국민소득 수준이 비교가 안 될 정도로 낮았던 제2차

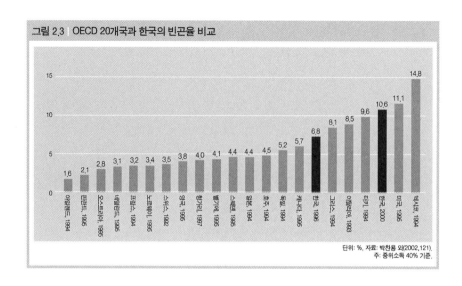

그림 2.3 | OECD 20개국과 한국의 빈곤율 비교

단위: %, 자료: 박찬용 외(2002,121).
주: 중위소득 40% 기준.

세계대전 종전 후, 전쟁이 남긴 폐허 위에서였다. 앞에서 보았듯이, 이
들이 오늘날의 한국과 소득수준이 비슷했던 1980년대에는 이미 '복지
국가 위기론'이 이야기될 정도로 이들 국가의 복지 수준은 오늘날 우
리의 5~6배 수준에 도달해 있었다.

더욱이 오늘날처럼 일용직, 임시직 등 비정규직이 급증하여 총수요
가 항시적 위기에 처한 상황에서, 성장을 장밋빛으로 전망하며 분배
를 지연시키는 일이 과연 얼마나 설득력이 있을지 알 수 없다. 2005년
도 한국의 경제성장률 4.0%는 OECD 국가들의 평균 수준을 훨씬 웃
도는 것이며, 수출 경기가 역사상 최대의 호조를 보이면서도 투자와
내수가 살아나지 못하는 것은, 오히려 분배를 통한 빈곤과 불평등의
해소야말로 경제 회복의 관건임을 의미한다.

한 실증적 분석에 따르면(이병희 외 2005), 1999년과 2003년에 이르
는 동안 기업의 경상이익률(경상이익/매출액)은 1.68%에서 4.68%로 꾸
준히 증가하고, 부채비율(부채/자기자본)은 214.7%에서 123.4%로 감소

했지만, 같은 기간 국내 설비투자 증가율은 오히려 36.8%에서 -1.5%로 감소했다. 이에 따라 기업소득 증가율은 큰 폭으로 확대되었지만, 가계소득의 원천인 개인소득 증가율은 경제성장률에 훨씬 미치지 못했다. 기업소득 증가율이 1990~96년 평균 6.5% → 2000~03년 평균 18.9% → 2004년 38.7%로 대폭 증가했지만, 같은 기간 개인소득 증가율(임금 소득＋소규모 자영업자 소득)은 7.0% → 2.4% → 2.6%로 급감함으로써 기업이익의 증가로 인한 투자와 소득분배 효과가 오히려 역진적임을 알 수 있다. 나아가 투자 계층에 대한 감세가 성장을 유도한다는 주장 역시 경험적으로 확증된 바 없다. 예컨대 레이건 정부 시절 공급 측 경제학 실험의 기초를 제공했던 래퍼곡선이 웃음거리가 되었던 일은 대표적인 사례다.

래퍼곡선 Laffer's Curve
미국의 경제학자 래퍼(Arthur B. Laffer)가 제시한 세율과 세수의 관계를 나타내는 곡선. 미국 레이건 정부의 감세 정책을 뒷받침했으나, 실증적 기초가 취약해서 폴 크루그먼과 같은 경제학자로부터 'Laugher's Curve'로 불리며 조소의 대상이 되었다(Paul Krugman 1995).

결코 도래하지 않을 성장의 꼭짓점을 향해 매진할수록 가진 자와 못 가진 자 간의 권력 자원의 불균형은 점점 돌이킬 수 없게 되고, 당연히 분배는 갈수록 요원해진다. 성장 그 자체는 이미 권력적 현상이기 때문에, 거기에 대응하는 권력적 장치로서 제도적 분배 장치가 동시에 마련되지 않을 때 성장은 오히려 분배의 악화를 가져오기 쉽다. 미국이 성장이 부족해서 복지국가로 분류되기 어려운 것이 아니며, 한국이 분배를 하기엔 성장이 부족한 것이 아니다. 낮은 경제 수준에서도 일찍이 분배에 눈을 떴던 서유럽 국가들은 오늘날 가장 고도의 축적을 일궈 냄과 동시에 가장 선진적인 국가 복지 체제를 만들어 냈다. 성장은 분배의 필요조건도 충분조건도 아닐 뿐 아니라 분배가 성장의 발목을 잡는 것도 아니다. 분배가 성장을 저해한다는 명확한 경험적 증거는 아직 없다.

최근의 경제학 연구들은 오히려 균등한 분배가 성장을 촉진할 수 있다고 주장한다(이강국 2005, 233). 분배가 인적 자원의 질을 향상시킴으로써 생산성과 효율을 높이고 총 유효수요의 규모를 늘림으로써 투자, 고용, 성장에 오히려 기여한다는 것이 수많은 경험적 자료들에 의해 뒷받침되고 있다. 특히 유효수요의 창출에서 기인한 투자는 내구력을 지닌 기계와 공장의 구입 등을 통한 미래의 생산 역량 자체를 증대시키며, 이는 다시 고용, 복지, 수요 창출로 이어지는 선순환을 가져온다. 성장은, 이윤 추구가 그런 것처럼, 결코 만족하는 법이 없다. 그리고 성장과 분배, 부와 가난은 서로 긴밀히 얽혀 있는 관계 개념이다. 부는 결코 자동으로 적하되지 않는다. 오히려 주주자본주의의 관행과 금융자본 중심의 지대 추구가 만연되면서 새로운 부와 부가가치의 창출은 적하되기보다 적상 trickle-up되기 쉽다. 성장과 더불어 빈부의 격차가 갈수록 커지는 것이 단적인 예다(Lansley 2006, 15-17).

지대 추구 rent-seeking

사적 영역의 집단들이 생산적 활동을 통해 수익을 얻기보다 국가 부문의 자원과 영향력에 접근하여 수익을 얻고자 하는 비생산적인 행위를 의미한다.

성장이 있든 없든 분배를 위한 규범과 제도를 마련하는 사회는 미래가 있다. 따라서 성장 중심의 사고가 그런대로 설득력을 확보하려면, 적극적 노동시장 정책과 복지 체제를 위한 최소한의 제도화가 선행되어야 한다. 진정한 사회 통합이란 공동체의 모든 이해관계자들이 일정한 제도에 따라 자기가 부담해야 할 희생과 자기 몫의 보상을 예측할 수 있을 때 비로소 가능한 개념이다. 그것은 단기적 성장률에 일희일비하면서 얻어지는 것이 아니다.

넘치는 자금이 투기나 사치품 생산을 위해 전용되어도 성장률은 오를 수 있다. 그러나 그 경우 비효율적인 자원의 배분과 비사회적으로 유용되는 노동의 문제는 더 부정적이다. 19세기 말에 버나드 쇼George Bernard Shaw가 지적했듯이, "부자의 죽은 개를 위해 비단으로 관棺을 만드는 한편에서 굶주린 아이들이 거리를 헤맨다"면 그때 GNP의 증가는 과연 누구를 위한 것인가 묻지 않을 수 없다. 오히려 한국처럼 빈곤율과 불평등의 증가 속도가 경제성장률을 훨씬 앞서는 상황이라면, 복지 등 재분배를 위해 할당되는 자원의 증가율이 성장률을 앞질러야 하는 것은 당연하다.

복지의 민영화가 대세다?

복지국가는 탈상품화decommodification와 사회재계층화restratification의 메커니즘이다. 자본주의는 자신의 노동을 상품화시키는 데 실패한 사람을 '체계적으로 양산'하며 빈곤과 불평등을 부추긴다. 이처럼 체계적으로 양산된 시장에서 밀려난 사람들을 보호하는 일은 사적 자선과 봉사만으로는 어렵다. 일차적 안전망은 국가의 일반회계로만 가능하다. 국가만이 강력한 재분배적 함의를 동반한 누진 세제를 광범위하게 강제할 수 있다. 민간 부문의 보험 장치들은 기여와 급여에서 시장적 원칙, 즉 엄정한 보험식 산정에 입각해 있는 것으로 구매자의 구매력에 따라 차별화되어 있다. 더욱이 그것은 화폐 관계의 그물인 시장 밖으로 밀려난 사람들에게는 애초부터 접근 자체가 불가능한 사치품이다.

기업 복지 또한 해당 기업의 재정 상황이나 손익 구조뿐 아니라 고용 연한이나 임금수준과 같은 종업원(가입자)의 기여 능력에 따라 결정되는 것이 일반적이다. 요컨대 복지를 민간 부문에 분산시켜 다원화하자는 주장은 소득과 기여 능력 혹은 기업의 재무구조에 따라 수혜 조건을 차등화해서 노동의 재상품화를 강제하고 기존의 기득권층 구조를 유지·강화하자는 시장 논리일 뿐이다. 그것은 탈상품화와 사회재계층화라는 국가 복지의 원래 취지를 근본에서 무색하게 만드는 형용모순인 것이다.

더욱이 한국의 시민사회는 봉건제나 행정 기구로서의 교회와 같은 온정주의paternalism 문화를 정착시킬 만한 전통적 복지 제도를 경험해 본 적이 없다. 시민사회의 척박한 복지 전통과 현재 우리 사회에 팽배한 반복지 의식과 담론에 비춰 볼 때, 복지를 민간에 맡기자는 것은 복지를 아예 하지 말자는 것과 같은 말이다. 무엇보다 복지 다원주의는 국가 복지가 국민의 최저 생활 보장을 위한 보편적 공여 기능을 완수한 후에 잔여적으로만 거론될 수 있는 개념이다. 그것은 우리의 형편과는 전혀 어울리지 않는 남의 얘기일 뿐이다. 우리에게는 애초에 국가 복지도 민간 복지도 잔여적으로 될 여지도 여유도 없기 때문이다. 따라서 복지에 대한 민간 영역의 전통적인 인식과 국가 복지의 역사성을 무시하고 다원주의, 민영화가 마치 세련된 지구적 대세인 양 말하는 것은, 우리의 현실과는 거리가 멀다.

- 오늘의 한국 사회에서 성장이 분배를 일상적으로 배반하고, 민주주의와 정치가 자본주의와 시장의 들러리로 전락하고, 신자유주의적 세계화 담론이 우리의 미래를 위협하고 있음에도 불구하고 이런 상황을 개선하려는 노력은 매우 미약하다.

- 오늘날 한국의 복지 관련 지출 규모는 OECD 국가들 가운데 최하위일 뿐 아니라 제3세계의 평균적 수준에도 미치지 못한다. 사회와 국가가 서로 책임을 떠넘기는 동안 시장 탈락자들의 소외와 고통은 깊어질 대로 깊어지고 있다.

- 복지에 대한 시민사회의 퇴행적 의식과 국가 복지의 낙후된 제도화 수준은 일상화된 반복지 담론들을 양산해 내는 기반이 되고 있다. 사회민주주의를 지향하는 정당과 노동운동이 취약한 데다 시민사회의 의식과 담론 구조마저 복지 요구를 위한 압박으로 작용하지 못하고 있는 것이다. 대표적인 것이 '복지국가 위기론'이다.

- 현재 우리 사회에 팽배한 반복지 의식, 담론에 비춰볼 때, 복지를 민간에 맡기자는 것은 복지를 아예 하지 말자는 것과 같은 말이다.

3장 | 민주화 이후 한국의 복지 정치

신자유주의적 퇴행

민주화 이후 한국의 발전 국가 모델에 대한 비판은 재벌 개혁, 노동 개혁, 그리고 복지 개혁의 세 과제를 중심으로 논의되어 왔다(Kim ed. 2000). 민주화의 맥락에서 세계화가 한국의 개혁 정치에 부과하는 제약과 기회는 두 가지다. 하나는 세계화의 '보편적' 정신 혹은 이데올로기를 따라 시장 자유주의로의 정향을 개혁으로 바라보는 것이다. 다른 하나는 신자유주의 개념의 역사성에 주목하여 명실상부한 개혁적 자유주의를 구축하는 것이다.

신자유주의가 전자, 즉 고전적 자유주의 정신으로의 복귀를 염원하는 것은 사실이다. 그러나 자유주의 앞에 신新, neo의 접두어가 붙은 이유는 그것이 케인스주의나 복지국가 등을 주 내용으로 하는 개혁적 자유주의의 환경 속에서 태동된 개념이라는 점을 예민하게 포착해야 한다. 예컨대 재벌 개혁의 경우 한국의 재벌 체제가 국가와의 유착 가운데 형성·발전해 온 사실을 고려할 때, 재벌 중심의 한국 경제체제를 전자, 즉 경쟁적 시장 체제로 우선 재편하는 것만으로도 그 개혁적 의의는 적지 않을지 모른다. 그럼에도 불구하고 우리는 시장 자유주의가 개혁의 궁극적 목표일 수는 없으며 시장적 자유란 참여를 중심원리로 하는 민주성의 원리에 의해 보완되어야 한다고 믿는다(Bowles and Gintis 1986).

이는 재벌 개혁이 시장의 중심 행위자인 기업 내부의 민주화뿐 아니라 시장에서 탈락한 사람들을 위한 시장 외부의 민주화와 불가피하게 맞물려 있으며, 나아가 노동과 복지 개혁의 문제와 별개로 취급될 수 없다는 것을 의미한다.

노동(시장) 유연화

외부 경제 환경의 변화에 맞춰 노동 및 인적 자원의 공급 구조를 신속하고 효율적으로 재배분하는 것을 의미한다. 내용적으로는 해고를 용이하게 하고 임금의 결정 방식을 신축적으로 조정하며, 정규직 중심의 고용 형태를 다변화하는 것으로 나타난다. 그 결과 노동운동의 영향력을 크게 약화시키는 효과를 갖는다.

산업과 정치의 두 영역에서 권력 자원이 극도로 결핍되어 있는 노동의 현 상황과, 사실상 부재에 가까운 국가 복지의 현실에 비추어 볼 때, 노동 유연화와 복지국가의 축소 지향적 재편이라는 신자유주의적 담론이 무작정 수용되어서는 안 될 것이다. 요컨대 세계화의 양면성, 즉 그것이 시장과 경쟁의 원리를 촉진하면서 동시에 사회적 안정과 결속을 위한 사회경제적 대응을 촉구한다는 사실로 말미암아, 한국적 실정에서는 세계화조차 재벌 중심의 발전 모델을 해체하고 노동의 사회적 편입(복지 개혁)과 정치적 편입(민주화)을 위한 하나의 호기로 작용할 수도 있다.

그러나 그간의 민주 정부들은 명료한 이념적 지향을 담은 일관되고 본질적인 개혁 노선을 제시하지 못한 채 현안에 따른 임기응변식 대응으로 일관해 왔다. 신자유주의적 세계화 담론과 시장 논리의 위력은 정부 수립 이후 가장 개혁적일 것으로 기대를 모았던 노무현 정부에서 가장 급격하고도 포괄적으로 나타났다. 노무현 정부가 '국민소득 2만 달러'로 대표되는 성장 담론과 "경제는 경제 논리로 풀어야 한다"며 시장 논리를 일방적이고 일상적으로 홍보하는 가운데, 대통령은 "권력은 이미 시장으로 넘어갔다" 혹은 "세계 자본을 자국으로 유치하는 것이 정부의 가장 우선적인 기능이다"라거나 "한국을 외국자본이 가장 투자하고 싶은 나라로 만들겠다" 등의 다짐을 수차례 공개적으로 언급할 정도로 우리 사회에선 어느새 권력으로서 신자유주의가 개혁의 정신을 대체해 버렸다. 그러면서 재벌 개혁, 노동 개혁, 복지 개혁과 같은 핵심적 개혁 과제들은 제대로 다뤄지지 못했다.

김영삼 정부 시기 : 재벌을 위한 민주화

한국 정치에서 세계화라는 어휘가 본격적으로 회자되기 시작한 것은 김영삼 정부에서였다. 김영삼 정부는 1994년 11월의 '시드니 선언'을 통해 세계화 정책을 공식적으로 선언했다. 그러나 김영삼 정부의 세계화 인식은 정치, 경제, 문화, 언론, 환경 등 모든 부문에서 세계 규범을 수용함으로써 선진 국가의 대열에 합류한다는 의미의, 포괄적이며 다분히 추상적인 슬로건의 수준을 벗어나지 못한 것이었다. 이처럼 세계화가 세계 국가의 일원으로 편입될 수 있느냐 하는 '자격'의 문제로 환원될 때 그것은 개방과 경쟁 같은 주류 담론 혹은 신자유주의의 이데올로기적 표상과 쉽사리 동일시된다.

　김영삼 정부가 출범할 즈음의 한국 경제는 미국의 후원 아래 전략적으로 보호받았던 냉전 시기의 혜택을 더는 기대할 수 없는 상황이었다. 1980년대 중반 이후 한국 정부는 외국으로부터의 투자에 대한 갖가지 탈규제 조치들을 도입하기 시작했고, 당시의 한국은 이미 해외 기관투자가들의 막대한 **포트폴리오 투자**와 대기업들이 앞 다투어 빌려 오던 외자를 위한 사실상의 투기장이 되고 있었다. 김영삼 정부의 세계화 구호는 이런 상황에 대한 피동적 추인에 불과했다. 또한 이는 집권을 위해 구舊권위주의 정치 세력과 연합했던 '3당 합당'의 태생적 한계를 안고 출발했던 김영삼 정부가 신자유주의적 경제 논리에 의존해 취약한 정당성을 보완하려 했던 의도의 산물로 평가할 수도 있을 것이다.

포트폴리오 투자

해외 지사 및 공장 설립, 기존 기업의 경영권 획득 등 기업 활동을 목적으로 투자하는 직접투자와는 달리, 기업 경영과 무관하게 투자 수익의 획득을 위해 주식, 채권 등 각종 유가증권에 투자하는 것을 의미한다.

정권 후반기에 이를수록 김영삼 정부의 반개혁적·반민주적 성향은 더욱 노골화됐다. 특히 재벌 개혁에 대한 보수 언론과 기득권층의 반발이 거세지면서, 재벌 개혁이 오히려 중산층의 안정 심리를 자극할 것이라는 등 경제정책을 위해 재벌의 협조가 불가피하다는 취지의 논조가 당연한 것으로 회자되기 시작했다. 예컨대 김영삼 정부는 '경쟁력 제고'를 '국경 없는 개방의 시대'에 세계화에 대처하는 최상의 수단으로 간주했다. 따라서 1995년 1월 WTO 출범을 앞두고 한국을 "외국 투자를 위한 최적의 국가"로 만들고자 했던 정부에게 경쟁력 제고를 위한 첩경은 중소기업 중심의 경제체제 개편이 아니라 탈규제, 노동 유연화 등을 통해 재벌 체제를 강화하는 것이었다.

이런 상황에서 신경영전략이나 국가 경쟁력 회복 등과 같은 자본 편향적 담론들이 대세를 장악하는 것은 시간문제였다. 정권 후반기에는 정책 아젠다로서 재벌 개혁은 사실상 잊혀졌고 기업의 소유와 지배 구조 그리고 경제력 집중도 등에서 나타난 재벌의 입지는 오히려 강화되었다(강문구 2003; 최장집 2005).

재벌 중심의 성장 제일주의와 노동 유연화가 강조될수록 권위주의

表 3.1 | 한국 재벌의 경제력 증가 추이

		1980(a)	1985(b)	1990(c)	1995(d)	b/a	c/a	d/a
총자산	4대 재벌	8,511	26,984	85,249	117,130	3.17	10.02	13.76
	10대 재벌	14,592	38,728	127,292	-	2.65	8.72	-
	30대 재벌	21,800	54,914	167,655	233,445	2.52	7.69	10.24
	50대 재벌	24,523	61,690	192,768	-	2.54	7.95	-
매출액	4대 재벌	10,751	42,038	74,808	148,958	3.91	6.96	14.00
	10대 재벌	18,535	57,983	101,569	-	3.13	5.48	-
	30대 재벌	25,829	71,980	128,950	248,020	2.79	4.99	9.64
	50대 재벌	28,168	77,630	138,339	-	2.76	4.91	-
정부의 재정 규모		8,648	15,000	32,537	74,534	1.73	3.76	8.62
GNP(억 달러)		606	911	2,518	4,881	1.51	4.16	8.05

단위 : 10억 원, 자료 : 윤상우(2002, 163)에서 재인용.
주 : 1995년 정부 재정 규모는 예산액 기준임.

적 노동법의 전향적 개혁을 기대하는 것은 어리석은 일이 되었다. 과거 국가-재벌 유착에 기반을 둔 한국의 지배 연합은 산업적·정치적으로 조직 노동을 배제한 기초 위에서 형성된 것이었다. 제3자 개입과 복수노조 금지 등 노동은 노사관계의 영역에서 강력한 법적 규제를 받아 왔을 뿐 아니라, 정치적 자금 지원이나 정당 결성의 금지 등 정치적 영역에서의 활동 역시 극도로 제한받아 왔다.

김영삼 정부는 국제노동기구ILO의 요구를 충족하고 OECD에 가입하기 위해 이런 억압적 요소가 배제되거나 약화된 일련의 노동 개혁안을 마련하기도 했지만, 그마저 세계화, 자유화, 유연화 등 제 담론의 봇물 속에서 자본과 보수 기득층의 반대로 개악된 채 편법으로 국회를 통과했다. 이는 1996년 말부터 1997년 초에 이르는 노동자들의 총파업을 불러왔는데, 그 결과 한국 역사상 최초로 정부가 총파업에 굴복하는 일이 일어났다. 그리고 이를 계기로 새롭게 개정된 노동법은 노조의 법적 지위에 상당한 변화를 가져옴으로써 정부, 기업, 노동의 관계가 새롭게 전개될 수 있는 실마리를 열어 주기도 했다(Gills and Gills 2000, 42-3).

그러나 잇달아 불어 닥친 금융 위기로 인해 새 노동법에 기초한 노사관계의 민주적 재편은 진척되지 못했다. 복지 개혁과 관련해서 김영삼 정부가 이룩한 최대 성과는 30인 이상 사업장을 대상으로 고용주와 종업원 부담의 고용보험을 도입한 것이었다. 그러나 국가 복지에 관한 한, 최저소득보장을 매년 확대하기로 한 초보적 공약조차 계속 방치되면서 아무런 실질적 진전도 이루지 못했다. 결과적으로 한국의 노동자들이 1997~98년의 경제 위기에 무기력하게 노출된 것은 당연한 일이었다.

김대중 정부 시기 : 생산적 복지의 한계

한국 사회가 세계화의 의미와 성격에 대해 수사와 슬로건을 넘는 성찰을 하지 못한 채 주춤거리는 사이 외환 위기가 발생했고, 때마침 최초의 수평적 정권 교체를 통해 김대중 정부가 탄생했다. 이는 1987년 시민사회의 대폭발 이후 10년 만의 일이었다. 김대중 정부가 세계화와 민주화의 흐름 속에서 재벌 개혁, 노동 개혁, 복지 개혁을 3대 개혁 과제로 상정한 것은 지극히 자연스러운 일이었다.

IMF 위기는 이런 정부에게 개혁의 호기를 제공했다. 그것은 한국민에게 세계화의 위력을 몸소 체험하게 했을 뿐 아니라 민주화 이후 제기되어 온 개혁 과제들이 세계화와 일정하게 접목될 수 있는 계기였다. 무엇보다 신자유주의적 세계화라는 환경에서 경쟁력 있는 자본주의 모델을 창출하기 위해서는, 조직 노동의 산업적·정치적 배제와 재벌 대기업을 중심으로 한 종래의 국가–자본 동맹이 재검토되고 중소기업 중심의 경쟁력 제고 방안이 마련되어야 했다.

IMF가 구제금융의 조건으로 재벌 체제의 개혁을 요구하던 상황에서, 김대중 정부 또한 재벌 문제(예컨대 발전 국가 모델의 유산인 정부-대기업-은행의 유착과 기업지배구조의 개선 등)를 외환 위기의 근본 원인으로 간주했다. 특히 정부는 이동성 단기 자본의 대량 이탈과 원화에 대한 대규모 환투기 등 외환 위기의 혹독한 경험 속에서, 외국자본의 압박이 경쟁력 없는 재벌들의 기업지배구조 개선을 촉진하고 금융기관의 장기적 안정을 도모해 주리라고 기대했다. 이를 위해 김대중 정부는 외국인 투자에 의존하려는 경향을 보였다. 1998년 초부터 자본과 부동산 시장이 외국 투자에 개방되었고 적대적 인수 합병도 허용되었다.

그러나 한국의 재벌은 세계화에 대해 줄곧 모순적 태도를 견지했다. 예컨대 그들은 노동 유연화를 적극적으로 찬성하면서도 재정과 인사의 투명성을 높이고 기업지배구조의 책임성과 민주성을 확립하는 등 재벌 체제 안팎의 구태의연한 관행들을 개혁하는 문제에 이르면 하나같이 소극적이거나 저항적이었다. 결국 기업의 소유 구조와 지배 구조와 관련된 핵심 재벌 개혁은 이렇다 할 실효를 거두지 못했다(김기원 2002, 55-8).

노동과 복지 부문은 금융·기업 부문과 더불어 과거 발전주의 국가 시절을 거치면서 가장 낙후되고 개혁이 지체되던 분야였다. 만일 신자유주의적 세계화가 노동 권력의 감소와 국가 복지의 축소적 재편을 주 내용으로 하는 것이라면, 이는 분명 한국 사회가 추구해야 할 개혁의 방향과는 어긋나는 것이다. 한국은 더 이상 축소될 노동 권력과 국가 복지가 없을 정도로 양 분야 모두 취약한 상황이었기 때문이다. 우리가 당면한 개혁 과제들을 대면함에 있어서 역사성이 배제된 이데올로기로서의 신자유주의를 경계하는 지혜가 각별히 요구되는 것은 이 때문이다.

노사정위원회

노사정 간의 합의를 위한 대통령 자문 기관. 경제 위기 이후 집권한 김대중 정부는 노동 정책 및 현안 노사문제에 대한 노사정 간의 사회적 대화와 합의 도출을 목적으로 노사정 위원회를 1998년 1월 15일 발족시켰다. 발족 이후 위원회는 2.6 노사정대타협을 통해 국가위기 극복의 계기를 마련했으나 이후 정부가 노동 유연화 등 노동계의 일방적 양보만을 강제함으로써 노동계의 탈퇴 등 파행을 겪어 왔다.

우선 김대중 정부는 노동 관련 악법들을 폐지하거나 완화하고 통상 노/자 간 권력 자원이 어느 정도 대등한 상황에서 실험이 가능한 노사정위원회를 전격 도입함으로써 노동을 공식적인 정책 파트너로 편입시켰다. 이는 외환 위기의 극복 과정에서 노동의 협조가 절실했다는 이유 외에도 노동시장의 문제를 더 이상 시장에 일방적으로 맡길 수 없다는 시대적 요청 때문이었다.

그러나 노/자 간 권력 자원의 심대한 불균형으로 인해 노사정 체제는 처음부터 불안하게 출발했다. 소유자 경영 체제에 길들여진 한국의 자본과 구조조정의 고통에 맨몸으로 저항해야 했던 노동, 그리고 그 사이에서 적극적 중재자의 역할을 포기한 국가 간의 첨예한 갈등으로 인하여 그 전도가 결코 순탄할 수 없었다. 무엇보다 구조조정 과정에서 실업과 불안정 고용이 중소기업을 넘어 대기업으로 그리고 공공 부문으로까지 확대되면서, 갈등은 커졌다. 게다가 금융 위기의 충격과 외환 문제의 다급성이 물러가면서 노사정위원회에 대한 초기의 흥분과 공조 분위기는 서서히 사라지고 그에 대한 국민적 신뢰도 급격히 축소되었다. 그렇게 한번 무너지기 시작한 노사정위원회의 사회적 기반은 오늘날에 이르기까지 회복의 실마리를 보이지 않고 있다.

한국 사회의 안전망 부재 상황은 1997년의 외환 위기를 통해 적나라하게 드러났다. IMF로부터 570억 달러라는 IMF 사상 최대의 구제 금융을 지원받은 한국은 그 대가로 재벌 개혁 외에도 혹독한 긴축재정과 구조조정을 요구받았다. 금융 구제가 주로 투자자나 채권자의 보호에 일차적 목표가 있음을 감안한다면 IMF식 처방은 일반 국민에게는 그 자체가 심각한 역복지diswelfare를 의미했다.

IMF가 요구했던 고이자율, 저성장, 금융 부문 개혁, 무역과 투자의 자유화, 구조조정 등으로 인하여 생산, 소비, 임금 등 주요 경제지표는 급속히 나빠졌고 실업률과 빈곤 인구가 증가했다. 김대중 정부가 들어서면서 한국 복지 체계가 신속히 정비되고 급격히 확대된 것은 이런 위기 상황을 배경으로 한 것이었다. IMF 위기 상황이 오히려 한국 사회의 복지 필요성을 재발견하는 계기로 작용했던 것이다.

이는 물론 한국의 국가 복지가 워낙 낙후되어 있었기 때문에 위기와 긴축 시기에 통상적으로 예상되는 복지 축소의 여지마저 없었다는 점을 말해 주기도 하지만, 또한 한국과 같이 정책 결정국decision-maker이 아닌 정책 수용국decision-taker의 위치에 있는 경우에도, 세계화가 복지에 미치는 함의는 양면적임을 보여 주는 것이었다. 이런 점에서 '생산적 복지'로 요약되는 김대중 정부의 복지 개혁은 한국 복지 제도의 정비와 확충의 측면에서는 분명 획기적인 것으로 평가받을 여지가 있다. 하지만 다른 측면에서 보면 '생산적 복지'는 복지와 관련한 신자유주의적 논리를 차용하여 근로 복지를 지향하거나 축소 중심의 복지 정책론으로 귀결되었다. 그리고 이는 복지국가의 문턱에도 진입하지 못한 한국으로서는 불행한 일이 아닐 수 없다.

> **근로 복지** workfare
>
> 기존의 사회복지(welfare) 모델이 사회적 최저 수준 이하의 사람들에게 이전 소득 형태로 대가 없이 복지를 공급했던 것과는 달리, 복지를 노동의 의무와 결합하는 새로운 모델의 복지 개념이다. '일을 통한 복지'로도 불리며, 일자리 창출을 최고의 복지로 이해한다. 따라서 일자리 창출을 위한 노동시장 유연화와 짝을 이루는 개념으로 자주 사용된다.

노무현 정부 시기 : 민주주의의 신자유주의화

단기적 외국 자금의 대량 탈주에서 직접적으로 비롯된 IMF 환란의 원인은 다양하게 논의될 수 있겠지만, 적어도 금융 자유화라는 세계사적 환경이 중요하게 작용했다는 것은 부인할 수 없다. 따라서 민주화의 도정에 있던 한국에서 처음부터 개혁은 국외의 신자유주의적 세계화가 요구하는 개혁의 상한선과 국내의 민주화가 요구하는 개혁의 하한선 사이에서 결정될 수밖에 없었다. 그러나 혹독했던 환란의 여진이 서서히 가시면서 우리의 의식에 남은 것은 '성찰된 세계화'가 아니라, 불가항력으로 외부로부터 주어진 조건 혹은 이데올로기로서의 세계화 혹은 하나의 엄청난 추상적 경제 권력으로서의 세계화였다. 이제 중요한 것은 "세계화 시대에 살아남을 수 있는 생존 전략"이었고, 세계화에 대한 일방적 적응이었다.

세계화에 대한 이런 인식은 물론 시장주의자 혹은 신자유주의자들의 염원을 그대로 담고 있는 것이다. 그 결과, 노무현 정부가 내건 '국민소득 2만 달러 달성' 등의 슬로건이 함축하듯, 물량적 성장 중심의 가치관과 '선先성장 후後분배'의 성장/분배 이원론에 입각한 성장 결정론은 세계화 시대에 생존과 적응을 위한 부동의 원리, 의문의 여지없는 고정관념으로서 한국 사회에 각인되었다. 한때 유행했던 '제3의 길'류 담론의 분출에서 보듯이, 경제 선진국의 사민주의 정치조차 스스로 "노동을 희생해서 자본 유치를 강행하는" 대안에 무력하게 몰입해 온 측면이 있다(김수행 외 2003). 그러나 원래부터 복지국가란 "시장을 거스르는 정치"politics against market, 즉 국내 정치적 요구의 산물이었다. 전후 서유럽 복지 체제에서 임금, 고용, 생활수준 등은 반드시 시장적 논리에 의해서 좌우될 필요가 없었다. 만일 성장이나 효율 같은 경제 논리를 반드시 전제해야 했다면 아마 복지국가의 발전은 애초에 불가능했을 것이다.

서유럽 국가들의 경험에 비추어 볼 때, 복지국가의 출범과 출범 이후의 발전은 사회경제적 요구의 강도나 사

『제3의 길』 The Third Way

영국의 사회학자 앤서니 기든스(Anthony Giddens)의 저서. 1998년 영국에서 출판되었으며 '사회민주주의의 부활'(The Renewal of Social Democracy)이라는 부제에서 알 수 있듯이 사회주의의 경직성과 자본주의의 불평등을 극복하려는 새로운 이념 모델을 제시하여 주목받았다.
저자는 중도 좌파의 입장에서 '제3의 길'을 현대 사회민주주의의 복원과 성공에 이르는 길로 규정하고, 이를 단순한 좌우 이념의 타협이 아니라 사회경제적 변화라는 현실에 필요한 적극적 방법이라고 주장했다. 이런 주장은 영국의 토니 블레어(Tony Blair)를 비롯해 독일의 게르하르트 슈뢰더(Gerhard Schröder) 등 유럽 중도 좌파 정치가들의 이론적 배경이 되면서 전 세계적으로 주목받게 되었다. 그러나 마르크스주의 역사가 에릭 홉스봄(Eric Hobsbawm)이나 스튜어트 홀(Stuart Hall) 등 영국의 좌파 이론가들처럼 '제3의 길'이 사회경제적으로 화해할 수 없는 것들을 모두 포괄하려고 한다는 점에서 현실적으로 불가능한 노선이라고 반박하는 학자들도 있다.

회적 통합의 필요성, 노동운동의 제도적 수용과 같은 정치적 민주주의의 진전 정도 혹은 정치적 리더십의 결단 등 국내 정치적 요인들에 의해 결정적으로 영향받아 왔다. 오늘날 복지국가에 대한 신자유주의적 세계화 담론의 공세는 서유럽의 복지국가가 탈상품화와 사회재계층화와 관련하여 이룩한 역사적 성취를 전제로 한 것이다.

따라서 노무현 정부 시기 신자유주의적 개혁이 우선시되면서 복지체제가 크게 확대되지 못한 것은 아타까운 일이 아닐 수 없다. 국가복지의 낙후된 제도화와 열악한 국내 정치적 여건에도 불구하고, 결국 정치와 민주주의에 대한 냉소와 경멸은 커졌고 요행과 투기에 의존해 미래를 담보하려는 퇴행적 심리는 변함없이 지속되었다.

반정치, 반국가 담론

복지국가의 초보적 의의는 시장 실패 혹은 시장 논리의 과잉을 선제하거나 사회적으로 수습하기 위한, 즉 우리의 미래가 우연적 요인들 혹은 도박 심리에 의해 좌우될 가능성을 줄여 주기 위한 정치적 견제 장치라는 데 있다. 이처럼 일국 수준에서의 시장 실패를 교정하기 위해 복지국가라는 정치 논리가 요구된다면, 시장 논리가 국경을 넘어 전 지구적으로 관철되는 세계적 수준에서는 더더욱 말할 필요가 없다. 문제는 지구를 제패한 자본주의적 폐해의 심각성은 가중되는 데 반해, 세계경제는 그것을 예방하고 치유할 정치적 기반을 갖추지 못하고 있다는 데 있다.

국가와 정치의 역할이 어느 때보다 절실한 시점에, 역설적으로 한국의 시민사회는 반국가 의식에 깊이 침윤되어 있다(최장집 2005, 1장).

경제 논리가 사회의 모든 영역을 망라해 침투해 있는 가운데, 공공 영역은 갈수록 수세에 몰리고, 정치는 일상적으로 폄하되며, 민주주의는 조소의 대상이 되었다(Marquand 2004; Russell 2005). 민주화 이후 이른바 개혁 정권들이 줄줄이 들어섰지만, 본질적인 개혁 과제들이 번번이 뒷전으로 밀리고, 진보 진영의 냉소와 보수 언론이 선동하는 반개혁 담론이 범람하는 가운데 정치에 대한 불신은 가중되었다.

세계화는 행위자 없는 흐름이나 통제 불능의 대세가 결코 아니다. 그것은 경제적 과정이면서 동시에 복합적인 정치적·역사적 과정이며 그에 대한 적응 의지는 국가마다 큰 차이가 있다. 그런데도 국가를 폄하하는 근본주의적 좌우 담론들이 득세하는 이유는 현실의 민주주의가 불완전하게 정착되어 국가가 무능과 부패에 오염되어 있기 때문이다. 과연 우리는 민주주의를 조롱하며 정치를 폐기해야 하는가. 민주주의와 정치마저 희망을 주지 못한다면, 우리에게는 희망이 없다. 민주주의가 만능이기 때문이 아니다. 다시 바우만의 통찰을 따르면, 우리는 "인간 잠재력의 무한성과 동시에 항구적 불완전성"을 믿기 때문이다. 정치와 국가는 바로 그런 인간이 만들어 내고 발전시켜 온 현실적 대안이다. 국가와 민주주의에 본래의 위엄과 권위를 되돌려 주어야 할 것이다. 무엇보다 빈곤과 불평등이 증가하는 한국 사회의 현실은 이를 더욱 절실한 것으로 만들고 있다.

- 노무현 정부에 이르기까지 그간의 민주 정부들은 여러 번의 집권 경험에도 불구하고 아직까지 명료한 이념적 지향을 담은 일관되고 본질적인 개혁 노선을 제시하지 못한 채 현안에 따른 임기응변식 대응으로 일관해 왔다.

- 신자유주의적 세계화 담론과 시장 논리의 위력은 정부 수립 이후 가장 개혁적일 것으로 기대를 모았던 노무현 정부에서 가장 급격하고도 포괄적으로 나타나고 있다.

- 만일 성장이나 효율 같은 경제 논리를 반드시 전제해야 했다면 아마 복지국가의 발전은 애초에 불가능했을 것이다. 서유럽 국가들의 경험에 비추어 볼 때, 복지국가의 출범과 출범 이후의 발전은 사회경제적 요구의 강도나 사회적 통합의 필요성, 노동운동의 제도적 수용과 같은 정치적 민주주의의 진전 정도 혹은 정치적 리더십의 결단 등 국내 정치적 요인들에 의해 결정적으로 영향받아 왔다.

Welfare

2부

왜 복지국가인가

Welfare

4장 복지국가란 무엇인가

복지국가란 무엇인가

복지국가welfare state만큼 좌우의 이념적 관점 모두로부터 비판받고 있는 예도 흔치 않다. 1980년대 영국의 대표적 우익 정치가였던 마거릿 대처Margaret Thatcher는 복지국가를 사회주의 체제라고 공격했다. 반대로 좌파 이론가들 중에는 복지국가를 국가독점자본주의의 한 말기적 형태로 매도하는 사람이 많다. 그렇다면 도대체 복지국가란 무엇이며 어떻게 이해해야 하는가?

우선 복지국가는 자본주의적 현상이라는 사실을 이해하는 것이 중요하다. 기본적으로 복지국가는 자본주의 경제체제를 채택한 나라에서 자본주의가 갖는 문제점과 부작용을 해결하기 위해 국가와 정치가 본격적으로 나서야 한다는 발상의 산물이었다. 따라서 복지국가란 자본주의가 여러 형태의 도전에 대응해 자신의 생명력을 유지할 수 있었던 원동력이었다고 보는 것은 틀린 말이 아니다. 그렇다고 해서 자본가나 친자본주의적 보수정당들이 복지국가를 만든 것은 결코 아니다. 복지국가를 개척하고 주도한 것은 자본주의에 비판적인 진보적 지식인과 정당들이었고, 무엇보다 노동운동이었다. 이 책 전체를 통해 강조하겠지만, 복지국가는 시장과 정치, 자본주의와 민주주의의 상호 작용이 만들어 내는 역동적 구조를 전제하지 않고는 제대로 이해할 수 없는 역사적 현상이라 할 수 있다.

자본주의와 시장의 문제에서 논의를 시작해 보자. 자본주의란 시장을 가장 우월한 자원배분의 도구로 간주하는 경제체제다. 이 체제 안에서 각각의 개인은 자신의 경제적 이해관계에 따라 자유롭게 경쟁하며 계약을 맺지만, 사회 전체적으로는 시장이 갖는 '보이지 않는 손'의 작용으로 최적의 생산·소비·고용·임금수준을 실현할 수 있다고 본다. 따라서 실업의 증가와 같은 경제적 불균형 현상은 언제나 단기적인 문제일 뿐, 말 그대로 '자유롭게 방임해 두면'laissez-faire! 시장의 자동 조절 기능을 통해 최적의 균형을 곧 회복한다고 믿는다.

이처럼 시장에 대한 낭만적 신뢰의 근저에는 자유주의 철학이 있다. 자유주의는 개인의 자유, 특히 재산권 행사에서의 자유를 제일의 기본권으로서 중시한다. 이때 자유는 시장에서 가장 잘 실현되기 때문에 시장은 그 자체가 선善으로 간주된다. 따라서 시장 체제 안에서 뭔가 문제가 발생해도, 그것은 '시장의 실패'가 아니라 시장에서 '실패한 개인'의 문제이거나 혹은 시장에 간섭한 '정부의 실패' 때문이라고 주장한다. 예컨대 빈곤이나 실업은 게으름과 무능력, 무절제 등 개인적 품성의 결과로 추궁되며, 선거에서 지지를 극대화하고자 하는 정치인과, 예산 배정에서 유리한 위치를 차지하고자 하는 관료의 행위는 사익 추구 행위로 비난되는 것이 대표적이다. 어떤 경우든 시장 외적인 판단과 개입은 부정적인 것으로 인식되고 거부된다.

이와 같은 이데올로기적 교리에도 불구하고 실제 현실에서 시장이란 매우 불완전한 장치이자 제도다. 단기적 불황이 장기적 공황으로 발전하거나, 자유경쟁 체제의 이상과 상반된 자본의 집중과 집적, 빈부의 격차와 경제적 불평등이 심화되기도 한다. 시장은 모든 사람에게 똑같이 공평하고 중립적이지 않다. 시장에서 개인의 자유는 재산과 경제적 지위에 따라 차등적일 수밖에 없다. 이런 점에서 경쟁의 불공정성과 계약의 불평등성은 시장에 내재하는 기본적 특징이라 할 수 있다. 노동자와 고용주의 관계를 보자. 노동자들은 단 하루도 자신의 노동력을 시장에 내다 팔지 않으면 생존이 불가능하다. 게다가 자본 (기업) 간 경쟁이 심화되고, 기술이 발달하면서 노동시장에는 공급과잉 상황이 만성화되고, 고용된 노동자들조차 임금 삭감과 해고의 두려움 앞에서 안전하지 못하게 되었다. 그 결과 노동자와 고용주 사이에 자유롭고 평등한 거래와 계약은 실현되지 못하고, 양자 사이의 불평등과 자본가에 대한 노동자의 종속적 의존은 더욱 심화될 수밖에 없었다. 여기에서 중요한 것은 자유주의의 가정과는 달리 이런 일이 시장 체제 안에서 시장 원리의 결과로 나타났다는 사실이다.

공급이 수요를 창출하지 못할 때, 재고와 실업의 악순환 속에서 가격 기제는 탄력적으로 작동될 수 없고, 저축은 투자로 연결되지 않으며, 수요는 더 위축되고, 투기적 행위는 늘어나게 된다. 이런 상황은 노동시장에서 수급 구조의 불균형을 심화시키고 이 과정에서 시장 경쟁으로부터 비非자발적으로 밀려난 수많은 사람들이 체계적으로 양산된다. 여기에는 장애인, 어린이, 노약자, 병자 등 원천적으로 시장 진입이 어려운 사람들뿐 아니라, 실업자나 저임금노동자 등 시장 경쟁에서의 주변적 지위를 감내해야 하는 모든 사람이 포함된다. 시장에서 밀려난 자, 즉 자신의 노동력을 시장에서 적절히 상품화하는 데 실패한 사람들에게 언제나 가장 큰 문제는 절박한 생존의 문제다. 이처럼 자신들이 통제할 수 없는 구조(시장)가 초래한 결과에 대해 이를 무력한 개인들의 책임으로 돌린다면 그것은 정당한 일이 아니다.

복지국가란 이처럼 시장의 '보이지 않는' 실패를 '보이는' 정치가 예방하고 수습해야 한다는 사상에 기초해 있다. 자본주의는 인류가 만들어 낸 그 어떤 경제체제보다 상대적으로 우월한 경제체제일지 모르지만 이 역시 지극히 불완전한 체제임은 분명하다. 무엇보다도 시장 경제가 체계적으로 양산한 취약 집단들의 복지를 위해서는 시장 밖의 누군가가 나서야 했다. 과거에 그 '누군가'는 봉건시대의 영주이거나, 교회일 수도 있었으며, 독지가이거나 가족과 마을 공동체일 수도 있었다. 그러나 자본주의가 발전하면서 이런 제도들은 더 이상 존재하지 않거나 그 기능이 현저히 축소되었다. 봉건제는 소멸했고 교회는 그 영향력을 상실했으며 대가족제는 해체되었다. 더구나 독지가의 불확실하고 임의적이며 사적인 자선 행위에 의존하기에는 시장에서 밀려난 자들이 너무 많고, 그들의 요구와 필요를 충족시키기 위해서는 매우 복잡하고 다양한 공적 기능이 필요했다. 이때 그 '누군가'의 역할을 국가가 떠맡게 된 것은 불가피한 결과였다. 요컨대 복지국가란 자본주의 경제 논리가 낳은 시장 실패에 대한 사전적·사후적 교정을 위해 사회적이고 정치적인 선택의 산물로 불러들여진 것이다.

복지 혹은 복지국가라는 개념은 시장 원리에 따른 자원배분이 '평등'과 '사회정의'를 보장해 주는 것은 아니라는 인식의 공유에서 출발한다. 이는 다음과 같은 두 차원의 개념화를 통해 발전해 왔다. 첫째, 복지란 자유 시장 경제체제에서 개인의 생활수준이 과도하게 하락하는 것을 방지하기 위해 제공되는 보편적 안전망safety net 혹은 국민 최소 수준national minimum의 실현을 의미했다. 이런 일차적 의미의 복지는 "일정한 부류의 사람들의 기본적인 필요를 충족시키기 위해 국가가 직접적인 수단을 통해 시장경제에 관여하는 것"으로 정의되며 특히 '절대빈곤'의 상태에 있는 인구(혹은 계층)에 대한 장애, 퇴직, 의료, 그리고 실업 등과 관련된 사회보험 혹은 공적 부조의 형식으로 정책화된다(Goodin 1988, 11). 이는 제2차 세계대전 종전 이후 영국 복지 체계의 골간을 만든 1942년의 "베버리지 보고서"Beveridge Report에 나타난 "요람에서 무덤까지"의 정신이 함축하고 있는 복지 개념이며, 복지에 관한 대부분의 문헌에서 발견되는 가장 일반적인 정의라 할 수 있다. 그러나 이 복지 개념에서는 분배 구조의 변화나 생산수단의 소유 형태 등 사회의 구조적 변화는 추구되지 않는다. 따라서 기본적으로 복지의 공여는 잔여적·잠정적·비상 기능의 성격을 띤 것으로 간주되고, 복지 수혜자는 종종 "불행한 부적격자"라는 불명예 혹은 낙인과 함께 엄격한 가계조사means-test에 따라야 하는 수치를 감내해야 한다. 복지국가에 관한 이와 같은 정의는 사유재산, 자유주의, 개인주의 등의 원리에 적합한 개념으로 급격한 산업화와 민주주의 원리가 보편화된 오늘날의 국가 활동을 설명하는 데는 무리가 많은 개념이다(Wilensky and Lebeaux 1965, 138-140).

　　제2차 세계대전 이후 서유럽 사회가 경험한 경제적 풍요와 더불어 절대빈곤 계층이 상당한 정도로 축소되면서 복지도 안전망의 제공이라는 개념을 넘어서 확대되기 시작했다(Mishra 1973). 절대적 빈곤보다는 상대적 빈곤이 '사회적' 존재로서의 인간에게 좀 더 커다란 문제로 부각되기 시작했으며, 빈곤이라는 용어보다는 '상대적 박탈'relative deprivation이라는 개념이 새롭게 유행하기 시작한 것도 이와 무관하지 않다. 그러면서 복지국가의 주요 목표로서 사회적 평등, 협동, 공동체 등의 개념이 부각되고, 부의 재분배를 위한 다양한 조치가 복지의 중요한 내용으로 등장했다. 다시 말해 재분배 효과를 갖는 교육, 조세, 금융, 재정, 산업 정책뿐 아니라 노동력의 탈상품화와 사회재계층화 효과를 갖는 일체의 제도나 정책을 광범위하게 다루게 된 것이다. 복지에 대한 이런 광의의 개념에 따라, 복지의 수혜는 정당하게 요구할 수 있는 권리 내지 자격entitlement으로 인식되기 시작했다.

민주주의와 복지국가

복지국가는 정치에 대한 일정한 신뢰를 전제로 한다. 자본주의와 시장 체제의 한계가 커질수록 이를 개선하기 위한 정치의 역할은 더욱 절실해지기 때문이다. 급진 좌파의 이념을 신봉하는 사람들은 자본주의적 생산양식 아래에서 정치란 허구이며 자본가들의 경제적 지배를 은폐하기 위한 상부구조적 장치에 불과하다고 생각한다. 민주주의조차도 자본주의라는 토대 위에서는 계급 지배의 도구적 역할을 넘지 못한다고 본다. 반면에, 고전적 자유주의 혹은 신보수주의 이론가들은 시장의 극대화와 정치의 극소화를 주장한다. 그들에게 시장은 오로지 이윤 동기에 의해서 움직이는 자유로운 생산의 영역이며, 지지표를 얻고자 대중을 추종하는 정치는 시장의 자원배분 원리를 파괴하는 비효율적 소비의 주체일 뿐이다. 요컨대 정치는 좌우 이데올로기적 급진파 모두에서 불신과 부정의 대상인 것이다. 그러나 인간이 경험해 온 실제의 현실이 말해 주듯이, 자본주의 시장경제는 보수주의자들이 주장하는 것처럼 그렇게 완벽하지 않으며, 정치는 급진파들이 얘기하듯이 그렇게 무기력한 것만은 아니다.

소박하게 말해 복지국가는 정치를 통해서 사회경제적 불평등을 완화할 수 있다는 희망에 근거해 있다. 물론 '정부 실패' 혹은 '정치 실패'라고 불리는 문제가 있다. 그러나 자본주의가 만들어 내는 문제들이 명료할수록 문제 해결을 위한 개입은 자본주의라는 경제체제의 외부, 즉 정치로부터 올 수밖에 없다. 민주주의의 원리에 기반을 둔 정치는 시장과는 달리, 다양한 양식의 통제와 내부적 견제의 기제를 발전시켜 왔다. 정치를 좀 더 민주적이고 책임성 있는 구조로 발전시키는 것과, 자본주의 시장 체제의 한계를 개선하려는 정치의 적극적 역할은 이론적으로 양립되어야 하는 과제다. 역사적으로도 민주주의와 복지국가는 병행 발전해 왔다.

무엇이 정치를 신뢰하게 만드는가? 인류가 정치에 대한 신뢰를 고양하는 최소한의 여건 혹은 장치로 발전시킨 체제 내지 원리를 우리는 민주주의라고 부른다. 현실에서 민주주의는 다수 지배의 원리라고 집약할 수 있다. 물론 다수가 언제나 옳은 것은 아니다. 수의 정치도 타락하면 중우정치가 된다. 그런 점에서 민주주의는 분명 최선은 아니다. 그러나 민주주의는 원천적으로 불완전한 인간들을 상호 견제하게 하고 그러면서도 인격적 대등성과 평등의 원리에 기초를 두고 있다는 점에서, 적어도 현실적으로 인류가 발전시킬 수 있는 최선의 정치체제에 가깝다는 점은 부정하기 어렵다. 오늘날 정치가 비판받고 불신의 대상이 되는 이유는 민주주의가 제대로 실현되지 않았기 때문이라고 말할 수 있다.

시장에서는 '부'(돈)가 말을 하지만, 민주주의 정치에서는 '수'(투표)가 그 위세를 떨친다. 현실에서 다수의 의사가 얼마나 실질적으로 관철되는가 혹은 정치는 얼마나 자율적일 수 있는가 등의 질문은 또 다른 차원의 문제 제기다. 숫자라는 것은 (물질에 비해) 도덕적인 시비에 덜 노출되며, 다수가 소수보다 틀릴 가능성이 상대적으로 적고, 틀렸다고 판명되었을 때에도 큰 소란 없이 변명될 수 있다. 영국의 만년 노동당원이며 경제사학자였던 토니Richard Henry Tawney가 말했던 대로, 좋은 사회란 물질(자본)에 대한 보상보다 인간(노동)에 대한 보상이 더 중시되는 사회다. 인간의 운명이 (소수의 재력가가 행사하는) '물질적' 힘에 의해서 좌우되는 구조보다 다수의 '인격체들'에 의해서 간섭되는 구조가 그래도 낫다. 때로 민주주의가 대중의 집합적 열정을 불러일으키는 이유는 무엇보다 다수의 경제적 약자를 정치적으로 편들어 줄 수 있다는 기대 때문이다.

서유럽 복지 체제의 발달은 아래로부터의 참여가 허용된 민주주의의 절차적 요건에 힘입은 바 크다. 자본주의의 발전은 주기적인 경제 공황과 불균형을 동반했는데, 제아무리 불평등과 빈곤이 극도로 심화되었어도 '가진 사람들'haves이 자신들이 가진 것을 자진해서 내놓으려 했던 예는 드물다. 시장에서의 불리한 처지를 만회하고자 노동자들이 택한 방법은 수적으로 연대하여 자신의 세력을 규합하는 일이었다. 그들은 노동조합을 결성하여 경제적인 협상력을 높이고자 했고, 노동자 정당을 만들어 자신들에게 유익한 법과 제도를 만들고자 했다. 이처럼 노동조합과 노동자 정당은 시장의 불평등 구조를 바로잡기 위한 자구 노력의 결과로 발전했다. 경제적으로 취약한 위치에 있는 이들이 수의 논리가 지배하는 정치에 관심을 갖는 것은 당연했다.

정치의 영역에 참여한 노동운동은 의회에서 다수당이 되거나 다른 정당과 연대하여, 시장 체제가 강제했던 불이익들을 다양한 복지 법안(정책)을 통해서 시정하려 했다. 오늘날 서유럽 복지국가들 가운데 노동자 정당을 갖지 않은 나라는 없으며 이들은 모두 집권의 경험이 있다. 이 모두를 가능케 한 것은 물론 집회, 결사, 정치적 참여의 자유를 일찍이 실천했던 서유럽 국가들의 민주주의 제도였다. 서유럽 복지국가가 태동하고 발전할 수 있었던 맥락은 바로 민주주의였다.

- 복지국가는 시장과 정치, 자본주의와 민주주의의 상호작용이 만들어 내는 역동적 구조를 전제하지 않고는 제대로 이해할 수 없는 역사적 현상이다.

- 복지국가란 자본주의 경제 논리가 낳은 시장 실패에 대한 사전적·사후적 교정을 위해 사회적이고 정치적인 선택의 산물로 불러들여진 것이다.

- 서유럽 복지 체제의 발달은 아래로부터의 참여가 허용된 민주주의의 절차적 요건에 힘입은 바 크다. 그러나 정치적 민주주의가 자동으로 경제적 민주주의 혹은 복지국가로 이어졌던 것은 아니다.

5장 복지국가의 철학적 기초

고전적 자유주의의 복지관

복지 개념의 발전 배경에는 대체로 두 조류의 철학적 논의 혹은 정당화 방식이 존재한다. 첫째는 복지를 '시민권'citizenship의 일부로서 편입시키려는 노력이다. 둘째는 복지 혹은 복지국가를 '정의'justice 개념과 연계하여 정당화하려는 시도다.

우선 앞의 시민권 개념은 고전적 자유주의에서 말하는 시민적 권리와 대비된다는 사실에 주의해야 한다. 단순화해 말한다면, 고전적 자유주의가 기초를 두는 권리와 자유는 '재산권'의 자유이며, 그 주체는 원자화된 추상적 개인이다. 요컨대 개인에 귀속된 재산권의 자유를 그 핵심으로 한다는 것이다. 이때 사회 혹은 국가는, 그것에 우선하여 존재하는 개인들이 각자의 재산권의 자유를 확보하기 위해 계약을 통해 만든 자발적 연합체association에 불과한 것이 된다. 개인의 존재를 전제로 한다는 점에서 사회에 대한 존재론적 개체론ontological individualism이라 불리는 이런 관점은 많은 경우 방법론적 개체론methodological individualism과 연결된다. 즉, 사회는 개인의 행위로 환원되어 이해·설명되어야 한다는 것이다.

이런 사회 개념에 대한 가장 정교한 이론가의 원조는 역시 로크John Locke라 할 수 있다. 1688년 영국 의회가 왕위의 법적 계승권을 가지고 있지 않은 윌리엄과 메리를 새 국왕으로 선택했을 때 그는 의회의 행위를 옹호하는 변증자의 역할을 했다. 그때까지 신민과 군주와의 관계는 사적인 주종 관계로 인식되었는데, 로크는 이를 당사자의 의사에 따라 파기할 수 있는 계약 관계로 바꾼 이른바 '사회계약론'을 주창하고 나섰다. 당시의 시대 상황으로서는 가히 혁명적이라 할 수 있는 일이었다. 로크에 따르면 시민으로서의 개인은 추상적 개체의 성격을 띠게 되며, 기본적으로 자신에게 부여된 법적·정치적 권리를 타인에게도 똑같이 인정하는 것 이외의 어떤 의무도 사회에 대해 지지 않는다. 따라서 복지는 개인마다 다른 판단을 갖는 일종의 '주관적' 복지 혹은 계약의 '신성성'inviolability에 토대를 둔 개인들 간의 자발적인 거래 — 즉, 경쟁적 시장에서의 거래 — 이상일 수 없었다.

복지가 개인 각자의 판단에 의한 '주관적'인 것으로 인식되는 한, 사회 전체의 복지란 익명의 자기 이해를 추구하는 개인들의 주관적 복지의 사후적 총합이라는 결과로서만 의미를 갖게 된다. 복지가 개인들의 자발성(혹은 자기 이해의 추구)의 우연한 산물일 때, 그것은 합리적 계획이나 구상의 결과일 수 없다. 왜냐하면 국가와 같은 집합체가 단일한 행복의 척도를 근거로 집합적 의미의 '객관적' 복지를 산정한다는 개념은, 비교가 불가능한 개개인 복지의 총합에 대한 제3자의 자의적 결정을 전제로 한 것으로, 애초에 불가능하고 또 무의미한 작업이기 때문이다.

이런 관점에서 보면, 개인 각자에게 거래에 참여할 수 있는 법적·제도적 자유가 시장에서 주어지는 한, 설령 절대빈곤이나 상대적 박탈과 같은 역복지가 발생한다 해도 그것은 경쟁 시장 기제와 인과관계를 가지고 있지 않으며, 따라서 이를 바로잡기 위해 국가가 시장 기제에 개입한다는 것은 논리적으로 정당화될 수 없다. 국가가 관심을 가져야 하는 정의가 있다면, 그것은 시장에서의 게임의 규칙을 확보하기 위한 절차적 정의에 한정된 것일 뿐이다. 따라서 그것은 도덕성이 개입된 분배적 정의와는 전혀 무관한 개념이 된다.

당연히 복지를 위한 국가의 개입에 대해서 지극히 회의적이다. 한 국가의 한정된 자원은 그것이 가장 효율적으로 배분될 수 있는 개인들의 시장 기제(즉, 사적 영역)에 맡겨야 하며, 무형의 조합체로서 소비의 주체인 국가는 절차적 정의를 위한 최소한의 자원만을 통제해야 한다. 국가가 복지 지출을 위해 자원을 확보하는 일은 시장적 유인을 그만큼 감소시키는 것일 뿐 아니라, 본질적으로 열등한 자를 위한다는 명분으로 자원의 흐름을 왜곡함으로써 시장 기능 자체를 혼란에 빠뜨리게 된다는 것이다.

고전적 자유주의 정의관은 19세기에 유행한 공리주의utilitarianism를 통해 계승되었다. 이른바 "최대다수의 최대행복"이라는 개념이 요약하고 있는 공리주의 사상은, 민주적으로 선출된 중앙권력에 의해서 고통pain과 만족pleasure의 엄밀한 산정이 가능하다는 것을 상정함으로써 사회복지를 위한 국가의 역할을 인정하고 있다. 그러나 국가의 역할에 대한 공리주의자들의 인식은 도덕적 당위 혹은 권리 개념으로서의 분배정의와는 거리가 먼 것인바, 거기에는 암암리에 상정된 소득의 한계효용체감의 법칙에 따라 사회의 총효용을 극대화한다는 신고 전적 사고를 가정하고 있다. 무엇보다 약자의 고통과 소외가 효용의 관점에서만 파악될 때, 1834년의 신구빈법에서 보듯, 오히려 효용의 판단 주체인 국가에 의한 무자비한 대對빈민 정책이 가능해질 수 있는 것도 이런 맥락이다.

공리주의적 입장은 19세기 맬서스Thomas Malthus와 스펜서Herbert Spencer 의 사회적 진화론Social Darwinism의 이름으로 다시 체계화되었고, ― 19 세기 말과 20세기 초 그린T. H. Green과 홉하우스 등 영국의 '수정 자유 주의'New Liberalism 계열의 학자들에 의해서 시장의 역복지 기능이 새롭 게 인식되기 전까지 ― 빅토리아 시대의 자유주의를 지탱했던 하나의 견고한 토대 구실을 했다. 그 이후 하이에크F. A. Hayek와 프리드먼Milton Friedman, 그리고 노직Robert Nozick 등이 이런 전통에 충실한 철학적 변론 자로의 역할을 이어갔다. 결론적으로 말해 공리주의는, 자유 시장 원 칙과 복지국가의 조화 가능성을 열어 주었음에도, 실천적으로는 현대 복지국가의 발달에 아무런 기여도 하지 못했다. 오히려 19세기 말부 터 발전하기 시작한 근대 복지국가의 철학적 준거는 공리주의에 대한 이론적 비판에서 시작되었다.

고전적 자유주의 복지관의 문제

복지가 시민권의 일부로서 분배적 정의와 관련하여 논의되기 시작한 것은 자유에 대한 고전적 자유주의 시각에 문제점이 제기되면서부터 다. 문제점들은 대체로 두 가지 차원에서 제기되었다.

첫째는 자유에 대한 고전적 자유주의의 재개념화와 관계가 있다.

앞에서 언급했듯이 고전적 자유주의에서 자유는 주로 법적 규제로부터의 자유라는 소극적 의미에서의 자유였다. 따라서 시장에서 게임의 규칙이 준수되는 한 — 즉, 국가의 법적 통제가 시장 기제의 원활한 작용을 위해서만 행사되는 한 — 자유는 확보된다. 여기에서 자유에 대한 제약은 국가의 고의적인 법적 월권과 관련하여 주로 논의되며, 개인의 사회경제적 조건이 어떠한가의 문제와는 대체로 무관한 것으로 인식된다.

그러나 법적·물리적 강제의 부재로서의 자유 개념은 만일 특정 사회경제적 조건이 개인의 자유를 제약한다면 한계에 부딪칠 수밖에 없다. 예컨대 개인이 직면한 빈곤의 상황이 시장에서 대등한 계약 당사자로서 지위에 영향을 미친다면, 빈곤에 의해 개인의 자율성은 제한받으며, 이때 빈곤을 제거하기 위한 국가의 개입은 오히려 자유를 증진시키는 것으로 환영받아야 할 것이다. 개인의 복지, 개인의 주관적 선택이 객관적·물적 조건에 의해 침해받는 상황에 있기 때문이다. 그럴 경우 시장은 자율과 '자유'의 영역이라기보다는 '강제'의 영역이 되며, 오히려 복지를 위한 국가 개입은 자율성의 조건을 갖게 하는 기능으로 간주된다.

결국 자유는 추상적 자아의 보편적 권리가 아니며 구체적인 공동체 내에 위치한 구체적 개인의 권리의 문제로 다뤄질 수밖에 없는 것이다. 자유는 공동체 속에서의 자유를 의미하며, 이는 원자화된 개인들의 주관적 선호를 초월한 공동선과 이것에 대한 도덕적 책무를 상정하게 됨을 의미한다.

둘째는 파레토최적Pareto optimality 개념이 노정한 현실적 문제점들과 연관된 것이다. 파레토Vilfredo Pareto는 개인주의적 시장 원리에 입각하여 복지 개념을 체계화한 대표적인 경제학자다. 그가 제시한 원칙은 다음 세 가지 개인주의적 가정에 근거해 있다. 첫째, 각 개인은 자신의 복지에 대한 최상의 판단자다. 둘째, 사회적 복지는 전적으로 개인적 복지의 함수다. 셋째, 만일 한 개인의 복지가 증가하고 여타 사람들의 복지가 감소하지 않았다면, '사회적' 복지는 증가한 것이 된다.

당연히 이런 가정들은 자유 시장의 완전경쟁 상태에서 성공적으로 충족되는 것들이다. 나아가 빈곤에 대한 국가의 구제 행위는 (예컨대 국가에 의한 누진세의 강제징수 등을 통해) 다른 개인의 복지를 감소시키는 한 정당화될 수 없게 된다. 문제는 이런 입장이 기존 분배 상태에 대한 가치 평가를 불가능하게 하고, 또한 현실적 시장의 불완전성을 적절히 수용하지 못하게 한다는 데 있다. 즉, 기존의 분배 구조가 아무리 불평등하더라도 모든 구성원이 동의하지 않는 한 현상에서 벗어나는 것은 허용될 수 없다.

이런 점은 파레토 원리가 기본적으로 현상 유지를 선호한다는 — 즉, 그 자체가 현상에 대한 윤리적 판단을 이미 수반한 것이라는 — 비판을 가능하게 한다. 또한 현실의 시장에서 독점과 외부불경제의 존재는 파레토가 상정한 순수 균형 이론에 문제가 있음을 말해 주며, 이는 다시 복지를 위해 국가가 개입할 근거를 마련해 준다.

외부불경제 external economy

재화의 생산, 분배, 소비에 있어서 직접 참여하지 않은 제3자에게 부정적 효과를 미치고, 그 결과 사회적 비용을 증가시키는 경우를 말한다.

예를 들어 사회, 즉 공동체가 개개 인간들의 단순한 집합 이상의 무엇이라는 존재론적 인식에서 복지에 대한 새로운 개념화는 시작될 수 있다. 사회에는 개인들의 이해와 동일시될 수 없는 일반 이해, 공공선 등의 개념이 존재한다는 것이다. 여기에서 사회적 복지를 위한 국가의 관여라는, 복지 자체에 대한 새로운 규범적 평가를 만들게 된다. 복지를 공공재public goods로 인식하는 것이 대표적이다. 공공재란 사회적으로는 필요하지만 어떤 개인도 자발적으로 그 생산에 참여할 수 있는 이해관계나 유인 체계incentive structure를 갖지 않는 재화를 말한다. 고전적 자유주의 맥락에서 공공재로서의 복지가 용인될 때, 그것은 개인적 이해의 단기적 합리성short-term rationality 때문에 자유 시장에서는 생산될 수 없는 재화로, 제3자 특히 국가에 의해 생산되는 일종의 '자발적 강제'의 형식을 띠며, 그 결과 공여자뿐 아니라 모든 사람의 복지가 증진되는 것으로 간주된다.

그러나 다음에서 살펴보겠지만, 이런 입장도 복지에 대한 자유주의적 규범 자체를 문제 삼는 것은 아니다. 단지, 개인이 각자의 복지에 대한 최상의 판단자라는 순수한 주관주의적 원칙을, 공공재와 온정주의적 관념에 따라 일정하게 완화한 것에 불과하다(Barry 2001, 59-68).

T. H. 마셜과 사회권

복지에 대한 또 하나의 규범적 평가는 좀 더 근본적인 인식과 관계가 있다. 예컨대 비인격적인 시장과 같이 개인의 통제 밖에 있는 힘이 빈곤을 초래할 수 있으며, 이런 경우 개인은 공동체(사회)에 대해 하나의 권리(시민권)로서 빈곤의 해소를 요구할 수 있을 뿐 아니라, 역으로 그 개인이 속한 공동체는 그런 요구에 반응해야 하는 '도덕적' 책무를 진다는 인식이다.

마셜은 서유럽 자본주의 사회에서 시민권으로서의 복지 개념의 발전을 체계적으로 논술한 학자다. 그에 따르면 "시민권은 공동체의 구성원에게 부여된 하나의 지위이며, 이 지위를 소유한 모든 사람은 그 지위에 따르는 권리와 의무에 있어서 평등하다"(Marshall 1963, 70). 개인 구성원들의 공동체적 결속을 위해 필수적인 법적·정치적·사회적 제 권리로서의 시민권을 논의하면서, 마셜은 특히 사회적 권리인 복지에 대한 보장 없이 법적·정치적 권리만을 허용하는 것은 공동체의 일원으로서 개인의 삶을 기껏해야 불완전한 것으로 만들고 만다는 사실을 강조했다.

이런 시민권으로서의 복지 개념은 복지에 대한 권리를 모든 사람이 보편적으로 향유하는 권리로 간주하게 했다. 따라서 자선이나 관용에 따른 복지 개념이 복지 수혜자에게 불명예의 낙인stigma을 갖도록 하는 부정적 효과를 제거하는 데 기여했다. 그것은 산업화 이전 단계에서 사회 구성의 기본 틀이었던 신분적·세습적 지위에 의한 사회 결속 개념에서 벗어나 '지위의 평등'equality of status 개념을 공동체 결속의 새로운 근거로 제시한 것이다.

그러나 "과연 사회권이 자유권, 정치권과 같은 차원의 보편적 권리인가?" "타인들의 권리, 특히 재산권과 상충하는 문제를 어떻게 해결해야 하는가?" 등의 질문을 둘러싸고 철학적 논란은 지속되었다.• 더욱이 사회권의 내용과 기준은 누가 정하며, 서비스의 공여 수준은 어떻게 결정되어야 하는가 등의 문제는 시민권 개념에 의해서 선험적으로 결정될 수 있는 것이 아니다. 오늘날 서유럽 사회에서 자유권과 정치권 등에 대해 폭넓은 합의가 형성되어 있는 반면, 사회권, 즉 복지국가의 내용에 대해서는 국가마다 다양한 편차가 존재한다는 사실은 이런 어려움을 잘 보여 준다.

• 예컨대 크랜스톤(M. Cranston)은 인간의 권리를 가름하는 세 가지 기준으로서 실천성(practicability), 보편성(universality), 그리고 원천적 중요성(paramount importance)을 제시하면서, 권리로서의 복지 개념이 이 세 기준 모두를 충족시키지 못하기 때문에 기존의 시민권과는 차별화되어야 한다는 입장을 취하고 있다(Cranston 1973, 66-7). 재산권과의 상충 문제를 가장 본격적으로 제시한 연구는 역시 Nozick(1974)이다.

그럼에도, 사회권을 둘러싼 논의를 통해, 공동체를 하나의 허구적 실체로 파악하는 고전적 자유주의가, 복지 논의를 개인 권리의 차원으로 묶어 둔다는 한계는 명백해졌다. 동시에 사회권 논의는 공동체 내부에서 빈곤과 불평등의 해소를 위한 분배적 정의의 중요성을 제기했다는 점에서도 의의를 갖는다. 분배적 정의가 사회적 가치로 인식될 때, 그것의 실현이 복지의 중요한 내용으로 제기될 수 있는 규범적 기초와 논리적 구조는 무엇인가? 이 문제에 대해서는 철학자 롤스John Rawls의 『정의론』을 통해 살펴보기로 하자.

존 롤스와 정의론

롤스의 인간관과 자유관은 개인주의적 시각에 근거해 있다. 하지만 그가 제시하고자 한 '보편타당한' 정의의 원리는 공동체적인 관점에 입각해 있다. 롤스는 자신의 『정의론』첫머리에서 "진리가 이론 체계의 우선된 덕목이듯이, 정의는 사회제도의 첫째가는 덕목이다"라고 진술하면서, 고전적 자유주의에서 보류되었던 복지에 대한 규범적 평가, 혹은 그와는 질적인 차별성을 지닌 복지 개념의 모색을 시도했다 (Rawls 1971, 3).

우선 무지와 불확실의 조건에 있는 원초적 상태를 가정하고 그 상황에서 보편적 개인이 내리는 선택으로부터 정의의 원칙을 도출하고자 했다. 무지의 장막Veil of Ignorance에 가려 있는 원초적 상태란 합의 당사자의 타고난 능력 및 재능, 심리 상태 및 가치관, 사회경제적 지위 등을 모르게 한다는 가상적 장치인데, 이런 장치는 합의의 공정성을 보장하여 합당한 정의의 원칙을 도출하는 기능을 한다.

이때 합리적인 개인은 이익을 극대화하려는 전략을 취하기보다 손해를 극소화하려는 전략, 최악의 경우를 피하려는 전략을 선택하는데 이때 도출되는 정의의 원칙은 사람들이 기본적 자유를 평등하게 나누어 가져야 한다는 것이 된다. 이 원칙 위에서 인간이 갖게 되는 사회 원칙을 롤스는 '차등 원칙'difference principle이라고 개념화했는데, 그것은 사회적 내지 경제적 불평등이 허용될 수 있는 조건을 중심으로 한 것이다.

이 원칙에 의하면 정의롭고 공정한 사회란 사회의 직위·직책이 모든 사람에게 개방되고, 부유한 자의 부에 대한 축적이 가난한 자의 지위를 실제로 상승시키는 한 — 즉, 가난한 자들의 생활이 부의 불평등이 허용되지 않았을 때보다 나아지는 한에서만 — 에서 실현될 수 있다는 것이다. 따라서 부의 불평등 자체가 곧 부정의injustice를 의미하는 것은 아니지만 부의 불평등이 최소 수혜자의 복지에 부정적인 효과를 미치는 한 정의롭지 못한 것이자 공동체의 개입을 통한 개선이 필요해진다.

노직은 존 로크의 관점에서 롤스의 정의 원칙을 정면에서 거부한 대표적인 학자다(Nozick 1974). 노직에 따르면 롤스의 정의의 원칙은 모든 종류의 재화를 재분배의 잠재적 대상으로 간주한다. 노직은 "노동은 그 소유자에게 소유권이 전적으로 귀속되며 우리는 노동의 투입으로 공동 소유물을 사적 소유물로 전환시킨다"는 로크의 언명에 기대어, 롤스의 정의란 개인의 소유권 행사 권리와 재산에 대한 탈취에 불과하다고 주장한다. 인간이 배타적 소유권을 주장할 수 있는 사유재산은 법이나 제도 이전의 자연 상태에 기원을 두고 있으며, 따라서 법체계나 어떤 일반적 사회 원칙에 의해서 일괄적으로 제한받을 수 없다는 것이다.

롤스의 일반 원칙에 따라 처음의 분배가 이루어진다 해도 인간은 각자 자신의 원리에 따라서 자신에게 분배된 몫을 사용하는 경향이 있고, 일정한 시간이 지나면 일반 원칙이 성립시켰던 초기의 분배 혹은 소유의 패턴은 파괴되게 마련이라는 게 노직의 주장이다. 따라서 롤스의 차등 원칙에 근거한 추상적 분배원칙은 비역사적인ahistorical 것이자 재산권의 자유라는 제일의 원칙과 상충하는 것으로서 거부된다. 결국 노직의 논거는 고전적 자유주의로의 회귀 혹은 그에 대한 현대적 옹호의 성격을 띠고 있다고 할 수 있다. 따라서 노직의 논의 역시 고전적 자유주의가 안고 있는 문제를 그대로 갖고 있다고 하겠다.

롤스의 정의 원칙은 절대적 빈곤이나 객관적 필요의 조건에 대한 문제보다 소득수준의 상대적 배분 문제에 초점을 두고 있다는 점에서 복지를 불평등 구조와 분배적 정의의 차원과 연계할 수 있는 철학적 지반을 마련해 주었다. 그리고 이는 빈곤이나 불평등 문제가 시장이 만들어 낸 우연한 산물이기 때문에 개개인에게 도덕적 책임이 없다는 하이에크나 프리드먼과 노직 등 고전적 자유주의 계열의 주장에 대해, 이미 형성되어 우리가 직면하고 있는 불평등 구조에 대한 정의로운 태도에 관심을 갖도록 환기시켰다는 점에서 중요한 의미를 지닌다.

또한 롤스는 불평등의 문제를 정의와 연결시키면서도 그것의 진단과 처방을 '생산' 영역에 직접적으로 연계시키지 않음으로써 '수정된' 자유주의적 복지를 위한 철학적 근거를 제시할 수 있었다. 특히 개인의 합리성에 대한 가정에서 출발하여 기본적으로 공동체적 개념인 상대적 불평등의 문제에 접근하려 했다는 점에서 그의 논의가 지닌 의의는 크다 하겠다.

이상에서 살펴보았듯이 현대의 복지 개념을 지탱하는 시민권과 정의 개념은 사회의 공동체적 성격에 대한 윤리적 판단을 전제로 하는 것이다. 그것은 빈곤이나 불균등의 문제를 개인의 책임으로 돌리거나 단순히 시장 기능의 복원으로 해결할 수 있는 문제라고 내버려 두기보다, 공동체의 적극적인 개입을 통해 일상적으로 개선해야 하는 사회적이고 정치적인 문제로 인식하는 것에서 출발한다. 현대 복지국가의 역사적 전개나 이론적 발전 역시 이 기초 위에서 가능했다.

- 현대의 복지 개념을 지탱하는 시민권과 정의 개념은 빈곤이나 불균등의 문제를 개인의 책임으로 돌리거나 단순히 시장 기능의 복원으로 해결할 수 있는 문제라고 내버려 두기보다, 공동체의 적극적인 개입을 통해 일상적으로 개선해야 하는 사회적이고 정치적인 문제로 인식하게 했다.

- 사회권으로서의 복지 개념은 복지에 대한 권리를 모든 사람이 보편적으로 향유하는 권리로 간주하게 함으로써 자선이나 관용에 따른 복지 개념이 복지 수혜자에게 불명예의 낙인을 갖도록 하는 부정적 효과를 제거하는 데 기여했다.

- 롤스의 정의 개념은 개인의 합리성에 대한 가정에서 출발하여 기본적으로 공동체적 개념인 상대적 불평등의 문제에 접근함으로써 복지 개념의 철학적 토대를 강화했다.

Welfare

6장 | 노동 정치, 민주주의 그리고 복지국가

민주주의와 노동 정치

지난 한 세기 동안 국가의 재정지출을 경계하는 정치적·이념적 공세는 자주 있었다. 그러나 최근의 경우는 무엇보다 1930년대 제기되고 제2차 세계대전 이후 본격적으로 실험, 발전해 오면서 선진 민주주의 국가의 대명사가 된 복지국가에 대해, 거의 전면적이라 할 만큼 집중적인 공격이라는 점에서 심각한 문제가 아닐 수 없다. 그 이면에는 탈산업화로 특징지어지는 생산 체제의 누적된 변화와, 고실업과 노동유연성을 동반하는 고용구조의 급격한 변화가 있다. 또한 이를 가속화하는 신자유주의적 세계화의 흐름과 함께, 궁극적으로는 전후 선진국들의 민주주의를 질적·내용적으로 심화시켰던 노동 정치에 대한 도전이 자리 잡고 있다.

여기에서는 다음 장에서 살펴보게 될 복지국가 위기 담론이 갖는 문제를 이해하기 위해 먼저 복지국가를 둘러싼 노동 정치와 민주주의의 관계를 살펴보고자 한다. 정치의 영역에서 제도와 절차의 형식으로 구현되기 시작한 민주주의는 인간의 불완전성을 인정하고 참여와 자기 책임성을 고양한다는 점에서 그 자체로 도덕적 의의를 갖는다.

민주주의의 이런 윤리적 우월성이야말로 18세기 이후 계몽주의의 세례를 받은 서유럽의 수많은 양심적 보수주의자들과 자유주의자들로 하여금 민주주의를 용인하지 않을 수 없게 만들었던 중요한 이유 가운데 하나였다. 그러나 정치적 민주주의란 많은 경우 경제적 (재)분배 개념을 동반하는 실질적 민주주의로 연결된다는 점에서 기득 세력에게는 언제나 두려운 변화였다.

자본주의 발달 과정에서 처음에는 토지 귀족이 자본계급에 대해, 다음에는 자본계급이 노동계급에 대해 민주화를 가능한 한 억제하려 했다. 혁명적 파국을 통하지 않는다면 더 이상 버틸 수 없는 어느 시점에서 기득 세력이 최소한의 민주화만을 점진적으로 용인해 왔던, 민주화의 역사적 전개가 이를 잘 보여 준다. 이런 점에서 민주주의 발전을 무엇보다 계급적 이해의 관점에서 파악하는 것은 중요할 뿐 아니라 현실적인 접근이다(Rueschemeyer et al. 1992).•

사실 노동운동이 정치적인 특성을 갖거나, 역사적으로 민주주의 발

• 전통적 보수주의의 기능주의적 사회관도 노동계급에게 일정한 양보를 가능하게 한다. 19세기 말 이래 보수주의자들은 노동계급 유권자의 지지를 얻기 위해 사민당과 경쟁했고, 독일의 비스마르크 정부 등 복지 제도의 초기 유형이 보수주의자들에 의해 추진·도입되기도 했다. 복지 체제에 대한 에스핑-안데르센(Esping-Andersen 1990)의 유명한 분류도 보수적 복지 체제를 사회민주적·자유주의적 복지 체제와 더불어 복지 체제의 세 가지 유형 가운데 하나로 논하고 있다. 이런 서유럽의 전통적 보수주의와는 달리, 미국의 보수주의는 오히려 자유지상주의(libertarianism)에 가깝다고 할 수 있다.

전에 중요한 행위자가 되었던 것은 어떤 혁명적 이념을 채택했기 때문에 만들어진 결과는 아니었다. 노동운동은 계급적 이익의 실현이라는 실용적 목표를 추구하더라도 본질적으로 정치적일 수밖에 없다. 현실에서 노동운동은 노조의 결성과 단체행동권 획득 등 노사관계 차원에서 존립하기 위해, 그리고 이미 성취한 존립 기반을 수호하기 위해 정치적으로 투쟁하지 않을 수 없다. 뿐만 아니라, 시장에서 개별적으로 자본과 직접 대면하는 매우 불리한 위치에 서기보다, 1인 1표의 '민주적 계급투쟁'을 통해 정치권에서 거점을 확보하여 노동계급 전체의 협상력을 키울 수 있도록 정치 세력화를 추구하는 것이 합리적이다 (Lipset 1960; Korpi 1983).

실제로 자본주의 역사에서 노동의 정치화 과정은 곧 민주주의의 확대·심화 과정이었고, 서유럽 민주주의의 역사는 민주화에 절박한 이해관계를 가진 노동이 추동했다. 선거권의 확대(정치적 민주화)는 거리에서의 노동의 소동에 의한 것이었고, 복지국가의 발전(실질적 민주화)은 정치적 민주화, 즉 의회에서의 노동의 투쟁에 빚진 것이었다. 이런 점에서 정치적 민주주의란 "자본(혹은 자본이 우위를 점하는 위계적 권력 현장인 시장)에 대해 노동이 갖는 견제의 힘countervailing power을 정치적으로 제도화한 것"으로 정의할 수 있다.

계급적 이해관계를 따질 때, 자본주의와 민주주의는 본래부터 친화적 관계가 아닐 뿐 아니라 형식논리적으로는 오히려 양립할 수 없는 관계에 있다고 볼 수 있다. 역사적으로 자본주의 발전이 때로 권위주의 혹은 파시스트적 전체주의와 보조를 같이할 수 있었던 것도 바로 이런 이유다. 그럼에도 불구하고 현실 역사에서 자본주의와 민주주의가 양립할 수 있었다는 것은 움직일 수 없는 사실이다. 그것이 가능했던 것은 자본주의와 민주주의 두 체제를 떠받치는 힘 사이의 균형 상태가 유지될 수 있었기 때문이며, 기본적으로 그런 균형은 계급 권력 간의 긴장이 동반된 잠정적 타협의 성격을 띤 것이었다. 따라서 정치적 민주주의의 심화는 자본주의와의 불안한 동거에 그치지 않고 '교정된' 자본주의를 가져왔는데 그것이 바로 복지국가다. 요컨대 서유럽 복지국가의 발전은 곧 경제적 정의 개념이 동반된 실질적 민주주의의 발전을 의미했다.

말할 필요도 없이, 정치적 민주주의를 실질적 민주주의나 교정된 자본주의 혹은 복지국가와 연결시키는 매개적 역할은 노동의 권력 자원이다. 정치적 민주주의는 노동 권력의 매개를 통해 실질적 민주주의를 산출한다는 의미에서 복지국가를 위한 필요조건이지만, 실질적 민주주의로의 진전이 자동적인 과정은 아니라는 점에서 충분조건은 아니다. 자본주의의 맥락에서, 노동 권력으로 매개되지 않은 정치적 민주주의는 실질적 민주주의를 가져오지 못하는 불완전한 민주주의, 혹은 공허한 민주주의로 전락하기 쉽다. 오늘날 한국 사회가 보여 주는 민주주의의 위기 상황은 그 대표적인 사례라 하겠다.

노동 없는 민주주의의 위기

실질적 민주주의의 관점에서 보면, 분명 '노동 없는' 민주주의란 그 자체가 모순된 개념이다. 따라서 오늘날 만약 우리가 교정된 자본주의, 혹은 전통적 의미의 복지국가가 더 이상 가능하지 않은 상황에 있다면, 그것은 실질적 민주주의가 쇠락하고 있다고 할 수 있다. 즉, 민주주의가 형식적 수준에서만 제도화되어 있어서, 계급으로서의 노동이 실질적으로 대표되지 못하고, 결국 자본에 대한 견제가 원천적으로 어려울 수밖에 없는 '공허한' 민주주의의 상황이다. 오늘날 신자유주의의 이름으로 조성된 상황의 배후에는 노동의 쇠락이 존재하며, 이는 곧 노동의 쇠락으로 인하여 절차적 민주주의와 실질적 민주주의를 연결하는 매개변수가 취약하거나 부재한 상황을 의미한다.

그렇다면 오늘날 소위 민주주의 선진국들은 '노동 없는' 민주주의로 이행하는가? 이 질문에 대해서는 두 가지 차원에서 논의가 가능하다. 예컨대 대부분의 서유럽 국가들은 이미 19세기 말부터 노동을 대표하는 정치적 대표 체계를 발전시켜 왔고, 사민 정당들은 이미 제1차 세계대전과 제2차 세계대전 사이의 전간戰間 시절부터 수권 정당으로 기능해 왔다. 최소한 절차적·형식적 차원에서만 보면 지금도 여전히 선진국 대부분은 '노동 있는' 민주주의를 실천하고 있다고 볼 수 있다.

그러나 앞에서 논의했던 바와 같이, 민주주의가 경제적 차원의 문제를 포괄하지 못한다면 이때의 민주주의는 윤리적으로뿐 아니라 현실적으로도 공허하다. 문제는 현재 서유럽 국가들의 민주주의 모습이 실질적 수준에서 다분히 '노동 없는' 민주주의의 혐의를 받을 만하다는 것이다. 이런 관점은 오늘날 좌/우 모두의 주류적 시각이라 할 수 있으며, 이에 따르면 사민 정당은 정치적(선거적)으로는 승리하는 수권 정당일 수 있지만 이념적으로는 이미 패배한 정당에 불과하다. 이런 점에서 과거 방대한 노동계급의 지지와 동원에 기초했고 또 정책과 이데올로기를 통해 노동의 계급 형성을 촉진했던 사민 정치는 위기에 처했다고 할 수 있다.

과거 복지국가를 떠받쳤던 사민적 노동 정치의 위기(담론) 뒤에는 다시 노동계급의 위기(담론)가 버티고 있다. 특히 1980년대 사민주의의 정치적·이론적 주변화 과정은 사민주의의 전통적 지지 기반인 노동계급의 분열과 축소에 대한 인식, 그리고 단일한 집단적·연대적 행

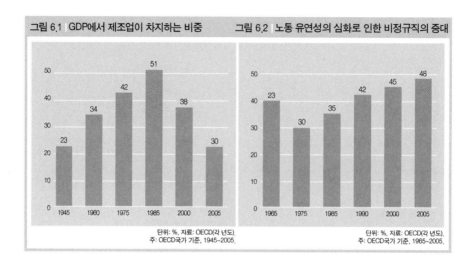

그림 6.1 | GDP에서 제조업이 차지하는 비중

그림 6.2 | 노동 유연성의 심화로 인한 비정규직의 증대

단위: %, 자료: OECD(각 년도).
주: OECD국가 기준, 1945~2005.

단위: %, 자료: OECD(각 년도).
주: OECD국가 기준, 1965~2005.

위자로서 노동계급의 역할과 의미에 대한 심대한 회의를 동반한 것이
었다.

대표적인 진단은 이렇다. 첫째, 여성 고용과 서비스 직종의 급팽창
(서유럽 국가들은 대체로 70% 이상) 등 고용구조의 변화는 곧 낮은 노조
조직률, 높은 이동성, 고도의 전문적 분화 등을 의미한다. 둘째, 대량
실업과 불황은 노동운동 내부의 분열을 가속화시켜, 단기적 이익을
수동적으로 수용하는 고임금노동자는 이른바 자족적 문화를 발전시
키면서 외국인 노동자, 저임금노동자, 실업자 등 저변 계급underclass에
대한 적대감을 키우고 있다. 셋째, 효율과 경쟁력이라는 신자유주의
적 담론이 지배하면서 노동시장 유연화 요구가 증가했고, 한계 노동
(임시직, 파견직 등 비정규직)이 급증하면서 고임금, 고용 안정에 기반한
전통적 핵심 노동이 위축되었다. 반면에, 자본과 국가는 이런 상황에
기대어 실업의 두려움으로 압박하면서 복지 부담의 경감과 노동강도
의 강화라는 이중 효과를 얻었다. 그 결과 노동운동의 자원(조직률, 사

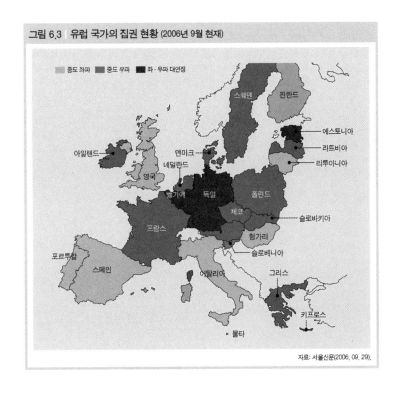

그림 6.3 유럽 국가의 집권 현황 (2006년 9월 현재)

중도 좌파　중도 우파　좌·우파 대연정

스웨덴 / 핀란드 / 에스토니아 / 라트비아 / 리투아니아 / 아일랜드 / 영국 / 덴마크 / 네덜란드 / 벨기에 / 독일 / 폴란드 / 체코 / 슬로바키아 / 헝가리 / 슬로베니아 / 프랑스 / 포르투갈 / 스페인 / 이탈리아 / 그리스 / 키프로스 / 몰타

자료: 서울신문(2006. 09. 29).

기, 협상력, 자금력 등)이 급격히 위축되고, 노동운동이 견지해 온 전통적 연대와 열망, 집단적 가치와 윤리가 소멸되며, 전투성과 변혁 정신이 유실되면서, 사민적 노동 정치는 위기에 봉착했다.

　무엇보다 가장 주목해야 할 사실은 노동계급 내부의 분열이 심화되고 있다는 것이다. 취업자와 실업자, 정규직과 비정규직, 강한 노조가 있는 기업과 지역 그리고 그렇지 못한 비노조 기업과 지역, 저변 계급과 취업 가능 인구 사이의 대립과 반목이 조장되었다. 최근 극단적 우파 민족주의 정당의 득세와 사민 정당 지지율의 급속한 쇠락 또한 이와 무관하지 않을 것이다.

　불과 몇 년 전만 해도 절대다수의 유럽연합EU 회원국에서 사민 진

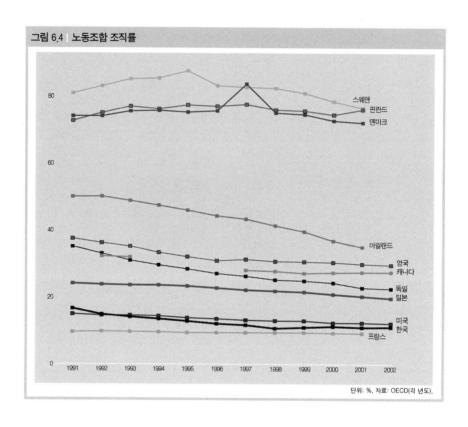

그림 6.4 | 노동조합 조직률

스웨덴
핀란드
덴마크

아일랜드

영국
캐나다

독일
일본

미국
한국
프랑스

80

60

40

20

0

1991 1992 1993 1994 1995 1996 1997 1998 1999 2000 2001 2002

단위: %, 자료: OECD(각 년도).

영이 집권했지만, 최근 그 숫자는 급격히 축소되었다. 덴마크에서는
극우파가 연립내각을 구성했고, 네덜란드 역시 지난 선거에서 우파가
집권했으며 노르웨이에서도 우파인 진보당이 집권에 성공했다. 특히
지난 2006년 9월, 1932년 이후 65년이라는 세계 최장기 집권을 하며
스웨덴의 복지 제도를 구축했던 스웨덴 사민당의 총선 패배는 대표적
인 사례라 하겠다. 서유럽 정치판도가 급격히 우경화된 데에는 사민
진영의 전통적 지지자군에 속하던 사회경제적 하층계급이 대거 돌아
섰기 때문이며, 이는 무엇보다 유럽 사민당의 계급 형성 전략의 부재
혹은 실패를 보여 준다고 할 수 있다.

그러나 노동 정치의 '위기'를 조성했던 위의 요인들이 고정된 변수 내지 불변의 진리가 아니라는 사실을 강조해야겠다. 고용구조가 변하고 노동계급의 규모와 성격이 변한 것은 사실이지만 자본주의적 생산 관계가 변함없는 한 소외와 착취를 경험하는 계층은 존재하게 마련이다. 제조업 산업 노동자의 숫자가 급감하고 전문직, 사무직이 급증했다는 사실이 전통적 노동계급의 요구, 열망, 투쟁, 조직 형태의 쇠퇴를 직접적으로 의미하지도 않는다.

사실 20세기 노동운동사에서 동질적 노동운동이란 처음부터 현실과 무관한 이론적 가정이었으며, 사민주의의 발전은 정치 행태와 정책적 실천 모두에서 줄곧 계급 협력과 계급 타협, 나아가 초계급적 연대cross-class alliance에 적지 않게 의존해 왔다. 전간기에 비하면 오늘날의 노조 조직률 하락 또한 특별히 놀랄 만한 것이라 볼 수 없으며, 노조 운동의 기본 골격도 비교적 건재하다. 사민주의적 복지국가에 확고한 이해관계를 가진 공공 부문 노동자는 이미 가장 방대한 노조 조직을 갖고 있으며, 공공 부문을 포함한 전문직, 서비스직 종사자들은 동시에 가장 전투적인 노조를 형성하고 있다(Pierson 2001). 요컨대 노동운동은 원래부터 자본과의 관계에서 이해득실에 따라 수동적으로 움직이는 실용적인 성격을 띠어 왔으며, 시대와 환경에 따라 다양하게 연대해 왔을 뿐이다.

뒤에서 살펴보겠지만, 오늘날처럼 노동의 권력 자원이 근본적으로 위협받고 있는 상황에서는 오히려 사민 정치의 전략적 선택에 따라 노동운동의 연대와 동원 가능성이 넓어질 수 있다는 주장도 가능하다. 이런 맥락에서 보면, 정체성 정치의 부상도 계급에 기반을 둔 사민 정치가 쇠락하게 된 원인이라기보다는 결과인 측면이 강하다.

사민 정치와 복지국가의 보편성

노동 정치와 사민 정치의 위기론이 과장된 것과 마찬가지로 복지국가 위기론 역시 과장되었다. 노동운동의 객관적 상황이 그리 비관적이지 않으며, 오히려 시장 안팎에서 불안과 소외를 경험하는 사람이 늘어나는 현 상황은 노동의 이름으로 연대와 동원을 새롭게 추동하여 사민 정치의 회생을 위한 호기로 작용할 수도 있다. 또한 노동운동의 강도는 사민 정치에 영향을 미치는 독립변수일 뿐 아니라 이의 영향을 받는 종속변수적인 성격을 지닌다. 예컨대 복지국가가 위기 상황에 몰리고 노동의 탈정치화가 진행될수록 소비적 복지의 확대를 중심 내용으로 하는 복지 개혁이 노동의 집단적 정체성 혹은 정치적 충성을 재차 담보해 낼 수 있기 때문이다(Kersbergen 2004).

소비적 복지

사회복지 지출의 대부분을 수급자의 구매력을 높이기 위해 사용한 서구의 복지 정책을 의미. "베버리지 보고서"는 세계 대공황 이후 최악의 경제 상황과 제2차 세계대전의 와중에서도 "최소한의 소비적 복지야말로 정부가 마땅히 떠안아야 할 사회적 책무"라고 선언했다.

원래 민주정치(선거 정치)는 단기적 분배 전략을 선호하는 편견을 낳는다. 따라서 분배 전략을 통한 사민 정당의 계급 형성 전략은 세계화 담론 등으로 인해 빈곤과 불평등 구조가 범세계적으로 심화되는 오늘날 가장 긴요하게 요구된다고 볼 수 있다(Garrett 1998). 지난 반세기의 복지국가 혹은 실질적 민주화의 발전이 노동의 요구 때문이든 자본의 필요에 따른 것이든, 노동의 계급 형성을 일정하게 강화시켜 온 사실 또한 부인할 수 없다.

복지국가의 정치적 불가역성political irreversibility을 주장하는 논의에서 강조하듯, 서유럽 국가들에서 복지가 하나의 문화적 헤게모니로 자리 잡아 왔다면, 서유럽 사민 진영의 전략적 구상은 이미 존재하는 노동의 연대 가능성과 동원 잠재력을 전제해도 별 무리가 없을 것이다. 이런 점들과 관련하여, 국가 복지를 주 내용으로 하는 실질적 민주화는 기본적으로는 자본 권력에 대한 제도적 견제 장치이며, 민주화의 확대·심화 과정에서 하나의 계급 혹은 집단으로서 노동의 참여는 여전히 중심적 요소를 형성한다는 사실을 강조할 필요가 있다.

물론 이때의 노동은 고용 여부와 관계없이 시장에서 사실상 배제된 모든 계층을 포괄한다. 다시 말해 세계화와 생산 체제의 변화 등으로 인해서 새롭고도 광범위하게 창출된 사회경제적 약자 그룹과 소외 집단, 저임금과 불안정 고용에 시달리는 계층, 만성적 복지 의존층으로 분류되는 사회 저변 계급 등을 모두 포괄하는 광의의 개념으로 정의되어야 한다. 즉, 노동의 연대와 동원은 어떤 선험적 이론이나 이념이 아닌 현실 세계에서의 사회경제적 지위의 문제로 귀착되어야 한다. 오늘의 상황은 서유럽 사민 정치의 선택이 얼마든지 광의로 정의된 노동의 계급적 연대를 기반으로 전개될 수 있다는 것을 보여 준다.

미국에 비해, 서유럽 국가들에서 이해관계자 자본주의(자세한 내용은 4부 참조)의 전통 등 민주주의를 위한 문화적·정신적 유산이 상대적으로 강고하다는 점도 지적되어야 할 것이다(Hutton 2002).* 미국의 국가가 개인의 자유와 재산권의 보호자로서 그 자체의 내용을 갖지 않는 공허한 영역인 데 반해, 서유럽의 국가 전통은 형식적 제도를 뛰어넘는 공적 영역으로서 국가가 공공 이익에 대한 규범적 판단을 토대로 경제와 사회의 적극적 조직을 구현하는 것을 중심 내용으로 하고 있다.

---

* 미국인의 28%가 정부에 의한 소득재분배를 찬성하는 데 비해, 가장 비유럽적인 영국인도 63%가 찬성한다. 국가가 모든 시민에게 기본소득을 보장해야 한다고 믿는 고소득계층과 저소득계층의 비율은 각각 미국이 12%, 33%에 불과하지만, 영국, (과거의) 서독, 네덜란드, 이탈리아는 47%, 71%; 45%, 66%; 39%, 58%; 53%, 80%로서, 미국과 서유럽 국가들 사이에는 엄청난 격차가 존재한다(Lipset and Marks 2000).

서유럽 국가에서는 시장만이 자원배분의 유일하고도 압도적인 메커니즘은 아니다. 여전히 미국의 신보수주의적 '신'세계의 가치와는 근본적으로 상충하는, 불평등에 대한 불관용, 공공 영역에 대한 광범위한 수용 등 '구'세계의 가치들이 건재하다. '공정한 사회'라는 개념도 공공재의 제공자, 기업 활동의 규제자, 이해의 조정자로서 국가의 역할을 전제한 것이다. 실질적인 고용과 성장이 공급 측 정책이 아닌 수요 측 정책에서 주로 견인돼 왔고, 국가 개입이 경제적 효율성이나 생산성과 반드시 상충하는 것은 아니라는 서유럽의 역사적 경험 또한 이해관계자의 범유럽적 실험을 위한 유용한 근거가 됨은 물론이다.

공적 영역이 축소되고 정치마저 점차 시장 논리에 의해 이끌러 가고 있는 현재의 서유럽 상황에서 "민주주의의 형식은 살아 있으나, 그 내용은 갈수록 희박해질" 수밖에 없을지 모른다. '노동 없는' 민주주의 담론이 운위되고 있다는 것은 그 자체로 실질적 민주주의가 심대한 시련에 봉착해 있음을 시사해 준다(Marquand 2004, 4; Leys 2001). 그러나 민주주의의 위기는 오히려 민주주의의 공세적 심화를 통해 해결해야 할 것이다.

이는 종래의 복지국가, 즉 국가 중심의 전통적 탈상품화 전략이 기업지배구조와 같은 권력의 현장으로서 시장 내부의 민주화 문제를 소홀히 취급함으로써 신자유주의의 역공에 취약할 수밖에 없다는 인식으로부터 출발한다. 개혁은 시장의 자발성이 아닌 국가에 의한 법적 발의에 기반을 둘 때 비로소 현실성을 담보할 수 있다. 이는 다시 정치적 민주주의의 공고화를 최소한의 전제로 요구하는 것이다. 국가체계의 민주화만이 시장에서의 민주화를 추동할 수 있는 윤리적 정당성을 제공하기 때문이다.

남은 것은 정치적 선택이다. 그리고 이미 언급했듯이 그런 선택을 위한 토양이 부재한 것은 아니다. 무엇보다 서유럽(대륙)의 국가들에는 아직 시장 안팎의 민주주의 전통과 이해관계자적 가치가 강고하다. 더욱이 빈곤과 불평등이 증가하고 노동시장 안팎에서 소외된 노동이 늘어나는 현 상황에서 복지국가 혹은 실질적 민주화가 그간 구축해 온 시민권의 사회적 기반이 강고하다는 사실은 그런 정치적 선택을 위한 가능성을 열어 준다. 국가와 시장의 민주화는 기본적으로 계급 간 권력 배분의 균형을 담보하는 제도 창출을 둘러싼 투쟁이다. 복지국가로의 길에서 노동의 연대와 동원은 여전히 가장 중심적인 변수일 수밖에 없다.

- 현실 역사에서 자본주의와 민주주의가 양립할 수 있었다는 것은 움직일 수 없는 사실이다. 그것이 가능했던 것은 자본주의와 민주주의의 두 체제를 떠받치고 있는 힘 사이의 균형 상태가 유지될 수 있었기 때문이며, 기본적으로 그런 균형은 계급 권력 간의 긴장이 동반된 잠정적 타협의 성격을 띤 것이었다.

- 노동 정치와 사민 정치의 위기론이 과장된 것과 마찬가지로 복지국가의 위기론 역시 과장되었다.

- 국가와 시장의 민주화는 기본적으로 계급 간 권력 배분의 균형을 담보하는 제도 창출을 둘러싼 투쟁이다. 따라서 복지국가로의 길에서 노동의 연대와 동원은 여전히 가장 중심적인 변수다.

T. H. 마셜 Thomas Humphrey Marshall, 1893~1981

현대 사회복지의 이론적 기초로서 시민권 개념을 확립한 사회학자. 1925년부터 1956년 은퇴할 때까지 런던정경대에서 학생들을 가르쳤다. 원래 전공은 경제사였으나 사회학 강사로 경력을 시작하여 교수가 되었다. British Journal of Sociology를 출범시킨 중심인물로서 사회 계급과 인구문제 연구에 집중했다. 1945년에서 1950년 사이에는 독일에 있는 영국 고등판무관의 교육 자문관으로 일했다. 1954년에는 마틴 화이트 프로페서(Martin White Professor of Sociology)로 임명되었고, 1956년부터 1960년까지 유네스코(UNESCO) 사회과학분과 위원장으로 일했다.

마셜의 학문적 경력은 사회학뿐 아니라 사회정책을 모두 포괄한다. 사회학자로서 그는 홉하우스(Leonard Trelawney Hobhouse)와 뒤르켐(Emile Durkheim), 베버(Max Weber) 그리고 만하임(Karl Mannheim)의 영향을 받았고, 사회학을 여러 분과 학문의 종합 학문으로 이해했다. 실천적으로는 사회정책 분야의 연구를 개척함으로써 시민권과 사회복지의 주제 영역을 발전시키는 데 크게 기여했다.

그의 대표적 논문인 "시민권과 사회계급"(Citizenship and Social Class, 1950)은 현대 사회복지이론을 정초한 중대 성과의 하나일 뿐 아니라, 민주주의 이론의 발전에도 크게 기여했다. 이 논문을 통해 그는 정부 정책이 갖는 사회적 측면을 이론화했으며 시민권과 사회정책의 역사적 전개를 추적하고 비교 분석할 수 있는 개념을 발전시켰다. 18세기의 재산권에서 시작하여 계약의 자유, 신체의 자유, 종교의 자유, 사상과 표현의 자유, 집회 및 결사의 자유에 이르는 자유권, 그리고 19세기 말 선거권 및 참정권 등의 정치권을 거쳐, 20세기에 이르러서는 국가로부터 최소한의 생계를 보장받을 수 있는 사회적 권리로 점차 확대된 과정을 시민권 개념으로 단순화했다. 이를 통해 사회복지를 시민의 기본권으로 접근하는 길을 열었다.

데이비드 로이드 조지 David Lloyd George, 1863~1945

영국의 정치가. 맨체스터에서 태어났으며, 어려서 교사인 아버지를 잃고, 숙부 밑에서 독학으로 변호사가 되었다. 1890년 27세로 자유당(Liberal Party) 하원의원이 되어 55년 동안 의원직을 유지했다. 웨일스 민족주의와 비국교도를 옹호한 투사로 활약했고, 남아프리카전쟁 때는 적극적인 반전운동을 벌여 폭도에게 습격을 당하기도 했다.

어린 시절을 북 웨일스에서 보낸 그는 빈곤과 이로 인한 질병과 재앙들에 대해 상당한 혐오감을 가졌다. 그리고 가난한 사람들에 대한 동정보다는 상속받는 부자들(특히 토지소유자들)에 대해 분노했다.

1908년 재무장관이 되자, 그 이듬해 부유층에 대한 증세를 전제로 하는 획기적인 예산안을 제출했으나 보수당 지주들의 맹렬한 반대에 부딪혔다. 이 예산안은 상원에서 일단 부결되었다가 마침내 실현되었고, 1911년 상원의 권한을 축소하는 의원법을 성립시켰다. 계속해서 노동자를 위한 국민보험법, 실업보험법 등을 성립시켜 사회보장제도의 기초를 확립했다. 제1차 세계대전 중에는 군수장관으로 활약하면서, 징병제를 실현시켰다.

제1차 세계대전이 일어났을 때 영국에서는 자유당이 집권하고 있었다. 자유당은 1906년 선거 직후 노동당 및 아일랜드 민족당과 연합하여 내각을 장악한 이래 일련의 개혁 입법을 주도하면서 1910년 선거에서 재집권에 성공했다. 그러나 제1차 세계대전 발발 이후 자유당 내각은 수상 허버트 애스퀴스(Herbert Henry Asquith) 지지파와 재무장관 로이드 조지 지지파로 분열되었으며, 1916년에 로이드 조지는 애스퀴스 내각에 대한 불신임안을 제출한 후 곧 이어서 보수당의 지원을 받아 집권했다. 이후 종전까지 로이드 조지를 포함하여 각료 다섯 명으로 구성된 연립 전시 내각이 전쟁을 승리로 이끌었다. 한편 파리평화회의에는 직접 전권대표로 출석, 우드로 윌슨(Thomas Woodrow Wilson), 조르주 클레망소(Georges Clemenceau) 등과 함께 회의를 주도하여 베르사유조약에 조인했다. 그러나 대(對)터키 정책과 심각한 아일랜드 문제로 1922년 선거에서 패배해 물러났다. 1926~31년까지 침체된 자유당을 이끌었으며, 1945년 백작의 작위를 받았다.

영국에서 복지국가의 토대를 만드는 데 기여했던 그의 가장 큰 업적 가운데 하나는 1908년에 입법된 노령연금법이었다. 로이드 조지법에 의해 만들어진 영국의 노령연금 체계는 가입자 개인이 기여를 하지 않고 일반과세에서 재정이 충당된다는 점에서 독일 모델보다는 뉴질랜드 모델을 따른 것이었다. 그가 전적으로 책임을 진 국가보험법의 제1부 역시 장제 급여, 미망인과 고아들에 대한 급여를 포함하여 보편적인 강제적 건강보험 체계를 제공하기 위해 고안되었다. 수상 재직시 그는 실업 급여를 보편화시켰고, 1919년에는 보건성을 만들어 영국 복지국가의 기초를 마련했다.

윌리엄 베버리지 William Henry Beveridge, 1879~1963

영국의 경제학자. '요람에서 무덤까지'라는 영국의 광범한 사회보장제도를 확립하는 데 중요한 역할을 하게 된 사회보장 법안을 제창했다.

인도 랑푸르에서 태어났으며 옥스퍼드대학교 베일리얼 칼리지에서 교육을 받았다. 1903년 토인비 홀의 부관장으로 임명되면서 평생의 연구 주제가 된 실업 문제에 관심을 갖게 되었다. 1919년부터 런던정치경제대학 학장으로 재직했고, 1937년 유니버시티 칼리지의 학장에 선출되었으며, 왕립 경제학회 회장 등을 역임했다.

1941년 6월에 창설된 "사회보험 및 관련 서비스 각 행정부의 연락위원회"의 위원장으로서 1942년 11월 "베버리지 보고서"(Social Insurance and Allied Services, Reported by William Beveridge)를 제출했다. 이 위원회의 임무는 본래 사회보장제도로서 합리성이 결여되어 있던 그 무렵 영국의 여러 제도를 재점검하고 상호 관계를 밝혀 개선책을 권고하는 데 있었다. 이 보고서에서 베버리지는 사회보장의 모델로 일컬어지는 기본 계획을 명백히 했다. 그는 현대사회에서 사회 진보를 가로막고 있는 5대 거악으로서 궁핍·질병·무지·불결·태만을 들고 사회보장은 이 가운데 궁핍 해소를 지향하는 것이라고 했다. 궁핍의 원인은 실업·질병·노령·사망 등에 의한 소득의 중단 및 상설과 특별한 지출에 있으며 이에 대처하기 위해서 ① 기본적 수요 충족을 위한 사회보험과, ② 특별히 긴급을 요하는 수요 충족을 위해 국민부조(扶助)를 제안하고, ③ 이를 초과하는 개개인의 개별적인 수요는 자발적 저축에 기대해야 한다고 했다. 베버리지 계획의 핵심은 보고서의 표제에서 명백하게 드러나는 것처럼 사회보험인데 이에 대하여 ① 대상자를 강제 가입시켜 균일 급부, 균일 지출을 적용하는 균일 평등주의, ② 최저 생활수준의 제공을 권리로 인정함으로써 가계조사 없이 행하는 보편주의적 국민최소수준의 원칙, ③ 노동자에 국한하지 않고 전 국민을 대상자로 하는 포괄주의 등을 기본 원칙으로 삼고 있다. 또 사회보장에 의한 궁핍 해소의 기능을 높이기 위한 전제 조건으로서 ① 완전고용 유지,

② 포괄적인 보건의료보장제도의 확립, ③ 균일 급부의 원칙으로 대처할 수 없는 세대의 수요에 부응하는 자녀 수당의 제도적 보장을 들고 있다. 베버리지 계획은 최저 생활수준을 가계조사 없이 권리로서 제공한다는 원칙에 따라서 생존권을 처음으로 사회보장에 적용하여, 가계조사에 의한 차별감과 치욕감을 수급에 대한 당연한 보상으로 여겨 왔던 구빈법 사상을 근본적으로 전환시켰다. 또 적용자의 범위를 임금노동자로 한정한다는 그때까지의 사고방식에 대항하여 전 국민에게까지 확대하는 포괄주의를 취한 것도 획기적이었다.

베버리지 보고서는 제2차 세계대전 후 세계적으로 사회보장의 지도 원리가 되었으며, 이후 가족수당법(1945), 국민보험법(1946), 국민업무재해보험법(1946), 국민보건서비스법(1946), 국민부조법(1947), 아동법(1948) 등의 성립 근거가 되었다.

베버리지의 주요 저서로는 『실업 : 산업의 문제』(*Unemployment : A Problem of Industry*, 1909), 『자유사회에서의 완전고용』(*Full Employment in a Free Society*, 1944) 등이 있다.

오토 폰 비스마르크 Otto Eduard Leopold von Bismarck, 1815~1898

독일 제국의 초대 총리. 프로이센의 쇤하우젠에서 융 커(지방 귀족)의 아들로 태어나, 괴팅겐과 베를린대학 에서 공부한 후 프로이센의 관리가 되었다(1836~39). 베를린의 3월혁명(1848) 때는 반혁명파로 활약했고 보수당 창립 멤버의 한 사람이었다. 혁명 후 프랑크푸 르트에서 열린 독일연방의회에 프로이센 대표(1851~ 1859)로 임명되어 프랑크푸르트에 부임했다.

1862년 국왕 빌헬름 1세가 군비 확장 문제로 의회와 충돌했을 때 프로이센 총 리로 임명되었다. 취임 첫 연설에서 이른바 '철혈정책'(鐵血政策), 즉 "현재의 큰 문 제는 언론이나 다수결에 의해서가 아니라 철과 피에 의해서 결정된다"고 하여 의 회와 대립한 채 군비 확장을 강행했다. 결국 1864년, 1866년 전쟁에서 승리하여 북독일연방을 결성했고, 나아가 1870~71년 전쟁에서 승리함으로써 독일 통일을 이룩했다. 1871년 독일제국 총리가 되어 1890년까지 이 지위를 독점했다.

독일은 급속히 신진 자본주의 국가로 성장하게 되면서 자본주의 경제의 발전과 더불어 노동자계급의 정치 운동이 표면화되기 시작했다. 1875년에는 사회주의노 동당이 조직되고 노동조합과 결합하면서 힘이 커지기 시작하자 비스마르크는 이 를 억제하고자 했다. 비스마르크는 노동조합, 노동자계급을 탄압으로만 일관하지 않고 당근과 채찍을 활용하여 노동운동을 선동하는 자에게는 사회주의 진압법으 로 억압하고 순응적인 노동자에게는 사회보험 정책으로 통합하려 했다. 이 과정에 서 노동자의 생활을 보호하고 그들의 복지를 위한 여러 가지 사회정책이 마련된다. 그 결과 1870년 이후 빈민, 노동자에 대한 입장은 자조에서 국가 부조로 완전히 전 환했다.

1880년대 독일에서 만들어진 사회보험제도는 사회민주주의의 무력화, 생산의 안정화, 경제적 효율성의 증대 등 다용도의 목적과 수단을 가지고 있었으며, 비스 마르크에 의한 "위로부터의 혁명"이라는 정치적 보험의 성격을 띠었다. ① 1883년 의료보험법, ② 1884년 산업재해보험법, ③ 1889년 노령폐질보험법이 제정되었다.

1891년 개혁적 성격의 제국보험법이 제정(세 가지 법을 단일화시킨 형태)되었으며, 가입자 범위의 확대, 과부와 고아를 위한 유족보험 개발, 사무직 근로자를 위한 직원보험법이 제정되었다.

독일 사회보장제도의 의의로는 인류 역사의 오랜 기간 동안 온갖 종류의 잔여적·경제적·사회적·정치적 위험에 노출된 채 불안하고 힘겨운 삶을 살아온 보통사람들의 삶을 '강제보험'의 틀을 통해서 집합적으로 보호할 수 있는 기틀을 마련하고 새로운 국가 형태의 복지국가를 태동시키는 장을 열었다는 데 있다. 비스마르크는 이런 독일 사회보장제도의 기틀을 마련하는 데 기여했다.

리처드 티트머스 Richard Morris Titmuss, 1907~1973

영국의 사회정책학을 개척한 대표적 학자. 영국이 복지국가로 발전하는 데 크게 기여했다.

베버리지 방식의 복지 제도, 즉 모든 국민 혹은 대다수의 국민을 대상으로 하는 대규모의 국가 복지 제도를 옹호하기 위해 영국과 웨일스의 질병 및 사망 통계를 분석하여 빈곤과의 관계를 밝혔다.

티트머스는 1907년 웨일스의 농가에서 태어났다. 병약함과 경제적 사정으로 어린 시절 독학했으며, 1920년대 초 고향을 떠나 런던 교외로 이주했다. 14세 되던 해 티트머스는 공립학교를 중퇴하고 상업전문학교의 6개월 사무원 양성 과정을 마친 후 생업에 종사하게 된다. 20세가 되지 않은 나이에 부친이 사망하자 가족을 부양해야 할 무거운 짐을 져야 했던 그는 곧 한 화재보험회사로 전직했는데, 그 회사에서 16년간 보험 업무를 주로 보는 샐러리맨으로 일하게 된다.

인생의 안내자이자 공동 연구자였던 다섯 살 연상의 부인 케이(Kay)와 결혼(1937년)한 이후 티트머스는 평범한 샐러리맨이었지만 사회문제나 정치문제에 관심을 가지고 연구에 몰두했다. 1938년에 『빈곤과 인구』(*Poverty and Population*)라는 저서를 출간했으며 통계적 지식과 날카로운 분석력으로 많은 찬사를 받았다. 이 책에는 "현대의 사회적 낭비에 관한 실증적 연구"라는 부제가 붙어 있는데, 그는 영국과 웨일스의 질병 및 사망 통계를 지역별로 비교 분석하여 빈곤 지역일수록 질병률이나 사망률이 높다는 사실, 인구와 빈곤 간에 높은 상관관계가 있다는 것을 실증적으로 밝혔다.

티트머스는 복지국가 모형을 첫째, '잔여적' 모형, 둘째, '산업 성취 수행' 모형, 셋째, '제도적 재분배' 모형으로 구분했다. 그는 한 나라의 복지는 세 가지 형태로 역할 분담이 되어 있다고 주장했다. 사회복지, 재정복지, 그리고 직업복지가 그것인데 여기서 사회복지란 전통적인 광의의 사회복지 서비스 모두를 포함한다. 예를 들면 소득 보장, 교육, 건강, 개별적 사회 서비스 등을 들 수 있다. 반면에, 재정 복지는 국가가 조세정책을 통해 국민의 복지를 간접적으로 높이는 것으로, 아동이 있는 가구에게 세금을 감면해 주는 것이 좋은 예다. 또한 직업복지는 개인이 속한 기업에서 제공하는 여러 사회복지 급여를 말한다. 예를 들면 기업연금, 기업에서 제공하는 의료보험 등이다. 이런 세 가지 복지 형태 가운데 복지국가의 주요 목표 중 하나인 소득재분배라는 측면에서 사회복지가 재정복지나 직업복지에 비해 더 발전된 형태라고 볼 수 있다. 이런 티트머스의 사상은 에밀 뒤르켐의 이론과 토니의 기독교 사회 통합 사상의 영향을 많이 받았다. 정식 교육을 받지 못했지만 그의 학문적·실천적 기여는 높은 평가를 받아서 1950년부터 1973년 사망할 때까지 런던 정경대학의 사회행정학부장직을 맡았다.

찰스 부스 Charles Booth, 1840~1916

영국의 사회학자이자 통계학자. 리버풀에서 곡물 상인의 셋째 아들로 태어나 1912년까지 증기선 회사의 사장으로 근무했다.

프랑스의 사회학자 콩트(Auguste Comte)에게 강한 영향을 받아 자본주의의 미래에 대해 낙관적인 신념을 가졌다. 부스는 1885년에 마르크스주의자인 사회민주주의동맹(Social Democratic Federation)이 런던 노동자 계층의 25%가 극빈으로 고통을 받고 있다는 평가를 반박하기 위해, 런던 주민을 대상으로 무려 12년 동안 사회조사를 실시했다. 흥미롭게도 이 조사에서 그는 자신의 신념과는 정반대되는 결과를 발견했는데, 그것은 당시 급진적인 사회민주주의동맹의 발표보다 훨씬 더 많은 35%의 절대빈곤층이 존재하고 있다는 사실이었다. 이 연구는 총 17권으로 구성된 『런던 주민의 생활과 노동』(Life and Labour of the People in London, 1891~1903)으로 발표되었다.

조사 결과가 그렇게 나타났다고 해서 그가 자본주의에 반대하거나 사회주의자가 된 것은 아니었다. 부스의 사촌으로 이 연구에 조사원으로 참여한 웹(Webb, B. 1858~1943)을 비롯해 대부분의 조사 참여자들이 비참한 절대빈곤층의 현실을 목격하고 자본주의를 비판하는 입장에 서게 되는 것과는 대조적이었다. 그럼에도 불구하고 그의 연구는 조사 방법의 교과서로 불리고 있다. 『자본주의 문명의 몰락』(The Decay of Capitalist Civilization, 1923)으로 유명한 웹은 다음과 같이 평가했다.

"세계에서 가장 부유한 도시의 4백만 주민들을 대상으로 그들의 생활과 노동조건을 조사한 찰스 부스의 (완전히 자신의 개인적인 비용을 들인) 방대한 조사는 나에게 사회정책과 경제과학의 획기적인 사건으로 기억되고 있다"(Webb, B. 1926. "My Apprenticeship," Penguin, p. 226).

그의 기여는 사회조사 연구 방법의 기초를 수립했다는 데에 있다. 영국 인구총조사(센서스)에서 직업조사의 기본적인 틀은 그의 연구를 따라 만들어졌다. 영국에서 이미 19세기에 직업 통계를 비롯한 고용 통계가 나올 수 있었던 것도 전적으로 그의 업적이라 할 수 있다.

한편 그는 노인 문제에도 관심을 가져 노인에 대한 연금의 지급을 주장했고 1908년 노령연금(an old-age pension) 제도 도입의 기초를 수립한 학자로도 알려져 있다. 부스가 주장한 노령연금이란 선택된 집단에게만 이용이 가능한 기여 보험 제도라기보다는 공적 기부에 의한 시민권으로서의 제도였다. 부스의 연구 결과와 주장은 노동시장의 조직에 관해서도 임시 고용을 중지하는 방향으로 영향을 미쳤고 베버리지의 직업안정국 수립에도 영향을 주었다.

부스의 가장 큰 업적은 무엇보다도 사람들의 생활 조건을 탐색·기술·분석하도록 다른 사람들의 연구에 자극을 주었다는 점이라 할 수 있다.

웹 부부 Sidney Webb, 1859~1947; Beatrice Webb, 1858~1943

시드니 웹은 영국의 사회주의 경제학자이자 페이비언협회의 회원으로 노동당 내각의 상공 장관을 지냈다. 1891년 그는 『영국의 조합운동』(*The Cooperative Movement in Great Britain*, 1891)의 저자인 비어트리스를 만나 1892년 결혼했다. 그들은 『노동조합사』(*The History of Trade Unionism*, 1894), 『산업민주제론』(*Industrial Democracy*, 1897)을 공동 저술했다.

웹 부부는 런던정경대학을 공동으로 설립하고 런던대학(University of London)의 재조직을 위해 힘썼다.

1896년 웹 부부는 '국민 최저 수준'(National Minimum)이라는 유명한 원칙을 처음으로 천명했다. 이는 가장 강력한 노동조합이 성취해 낸 최저임금과 노동조건의 '일반 규약'이 국가 강제력의 뒷받침과 집단적 협상을 통해 전국적으로 확대되어야 한다는 원칙에 근거하고 있었다. '사회복지'와 '산업복지'라는 통합된 두 개의 목표를 달성하기 위해 국가와 노동조합이 공동으로 노력해야 한다는 생각은 웹 부부의 저서들에서 명확하게 나타났다.

시드니 웹은 런던지방위원회(the London County Council)의 회원으로 활동하면서(1892~1910) 공공 교육 확대를 위한 개혁에 앞장섰다. 비어트리스 웹은 구빈법위원회(the Poor Laws commission)의 일원으로 활동하면서(1905~09) 다른 위원들이 작성한 구빈법에 대한 조사 연구를 무시하고 시드니 웹의 도움을 받아 독자적인 조사를 수행하여 마침내 영국형 복지국가의 대헌장이라고 할 수 있는 독자적인 소수파 보고서를 완성했다. 웹 부부는 그들의 소수파 보고서가 현대 산업국가의 사회 서비스를 위한 이상적인 계획서라는 데 대해서 확신하고 있었으나 그들의 보고서가 채택되리라고는 생각하지 않았다.

제1차 세계대전이 일어나기 전 몇 해 동안 그들은 구빈법을 폐기시키기 위한 전국적인 운동을 조직했으며, 이 운동은 당시 노동당에 대한 민중의 지지를 동원하는 데 중요한 역할을 했다. 1918년 시드니 웹은 노동당 최초의 중장기 강령인 『노동과 신사회질서』(*Labour and the New Social Order*, 1918)를 집필했다.

그들은 개인의 자유라는 것은 환상이며, 어떤 경우에도 고용에 대한 집단적 보장이 가치가 있다는 논리로 그들의 입장을 옹호했다. 웹 부부의 기술교육에 대한 적극적인 지원, 예방적이고 사회적인 치료, 주기적 실업 방지를 위한 대책은 영국의 사회정책 발전에 큰 공헌을 했다.

존 메이너드 케인스 John Maynard Keynes, 1883~1946

영국을 대표하는 경제학자. 마르크스가 사망한 해에 태어났다. 그는 혁명가는 아니었으나, 그의 아이디어는 20세기 경제학을 혁명적으로 바꿔 놓았다.

케인스는 학자로서의 경력 대부분을 케임브리지에서 보냈다. 이튼고등학교를 거쳐 케임브리지대학의 킹스 칼리지를 다녔으며, 윤리학자인 무어(G. E. Moore)의 영향을 깊이 받았다. 대학 졸업 후 공무원이 되어 1908년까지 인도부와 재무부에 근무한 뒤 1909년 이후 케임브리지대학 교수 겸 회계 고문이 되었고, 주식 투자에 재능을 발휘해 킹스 칼리지의 자산을 열 배나 증가시켰다. 동시에 영국의 대표적인 경제잡지 『이코노믹 저널』(Economic Journal)의 편집자로 있으면서, 제1차 세계대전 후 파리강화회의에 재무성 수석대표로 참가했다.

케임브리지대학 교수로 재직하는 동안 수많은 경제학 논문과 책을 집필했는데 그 대표적인 저서가 『고용··이자 및 화폐의 일반 이론』(The General Theory of Employment, Interest and Money, 1936)이다. 그는 경제학자로서뿐만 아니라 철학·고전·사상 및 수학에도 조예가 깊었다. 브룸베리 그룹(Bloombury Group)이라는 당대 최고 지식인들이 참여했던 문학 서클의 주도적 멤버로 활동하기도 했다.

그러나 다른 무엇보다도 케인스는 고용 및 생산 수준을 결정하는 요인에 관해 종래의 고전 경제 이론에 도전해 새로운 학파를 형성할 만한 이론을 개척한 경제학자로서 가장 큰 영향을 남겼다. 즉, 완전고용을 실현·유지하기 위해서는 자유방임주의가 아닌 소비와 투자, 즉 유효수요를 확보하는 것이 필요하고, 이를 위해서는 정부의 재정정책과 공공지출이 중요하다는 것이 그 핵심이라 할 수 있다. 이런 그의 도전을 케인스 혁명이라 부르고, 이에 입각한 정책, 그 기반을 형성하는 이론을 케인스주의라 한다. 훗날 복지국가는 케인스의 이런 경제학에 기초를 두고 발전하게 된다. 적어도 이론의 영역에서 복지국가의 물질적 기초를 만든 사람은 확실히 케인스라 할 수 있다.

하지만 그는 자신을 사회주의자나 노동계급의 친구로 생각하지 않았다. 그는 계급 간 갈등과 관련해 자신을 말하라면, 오히려 "교육받은 부르주아의 편"을 들 것이라고 말했다.

에른스트 비그포르스 Ernst Johannes Wigforss, 1881~1977

스웨덴 사민당의 당원이자 재무장관으로 잘 알려진 언어학자(방언학자). 비그포르스는 스웨덴 사민주의 운동에 있어서 마르크스주의를 수정하는 데 기여한 주요 이론가로 평가된다. 스웨덴의 남서쪽 홀랜드의 할름스타드에서 태어나 1899년부터 룬드대학에서 수학했다. 남부 홀랜드의 방언에 대한 논문으로 1913년 박사학위를 받았다.

비그포르스는 1919년 다양한 위원회의 위원으로 활동했던 예테보리(Göteborg)를 대표하는 스웨덴 의회의 상원(First Chamber)에서 사민당원으로 선출되었다. 1924년 함마르 브란팅(Hjalmar Branting) 제3내각의 각료로 임명되었으며, 1925년 1월 브란팅의 사임 이후에 리카르드 산들레르(Rickard Sandler) 내각의 각료가 되었다. 프레드릭 토르손(Fredrik Thorsson)이 병에 걸리자 1925년 1월 24일 임시 재무장관이 되었다가 토르손이 사망하자 동년 5월 8일 그의 후임이 되었다. 산들레르 내각은 1926년 7월 7일 사임했다.

그는 다시 1932~36년까지 알빈 한손(Albin Hansson) 내각에서, 1936~49년까지 한손과 타게 에르란데르(Tage Erlander) 내각의 재무장관으로 임명되었다. 그의 경제정책은 케인스로부터 크게 영향을 받았다. 그는 1932년 선거에서 사회민주당이 승리할 것으로 확신했으며 긴축을 경제 침체에 대한 적절한 구제책으로 보았던 자유당 이론을 비웃었다. 그는 스웨덴의 고율의 과세 경제의 창안자로서 평가되지만, 사회부 장관 구스타브 묄러(Gustav Möller)와의 논쟁으로 한손의 사망 당시 정당 대표와 수상으로 선출되지 못했다.

사임 이후 비그포르스는 평생 정치적 문제에 대해 글을 쓰고 발언했으며, 가장 혁신적이며 대담한 사민당 정치가 중 하나로 평가받는다.

Welfare

Welfare

7장 세계화와 복지국가 위기론

복지국가에 대한 세계화의 도전

노동 정치의 위기와 더불어 복지국가의 위기를 가장 확실하게 밀어붙이고 있는 것이 바로 세계화 담론이다. 소련 등 '자본주의 밖의 사회주의'가 종언을 고했다면, '자본주의 안의 사회주의'라고 할 수 있는 사회민주주의 혹은 복지국가 체제의 기반 역시 위기에 처했거나 기껏해야 방어적 개념에 불과하게 되었다는 논리도 가능하다(Desai 2002). 도대체 세계화란 무엇인가? 그것은 어디까지가 현실이고 어디서부터는 이데올로기인가? 세계화의 현실은 복지국가를 얼마나 위협하나?

세계화라는 담론을 가로지르는 어떤 흐름을 막연하게나마 집어낼 수 있다면, 그것은 아마 세계화를 불가피한 현실이나 대세로 수용하고 체념하는 태도일 것이다(Giddens 2000b). 이런 태도는 좌/우의 주류 논자들에게 공통으로 나타나는 현상이다. 차이가 있다면 시장주의자들이 세계화를 적극적으로 포용하는 반면, 반시장주의자들은 세계화에 대해 체념과 냉소적 태도를 보인다는 정도다. 우파에게 세계화는 하나의 역사, 즉 체제와 이데올로기가 대립하던 세계가 종말을 고하고, 또 하나의 역사, 즉 자본주의가 세계를 하나의 시장으로 평정한 희망찬 세계의 시작을 의미한다. 좌파에게 세계화는 이윤과 시장을 좇아 어디든지 확장하려는 자본의 논리를 가장 현실적으로 증언해 주는 소재다. 이른바 복지국가의 위기를 말하는 담론은 우파와 좌파의 이런 태도에서 유래한다.

현실 사회주의가 누구도 예측하지 못한 시점에서 급작스럽게 붕괴되면서 반세기 가까운 냉전이 서둘러 종식되었을 때, 사람들은 새롭게 전개될 미래 앞에서 흥분하거나 전율했다. 그런 정서는 개인의 윤리적·이념적 입장에 따라 기대 혹은 불안과 분노로 해석되기도 했다. 그러나 적어도 한동안 세계는 자본주의 논리에 따라 하나의 시장으로 통합되고 유도되는 방향으로 나아갈 수밖에 없으리라는 전망이 누구의 눈에도 분명해 보였다.

세계화를 주로 경제 현상에 한정하여 주목한다면, 그것은 초국적 기업TNCs; Transnational Corporations의 역할이 증대되고, 국경을 넘는 무역과 자본 이동의 규모가 급속히 확대되며, 국제통화기금, 세계은행, 경제협력개발기구와 같은 정부 간 조직들IGOs; Intergovernmental Organizations의 영향력이 급증하는 것을 주 내용으로 한다. 시장이 통합되고 TNCs, 투기 자본, IGOs 등의 요구와 발언권이 거세질수록 지금까지 시공간적으로 상당 정도 자율성을 향유했던 국민국가의 운신 폭은 심각하게 제약된다.•

과거의 유럽 국가는 노동과 자본을 포함하는 3자주의 틀을 통해 완전고용, 임금 안정, 노동 규율 등의 의제에서 일정한 국내적 합의를 담보해 낼 수 있었다. 또한 성장의 과실로 뒷받침된 탈상품화 전략을 통해 생활수준의 안전망 확보와 인생 기회life chances의 재분배에 일정하게 기여할 수 있었다. 그러나 시장화의 확대와 심화로 요약되는 세계화의 추세는 정책 과정에서 노동과 국가에 비해 자본의 협상력을 강화시키고, 정책 내용에서 빈곤과 실업을 양산함으로써 전통적 복지국가의 구조를 심각하게 위협한다(Dahrendorf 1995, 38). 나아가 국민국가들이 '생존을 위한 적응'을 지향하면서 경쟁 국가 체제로 정비되고 경제 논리가 정치 논리를 압도할수록 일국 중심의 재분배 체계는 위기에 처한다.

자본의 국제적 이동(가능성)이 급격히 증가하고 있다는 점이야말로 세계화의 가장 뚜렷한 징후일 것이다(Kelly 1995, 216). 1990년대 초 소련이 해체될 즈음, 서방세계에서는 이미 1970년대 미국과 영국을 필두로 본격화되었던 자본 이동에 관한 규제 해제 추세가 북유럽 국가들을 마지막으로 사실상 일단락되고 있었다. 자본 이동에 대한 법적 통제가 완화 혹은 해소되고 자본의 진입과 퇴장을 쉽게 만드는 물리적 여건들, 즉 운송 수단과 정보 통신 기술이 눈부시게 발전하면서

3자주의 Tripartism

정부가 정책을 수립하고 집행하는 과정에 노동과 자본을 편입시켜 합의를 이끌어 가는 방식 내지 체제. 일반적으로 1960~70년대 노사정 합의의 형식을 통해 임금·소득 정책을 추진하면서 개념화되었다. 한국에서는 1997년 IMF 이후 노사정위원회가 만들어지면서 일반화된 개념이 되었다.

• 오늘날 세계무역의 2/3를 500개 초국적 기업이 장악하고 있으며, 이들 중 몇몇 상위 기업이 창출하는 연간 부가가치는 웬만한 국가의 경제 규모를 훨씬 능가한다(Jacobs et al. 2003, 35-6). 초국적 기업은 국민국가의 통제 범위 밖에 있을 뿐 아니라, 국민국가를 상대로 국제기구에 법적 소송을 제기하는 경우도 드물지 않다. 판결 결과에 따라 국가들이 기업에 지불하는 손해배상 액수는 천문학적 숫자에 달하기도 한다. 이런 상황에서 국가가 환경, 건강 등의 문제와 관련하여 자국민을 위한, 즉 초국적 기업의 상업적 이해를 거스르며 독자적인 기준을 세워 나간다는 것은 갈수록 어려워지고 있다. 다양한 사례를 위해서는 리톨렉(Retallack 2003)을 참조할 것.

국가/노동에 대한 자본의 협상력이 급격히 제고되었다. 이제 자본은 퇴장의 조건과 가능성만으로도 국가와 노동을 위협할 수 있는 막강한 권력이 되어 버린 것이다.

무엇보다 세계화는 이미 강력한 탈규제의 압박에 노출된 노동시장이 더욱 유연화되어야 함을 요구한다. 이때의 유연화란 노동 진영이 주도하는 유연화가 아닌 사용자에 의해 의무적으로 부과된 유연화를 말하며, 임금, 고용 시간, 고용의 성격(즉, 정규직과 비정규직의 비율 등) 등과 관련된 수량적 유연화를 주 내용으로 한다(MacShane and Brewster 2000, 6-11). 노동시장이 다품종소량생산 체제에 맞게 유연하게 변하지 않는다면 생산성과 이윤율 하락에 따른 국제경쟁력의 저하, 투자와 고용수준의 하락은 인과적으로 맞물릴 수밖에 없다는 논리다. 더욱이 선진국과 후진국 간의 노동력 흐름을 가로막는 장벽은 오히려 높아지는 가운데, 자본의 왕성한 기동력에 비해 노동은 그럴 수 없다는 현실의 제약 때문에 노동의 국내적 생존 조건은 갈수록 열악해질 수밖에 없다.

실제로 1970년대 이후 컴퓨터공학의 급속한 발전으로 자동화가 급진전되고, 그에 따라 유연 생산 체제로의 전환이 신속하게 진행되면서, 시장 탈락자들의 규모는 팽창 일로에 있다. 오늘날 정규직 노동자 대신 복지 혜택에서 벗어나 있는 저임금과 불안정 고용의 임시직 노동자를 고용한다거나 단기 계약의 외주에 의존하는 추세가 눈에 띄게 늘어나고 있다. 또한 해고 노동자의 재취업이나 신규 고용을 피하기 위해 초과 시간을 활용한다거나, 고용 규제가 적고 노동비용이 낮은 국가로 생산 기지를 이전하는 전략 등이 현실적 대안으로서 입지를 강화해 간다(Seccombe 1999, 96-7; Albo 1997, 146-7).

자본이 강화된 협상력을 바탕으로 기업 단위로 분산된 노사관계를 주도하고, 노동이 성장/쇠퇴 산업, 내수/수출 부문, 고기술(고임금)/저기술(저임금) 기업, 정규직/비정규직, 노조/무노조 기업 등 다차원적으로 분열을 거듭하면서, 환경, 성, 인종, 종교, 문화 등 전통적 계급 문제의 밖에 있거나 국경을 뛰어넘는 쟁점들이 부각되었다.

앞에서도 지적했듯이, 이 모든 것들로 인해 노동운동의 조직과 연대가 심대한 타격을 받으리라는 것은 충분히 예측할 만한 일이다. 원래부터 시장 교정적 '저항'의 함의를 지녔던 노동운동(노조 활동과 노동정치)은 시장 순응적 '적응'에 골몰하거나, 스스로 정체성의 혼란을 극복하지 못하고 점차 계급운동이 아닌 시민운동으로 전환 혹은 희석되기도 한다.

과거 국제시장과 국내시장의 요구 사이에서 완충 역할을 하던 국가 또한 전자를 위한 적응자adapter 정도로 전락하고 있다는 관측도 만만치 않다. 종전 이후 발전된 일국 중심의 자본주의 체제에서 국가는 케인스주의의 논리에 입각한 재정/금융정책을 적극적으로 활용하고 총수요를 관리함으로써 고용, 투자, 성장 그리고 복지의 일정 수준을 성취해 낼 수 있었다. 혹은 아예 자본과 노동을 사회 협약(코포라티즘)의 전국적 협상 체제에 편입시키고 소득정책을 주도함으로써 경제 임금과 사회 임금을 조화시키고 실업과 인플레 수준을 적정 수준에서 화해시킬 수 있었다.

물론 이런 개입 국가적 양상이 유지될 수 있었던 것은 브레튼우즈 체제를 중심으로 자본 이동에 대한 다양한 통제장치가 작동될 수 있었기 때문이었다. 이제 자본이 국가로부터 '해방'되면서 자본에 대한 국가의 협상력은 현

코포라티즘 corporatism

다원주의와 대비되는 이익대표 체계의 유형을 가리킨다. 다원주의적 이익대표 체계는 이익집단들이 기능적 이익 범주에 따라 복수로, 자발적으로, 경쟁적으로 조직되고, 국가의 허가, 인정, 자금 지원이 없으며 또한 대표자의 선출이나 이익의 표출이 통제되지 않는 유형을 의미한다. 이에 반해 코포라티즘은 강제적이며 비경쟁적이고 위계적이며 기능적으로 분화된 범주에 따라 조직된 이익집단이 어떤 특정의 기능적·직업적 범주 내에서 이익의 대표를 독점하는 대가로 국가의 감독과 통제를 받게 되는 이익대표 체계의 유형을 말한다.

소득정책 incomes policy

일반적으로 임금과 물가의 상승을 제한하기 위해 노동과 자본의 소득을 통제하는 정부 정책. 때로는 명목임금의 인상을 규제하는 등의 인플레이션 관리 정책을 지칭하거나, 노동자·산업·지역·기업 사이의 소득분배를 조정하는 노력을 의미하기도 한다.

브레튼우즈 체제 Bretton Woods System

제2차 세계대전 이후 미국의 달러가 갖는 영향력에 기초하여 만들어진 국제금융 시스템을 가리킨다. 금 대신 달러를 기준으로 각국 화폐의 상대적 가치를 고정시키고 일정 범위를 넘어선 환율 변동을 제어했던 달러 본위 고정환율제라 할 수 있다.

저하게 추락할 수밖에 없는 상황에 이르렀다. 이런 구조적 제약 속에서 활동의 근간을 기업의 생산 역량에 의존해야 하는 국가는 점차 국내외 자본의 신뢰를 확보하는 일에 경쟁적으로 몰두하게 되고, 그 과정에서 그간 유지되었던 국내 정책의 우선순위는 쉽사리 뒤바뀌게 될 수밖에 없었다. 예컨대 평가절하보다는 환율 안정, 거시적 총수요관리보다는 미시적 산업 정책이나 탈규제, '조세와 지출'tax and expenditure의 적자예산보다는 '저조세와 저지출'의 균형예산, 완전고용보다는 저인플레, 재정적 개입보다는 신자유주의적 통화주의 등이 새롭게 강조된다.

통화주의 monetarism

화폐 공급을 경제활동의 중요한 결정 요인으로 보는, 미국의 경제학자 밀턴 프리드먼에 의해 제창된 경제사상 학파를 의미한다. 경제에 대한 정부의 개입을 반대하는 보수주의 경제학을 상징하는 개념으로 주로 사용된다. 프리드먼과 그의 지지자들은 케인스주의와는 매우 상이한 거시경제의 이론 및 정책을 주장했는데, 그 핵심은 케인스주의에서 강조하는 재정정책을 거부하는 것이다. 프리드먼은 정부가 경제의 안정성을 증대시키기 위해 노력해야 하며 경제성장은 통화 공급과 인플레이션을 억제함으로써만 가능하다고 주장했다.

이런 정책적 전위轉位는 과거 유럽 국가를 경유하여 강화되던 노동의 권력 자원을 거꾸로 국가에 의해 약화시킬 것을 주문한다. 그리하여 국가는 전후 사민 체제에 각인된 노동운동의 법적 권리를 축소하고, 노동의 탈상품화 효과를 최소화하여 시장으로의 재편입을 강제하며, 임금 결정과 고용(해고)에 있어 유연성을 도입하고, 최저임금제나 실업 급여제 등 임금의 하락을 막아주던 기존의 제도적 장치들을 완화하거나 철폐하는 일을 앞장서서 추진하게 된다. 무엇보다 과거 소득분배(실질임금과 사회 임금)의 규범을 설정해 주던 지배적 제도와 관행이 퇴조하리라는 것은 자명해 보인다.

사회 임금 social wage

노사 교섭에 의한 임금과 기업 단위 복지를 제외한 나머지 국가 복지 제도와 법정 기업 복지 등 사회적 기준에 의해 주어지는 임금.

그렇다면 이제 산업자본이 이윤을 안정적으로 확보하기 위해 노동과의 국내적 타협을 선호하던 시대는 사라졌는가(Schwartz 1998, 258-9). 노동과 국가가 자본으로부터 해방되는 것이 아니라, 국가와 노동으로부터 자본이 해방되는 세상이 도래하는 것인가. 단합된 노동운동과 국가가 후원하던 사민주의적 복지 체계는 이제 과거의 유물이 되었는가(Tsoukalas 1999, 64).

복지국가의 종식을 주장하는 논리들

케인스주의 혹은 복지국가론에 비판의 각을 세웠던 밀턴 프리드먼과 같은 통화주의자들에 따르면, 복지국가는 재정적·도덕적으로 실패가 불가피했다. 우선 재정적으로 복지국가는 재정 적자와 인플레이션 그리고 이자율 상승을 유발하여 민간 부문의 투자를 내모는 **구축효과**를 낳고, 그 과정에서 케인스의 유명한 승수효과가 상쇄되고 무력화되면서, 저성장과 저고용 그리고 다시 재정 적자의 증대라는 악순환을 심화시킨다고 주장한다.

여기에 덧붙여 복지국가의 도덕적 폐해를 강조하는데, 복지국가는 실업과 빈곤의 덫에 갇힌 만성적 복지 의존자, 즉 저변 계급과 복지 사기꾼welfare scroungers을 양산하며 노동시장으로부터의 탈유인disincentive을 조장함으로써 노동시장을 경직되게 한다는 것이다. 결과적으로, 저축과 투자의 유인이 침식될수록 자원배분 구조는 심대하게 왜곡되며 성장의 잠재력, 달리 말해 복지 재정을 위한 경제적 기반 자체가 침식된다는 것이다. 복지국가의 도덕적 위기는 반反효율, 반反성장이라는 경제적 결과로 이어진다는 것이 이들의 주장이다.

복지국가의 내적 논리에 대한 이런 비판은 세계화라는 외적 조건으로 인해 더욱 힘을 얻고 있다. 크루그먼Paul Robin Krugman은 세계화 시대에 경제 운영의 가장 생산적인 방식으로 권장되는 체제 경쟁을 "국가들의 편집광적 질주"(the race of the obsessed)라 비유한 바 있다(Krugman 1996). 경쟁적 긴축competitive austerity이란 이런 질주의 '내용'을 지칭하

구축효과 crowding-out effect

경기를 부양하기 위해 정부가 투자를 늘릴 경우 오히려 민간 부문의 투자가 줄어들어 효과를 거두지 못하는 현상을 뜻한다. 정부가 택지 개발, 사회간접자본(SOC) 건설 등의 사업을 추진할 경우 최소한 정부가 투자한 돈만큼 국민소득이 늘어날 것으로 기대하지만 실제로는 그렇지 못한 경우가 발생할 수도 있다는 것이다.

승수효과 multiplier effect

경제 현상에서, 어떤 경제 요인의 변화가 다른 경제 요인의 변화를 유발하여 파급적 효과를 낳고 최종적으로는 처음의 몇 배의 증가 또는 감소로 나타나는 총효과를 의미한다. 이 승수효과에 관한 착상과 정식화는 R. F. 칸에서 시작되었다. 그러나 이론 체계의 중추 부분에 승수이론을 도입한 것은 케인스였으며, 이에 따라 승수이론의 지위도 비약적으로 제고되었다. 케인스의 단순 모형에서 승수효과는 독립 투자에 의한 지출이 증가하면 국민소득은 그 몇 배나 증가하는 현상을 말한다.

바닥으로의 질주 the rush to the bottom

끊임없이 더 싼 임금, 더 낮은 세금, 더 많은 규제의 완화를 추구하는 경쟁을 가리킨다. 예건대 한 나라에서 임금수준을 낮추거나 규제를 완화하면 경쟁하는 다른 나라에서 그보다 더 낮은 임금과 규제 수준을 제시하는 현상이 대표적이다. 세계화가 가져오는 부정적 효과로 볼 수 있다.

며, 실제로 그것은 다름 아닌 "바닥으로의 질주", 즉 복지와 관련해서 국가들은 궁극적으로 최저 수준으로 수렴해 갈 것이라는 예측을 담고 있는 것이었다(Streeck 1995, 421).

정치경제의 운용과 관련하여 정치 논리에 대해 경제 논리가, 분배 논리에 대해 성장 논리가 압도적으로 우위를 점하기 시작하면서, 이런 예측은 무역거래, 산업자본의 이동, 금융자본의 이동 등과 관련하여 공통으로 나타난다.

먼저 무역과 관련된 경쟁적 긴축의 논리를 짚어 보자. 보호무역의 조건들이 마침내 모두 제거되고 세계경제가 완전한 통합 체제 혹은 완전한 자유무역 체제에 들어선다면, 국가들 간 교역을 통한 의존의 정도는 깊어질 것이다. 교역량이 증가할수록 한 국가의 고용과 성장의 역량이 수출 역량, 즉 국제시장에서 자국 상품의 경쟁력이나 시장점유율에 의존하는 비율이 높아진다. 모든 국가가 수출 지향적 정책을 추구하는 상황에서 수출 상품의 경쟁력은 임금 비용에 의존할 수밖에 없을 것이다. 따라서 저임금노동이나 비정규직의 증가와 같은 '어두운 고용'의 가능성이 커지고 종업원 복지 부담에 대한 기업의 저항이 커지면서 노동자들 일반의 생활수준 혹은 전반적 복지 수준은 하락하게 될 것이 자명하다.

물론 고기술 성장 부문의 수출을 꾸준히 증대시킨다면 이런 상황은 회피할 수 있다. 그러나 앞에서도 언급했듯이, 전문직 숙련노동자의 공급이 경쟁력의 관건으로 등장할수록 노동 내부의 분열, 예컨대 숙련/비숙련, 취업자/실업자, 정규직/비정규직, 노조기업/비노조기업 간의 소득 격차는 늘어날 수밖에 없다. 더욱이 성장 기업마다 부족한 숙련노동을 메우거나 기업들이 노동 훈련의 비용을 줄이기 위해서 인재 사냥poaching에 나선다면, 이는 결국 인플레를 유발하는 임금 상승

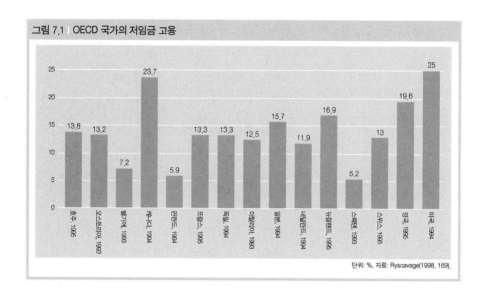

그림 7.1 │ OECD 국가의 저임금 고용

단위: %, 자료: Ryscavage(1998, 169).

효과를 낳을 것이고, 저임금노동자의 실질임금은 더욱 줄어들게 될 것이다(Giddens 2000a, 95; Albo 1997, 151-2).

한편 국가들은 기존의 기술 수준과 신기술 개발을 위한 투자 수준에서 큰 차이를 보인다. 따라서 모든 국가가 고기술을 요하는 고부가 상품을 통한 경쟁에 매달릴 수는 없다. 또한 세계시장이 고생산성과 고기술 수출 전략을 추구하는 모든 국가를 포용할 정도로 지속적이면서도 빠르게 성장한다는 것은 기대하기 어렵다. 따라서 국제수지 적자와 빈곤의 부담은 기술 경쟁에서 상대적으로 뒤처진 국가들이 떠안을 수밖에 없다. 그때 세계는 소수의 부국을 절대다수의 빈국이 먹여 살리는 형국으로 변할 가능성이 크다.

실제로 국제수지 상황의 차이는 선진국 간에도 존재하기 때문에, 고용 불안은 선·후진국을 막론하고 심각한 문제가 될 수 있다. 한 국가 안에서도 고부가가치 부문의 수출 성장이 충분히 이루어지지 않을 때, 쇠퇴 산업에서 발생하는 고용 손실에 경쟁적 압박이 산출한 수요 위기가 합쳐진다면, 잉여 설비의 증가와 실업 증가의 문제는 악순환의 고리를 형성하게 된다. 실업이 증가하고 경제 임금이 전반적으로 하락한다면, 복지를 위한 국가의 재정 능력과 복지 요구 수준의 간극은 커질 수밖에 없고, 경제 임금의 사회 임금(즉, 복지 공여)으로의 전화는 원천적으로 벽에 부딪히게 된다. 요컨대 세계화를 자유무역의 관점에서 고려할 때, 세계화가 진행될수록 인류의 평균적 복지 수준이 전반적으로 축소되리라는 것은 어느 정도 자명한 일로 예측된다.

복지 수준을 위협하는 경쟁적 긴축은 산업자본의 이동성 증가와 관련해서도 예외가 아니다. 논리대로라면, 갈수록 치열해지는 경쟁 체제는 산업자본으로 하여금 원료를 원활히 공급하고 임금과 유통의 비용을 줄일 수 있는 새로운 투자처를 끊임없이 물색하게 만든다. 그럴수록 새로이 조성되는 세계화의 환경 속에서 국경을 넘나드는 자본의 규모뿐 아니라 이동 빈도 또한 급증할 것이다. 문제는 그것이 국민 복지에 몰고 올 파장이다.

우선 자본 유출국의 경우, 빈번한 자본 이동을 통해 자본이 해외로 빠져나간 만큼 국내적으로는 기술혁신에 대한 투자 감소, 생산성과 국가 경쟁력의 약화, 고용 감소 혹은 '어두운 고용' 증가 등의 상황으로 이어지기 쉽다. 특히 자본의 철수와 경쟁력 약화가 발생시킨 실업자들은 고부가 성장 부문에 내재된 고용 역량의 한계로 인하여 저생산성 성장 분야로 알려진 서비스 부문으로 대거 흡수될 가능성이 크다. 실제로 오늘날 선진국으로 갈수록 서비스 부문이 점유하는 고용비율은 80~90%에 달하는데, 그 가운데 상당 부분이 종종 맥잡(MacJobs, 맥도날드 햄버거식 고용)으로 통칭되는 저임금과 비정규직 종사자임은 두말할 필요가 없다(Turner 2001).

자본 유출로 인해 국내 생산 기지가 취약해지고 국민소득 증가율이 둔화될수록 국가의 세입 기반은 위축될 수밖에 없고, 그 결과 국내 고용이 감소하고 '어두운 고용'이 초래하는 복지 수요는 날로 증대하게 된다. 제조업의 대량 탈주 혹은 도산, 구제금융, 긴축재정, 구조조정 등 일련의 사태가 일어날 가능성이 상대적으로 많은 자본 빈국의 경우, 이로 인해 인민의 복지가 부정적으로 영향받을 가능성은 훨씬 클 수밖에 없다. 요컨대 '조세와 지출' 논리에 입각해 있던 종래의 복지 체제는 근본적으로 실현 불가능한 것이 된다.

투자 대상국, 즉 자본 유입국도 상황은 크게 다를 바 없다. 우선 논리로만 따진다면, 세계화라는 상황 속에서는 자본의 유입 자체가 투자 환경을 위한 경쟁에서 이미 승리하고 있음을 말해 준다. 투자 환경을 위한 조건들이 경쟁적으로 제시되면서 기업의 법인세가 낮아지고 노동시장의 경직성이 완화되고 저임금과 비정규직이 증가하는 등 복지 공여의 역량은 훼손되는 반면, 복지 수요는 증대하는 등 국가 복지의 전반적 수준이 저하되는 상황이 발생하는 것이다. 투자 자본의 유입을 위한 전략이 종종 경쟁적 사회 덤핑으로 폄하되는 것도 그런 전략이 값싼 투자 조건이라는 상품을 팔고자 자국의 복지 수준을 희생하는 것도 불사하기 때문이다.

물론 장기적으로 고용이 증대되는 등 외자가 투자 유입국에 미치는 긍정적인 효과가 없는 것은 아니다. 그러나 그 경우에도 모든 국가가 저마다 경쟁적 투자 유치에 집착하는 세계화의 환경에서는 고용 자체가 이미 '어두운 고용'이 되기 쉽다. 뿐만 아니라, 손쉬운 단기적 투자 전망이 어두울 때 비로소 장기적 플랜에 눈을 돌리는 자본의 속성상, 기술 개발이나 인적 자원의 훈련 등 고비용이 드는 발전 전략이 회피되는 것은 투자 유출국과 다를 바 없다고 하겠다(윤영관 1996).

투자 유치 경쟁에서 낙오된 대부분의 국가의 경우, 기업 이윤과 가계 저축이 급속히 금융시장으로 몰리면서 생산자본 기지가 더욱 위축된다. 이는 금융시장이 투기화되는 추세, 즉 금융시장이 자유화되고 정보와 커뮤니케이션 기술이 고도화되면서 점차 그것이 기업의 자금 조달이라는 원래의 기능과는 무관하게 운용되고 있다는 사실과도 밀접히 관련된다.*

주주자본주의 Shareholder Capitalism

주주를 경영의 초점에 두는 미국식 자본주의. 즉, 경영 목표를 단순히 기업의 이윤 극대화에 두는 것이 아니라 주주들에게 최대의 배당을 안겨 주는 것에 두며 주주가 직간접적으로 경영에 참여한다. 주주자본주의가 확고하게 자리 잡은 미국의 경우 기업 경영진이 가장 중시하는 경영지표는 물건을 많이 팔아 순이익을 많이 내는 것이 아니다. 주주에 대한 배당이나 시세 차익을 확보해 주고 세금을 최대한 적게 내서 주주에게 금전적 혜택을 많이 안겨 주는 것이다. 출자자 등 대주주는 물론 이익배당을 노리고 주식을 매입한 투자자들을 크게 의식하고 경영한다. 매분기, 경우에 따라서는 반기마다 이들에게 경영 실적을 공개해야 한다.
이런 실적 위주의 경영 방식 때문에 연봉을 파격적으로 증액 지급하고 승진과 해고의 기회를 병존시켜 운영하는 연봉제가 일반적이다. 때문에 대량 실업이 빈번하게 발생하고 가장 많은 노동자를 해고한 경영자가 최고의 연봉을 받는 일도 일어난다.

실물경제로 뒷받침되지 않은 막대한 투기적 유동성이 회계장부상의 단기적 주가 등락을 좇아 사이버공간에서 세계를 누비는 동안에 자본주의는 산업자본에 대한 은행의 장기적 헌신에 바탕을 두기보다는 뮤추얼펀드, 연금기금, 보험회사 등 거대 기관투자가들의 포트폴리오 투자를 통한 단기적 수익의 추구를 일상적 관행으로 수용하게 된다. 이처럼 기업이 생산 중심에서 멀어질수록 주주자본주의의 양상은 더욱 견고해질 수밖에 없다. 기업의 경영은 외부로부터 고용되는 전문적 최고 경영자CEO에게 맡겨지는 일이 빈번해지고, 이들에게는 일정 기간 내에 해당 기업의 자산 가치 상승을 책임지는 조건으로 스톡옵션을 포함한 천문학적 액수의 보수가 약속된다.

이렇게 고용된 CEO들이 주식가격의 상승을 통해 기업의 자산 가치를 높이는 데 최대의 관심을 보이는 한, 그들에게 자신을 고용한 기업이 어떤 종류의 — 예컨대 자동차, 화장지 혹은 컴퓨터 등 — 생산 활동에 종사하는가의 문제는 아무런 의미가 없다. 당연히 주주를 대

---

* 켈리가 강조하듯이 미국 내 주식시장에서 "투자된"(invested) 달러의 99%가 실은 "투기된"(speculated) 것이다(Kelly 2001, 2).

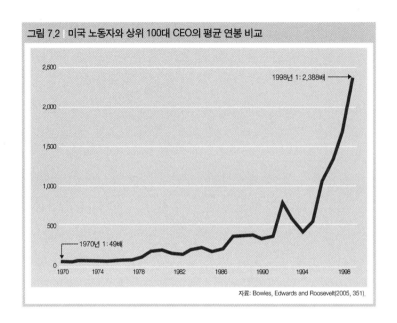

그림 7.2 미국 노동자와 상위 100대 CEO의 평균 연봉 비교

1998년 1 : 2,388배

1970년 1 : 49배

자료: Bowles, Edwards and Roosevelt(2005, 351).

표한 기업 이사회의 이해관계 이외에 상품의 질이나, 종업원, 소비자, 하청 업체 혹은 지역사회의 이해관계는 부차적인 것이 된다(Byrne 1999).

그리하여 공장폐쇄, 대량 해고 혹은 적대적 인수 합병 등이 경영 혹은 주가 상승을 위한 가장 효율적이고 자연스런 전략으로 자리 잡게 되면서 주주 이외의 이해관계자들, 곧 시장에서 탈락한 사람들의 복지를 위해 한 사회가 감당해야 할 부담의 정도는 커질 수밖에 없다.

자본 빈국의 상황은 더 심각하다. 후진국들이 통상 그렇듯이, 부문마다 취약한 기반에다 국내 정치나 경제의 국면적 상황은 변화무쌍하고, 여기에 테러와 전쟁이 빈발하는 등 국제 체제마저 불안정해질 수 있다. 정보 조작과 조작된 정보의 유포가 쉽고 빈번하게 발생함으로써 세계 금융자본의 대규모 탈주가 현실화되면 이 국가들의 경제와 복지는 하루아침에 나락으로 곤두박질칠 수 있다. 1997년 일어났던 한국을 비롯한 동아시아 지역의 경제 위기는 국제투자 자본의 대량 탈주가 자본 빈국의 외환과 투자 위기 → IMF 구제금융 → 구조조정 (대량 실업)과 긴축재정 등으로 이어지면서 어떻게 사람들의 복지를 파괴할 수 있는가를 여실히 보여 주었다(Kim ed. 2000).

단기적 수익을 좇는 대규모 투기 자본이 빈번히 국경을 넘나들수록 특정 국가의 복지 수요와 복지 공여 역량 간의 간극은 하루아침에 벌어질 수 있다. 이런 상황에서 위기를 기회로 활용하기란 결코 말처럼 쉬운 일이 아니다. 오히려 이미 늘어나 있는 재정 적자 규모가 재정정책의 실효성을 버겁게 만들수록 국내외 재정 차입의 조건은 까다로워지고, 다시 국가의 복지 역량은 더욱 위축되는 악순환이 지속될 확률이 훨씬 높다.

이데올로기적 공세로서 복지국가 위기론

기업보험

국가가 관장해 온 복지 공급의 책임을 다원화하고 민영화하자는 복지 다원주의의 또 다른 내용으로 기업 수준에서 복지를 떠맡는 경우를 가리킨다. 이 경우 복지 공여의 수준은 해당 기업의 재정 상황이나 손익 구조뿐 아니라 종업원(가입자)의 기여 능력, 즉 고용 여부, 고용 연한, 임금수준 등에 따라 결정되는 것이 일반적이다. 즉, 기업 복지의 논리에 따르면 급부 수준이 해당 기업의 생산성이나 이윤율에 따라 기업마다 — 예컨대 대기업과 중소기업 간에 — 현격한 차이를 보이고, 고용이나 소득과 같은 시장적 기준이 연금 산정의 일차적 기준으로 되면서 고용 연한과 소득수준에 따라 급부 수준이 차등화된다. 더욱이 이런 기준들로 인해 연금을 볼모로 특정 기업에 대한 노동의 종속성은 증가되고 그에 비례하여 노동의 이동도 제약받기 쉽다.

복지의 수급이 점차 정치를 떠나 시장 논리에 의해 지배되고 복지가 잔여적 개념으로 변해갈수록 복지국가의 독립변수적 기능보다는 종속적 지위가 현저히 부각되면서 복지국가의 원래 취지는 퇴색하거나 실종될 수밖에 없다 (Cox 1998; Overbye 1996).

미국과 같이 복지 공여에서 원래부터 민간 부문(민간 보험회사의 보험과 기업보험) 위주의 시장 논리가 관철되어 온 국가는 차치하더라도, 소득세와 사회보장세 감면 등과 같은 적극적 유인책이 동원되는 가운데 이미 영국을 필두로 서유럽의 여러 국가에서 민간 보험의 가입 비율이 점증하고 있다.

1970~80년대 일련의 조세 저항 정당들이 대륙 국가들에서 결성되었다는 사실에서 알 수 있듯이, 납세자가 정부의 예산 사용을 직접적으로 견제한다는 의미의 납세자 권리사상이 한동안 새로운 권리 개념으로 각광받은 것도 재분배나 사회정의 등 공동체적 가치의 구현과 관련된 '정치의 왜소화'와 무관하지 않을 것이다. 우리는 개인주의 원리를 극단화하는 신자유주의적 시장 논리의 부상과 더불어 복지 의존층에 대한 비난이 부각되는 시대적 대세에 직면해 있는 것이다.

요컨대 신자유주의 옹호자들은, 복지국가는 세계화의 대세를 거스르는 것이며 축소 재편되어야 한다고 주장한다. 이들은 성장 혹은 경쟁력 제고와 같은 자본(시장)의 논리를 관철시키고 복지 혹은 분배와 같은 노동(정치)의 논리를 후퇴시키기 위해, 세계화 논리를 현실에서 불가피한 선택으로 회자시키고 세계화의 긍정적 측면들을 과장해서 부각시키거나 그것의 전망을 장밋빛으로 덧칠한다.

그렇다면 세계화와 복지국가 위기 담론은 논리적으로 얼마나 타당하며 현실적으로 어느 정도 사실에 가까운가. 위기 담론은 종종 복지 지출의 필요량과 복지 공급 역량 사이의 점증하는 괴리, 즉 복지의 수요가 공급을 초과하는 구조적 위기 상황을 상정한다. 그러나 복지에 대한 요구가 지속적으로 증가하는 상황이야말로, 복지국가의 축소 지향적 재편을 주장하는 것이 갖는 한계를 보여 준다.

예컨대 의료 기술이 발달할수록 노년층은 두터워지고, 노인 질환이나 성인병 등 각종 질환은 증가하는데 의료 수가는 오히려 비등해 가는 추세는 물론이고, 핵가족화가 진행되고 이혼율이 증대할수록 시장에 편입되지 못한 노인, 편모와 그 자녀를 위한 경제적 안전장치가 보완되어야 한다는 점도 국가 복지에 대한 기대와 요구의 수준을 상승시킨다.

생산방식의 변화 역시 복지에 대한 요구를 증대시킨다. 과거 "구상conception과 실행execution의 분리"에 기초한 테일러주의 관리 체제에서는 동질적인 대규모 비숙련 노동인구가 생산의 주축을 형성했다. 이제 컴퓨터공학과 기술정보 산업이 발전하고, 소비자의 기호가 다변화·유동화되면서 다품종소량생산을 지향하는 유연 생산 체제가 부상한다. 그리하여 노동 내부에서는 숙련화의 정도나 적응력의 수준 등 생산에 대한 기여가 차별화되면서 임금과 생활수준의 편차가 심화되기 시작한다.

특히 수요 불안 등 유연 생산 체제로의 전환에 따른 비용의 대부분이 수많은 비(저)숙련노동 계층 등 사실상의 시장 탈락자들에게 전가될 수밖에 없을 때, 저임금노동, 고용 불안, 실업, 소득 불균등의 증가에서 비롯된 세입 기반의 약화와 복지 관련 지출의 요구 증대 사이의 격차는 커질 수밖에 없다(Rogers and Streeck 1994).

신자유주의적 세계화가 — 주창자들의 말처럼 — 분배의 문제를 해소하는 데 얼마나 기여하는지 혹은 기여할 수 있을지는 결코 보증할 수 없다. 예컨대 우리는 복지 지출과 성장률의 관계 혹은 자유무역/탈규제의 정도와 빈곤/불평등 정도의 관계, 성장의 적하 효과 등에 관한 경험적 연구들로부터 어떤 일관된 결과나 명확한 추세를 제시받지 못하고 있다(Jacobs et al. 2003, 49; Atkinson 1999, 184).

현실과 당위로서의 세계화에 관한 다양한 논의가 진행되는 상황에서, 세계화가 복지국가의 현재와 발전 방향에 대해서 갖는 함의는 일의적으로 규정할 수 없는 복합적 성격을 지닌다는 점에 주목해야 한다. 지금까지 살펴보았듯이, 오히려 세계화 담론은 무역이나 자본 이

테일러주의 taylorism

시간 연구와 동작 연구를 기초로 노동의 표준량을 정하고, 임금을 작업량에 따라 지급하는 등 작업 과정의 능률을 최대화하기 위한 과학적 관리법으로서 미국의 F. W. 테일러(1856~1915)에 의해 처음으로 제창되었다. 이는 대량 생산 체제의 초기 발전에 조응하는 것으로서, 노동에 대한 감독과 노동 분업의 극단적 정교함을 특징으로 했다.

동 등 모든 면에서 실업 증가, 소득 불균등 증가, 저숙련 한계 노동 혹은 저임금노동의 증가, 노동강도 강화, 복지 급부에 대한 압박 상승 등이 불가피함을 보여 주고 있다.

중요한 점은 세계화가 지금처럼 방치된다면 세계화 담론이 지시하는 것처럼 국가 간, 계층 간, 부문 간 격차가 커지고 국가 복지의 역량이 위축되면서, 결국 전 지구적 수요 부족과 잉여 설비의 증가로 인한 불안은 확산될 수밖에 없으리라는 것이다(Gorringe 1999; Burbach et al. 1997).

2002년 세상을 뜬 프랑스 사회학자 피에르 부르디외는 방치된 세계화가 몰고 올 파국을 '자연과학적' 확신을 가지고 예견할 수 있다고 단언했다. 그가 죽기 직전까지 노구를 이끌고 전념했던 반세계화를 위한 세계 시민운동도 그런 '명약관화한 파국'을 막기 위한 것이었다.

세계화로 인해 빈곤과 불평등 같은 복지 지출을 자극하는 요인들이 늘어난다면, 위기는 복지국가의 축소적 재편이 아니라 오히려 복지국가의 확대를 통해 해소되어야 한다. 사실 1990년대 이후 세계화 담론이 기승을 부리는 와중에도, 심지어는 1980년대 로널드 레이건Ronald Wilson Reagan, 마거릿 대처, 헬무트 콜Helmut Kohl 등 우익 정치 지도자들이 주도한 신자유주의의 정치와 이데올로기가 대서양 양안에서 횡행할 때에도, 서유럽 국가들의 복지 관련 지출은 꾸준히 증가했다.

이는 그간 서유럽 국가들의 국가 복지가 확대되는 과정에서, 그리고 앞에서 열거했던 최근의 구조적 요인들의 파생물로서, 복지의 직접적 수혜층과 복지 업무와 관련된 공공 부문 등 복지 유권자층welfare constituency이 지속적으로 팽창하면서 복지국가에 대한 아래로부터의

피에르 부르디외 Pierre Bourdieu

프랑스의 사회학자이자 현실 참여적 지식인. 파리 사회과학대학원(EHESS)과 프랑스 최고 학술기관인 콜레주 드 프랑스의 사회학 교수로 '부르디외 학파'를 형성했다. 그는 사회학을 '구조와 기능의 차원에서 기술하는 학문'으로 파악했고 신자유주의자들을 비판하면서 범세계적인 지식인 연대의 필요성을 주장했다. 대표적인 저서에는 『재생산』, 『구별짓기』, 『호모 아카데미쿠스』 등이 있다.

요구와 지지가 줄지 않고 있기 때문이다.

이런 역설적 상황들이야말로 복지국가 위기론이 현실에 대한 객관적 평가라기보다는 정치적 담론 혹은 이데올로기적 공세라는 혐의를 받는 주된 이유다. 이는 복지국가 위기론이 가장 왕성하게 제기되고 있는 곳이 유럽 대륙의 복지 선진국들이 아니라, 대륙 국가들에 비해 국가 복지의 수준이 상대적으로 열등한 영국이나, 복지를 여전히 구빈의 차원에서 이해하며 복지국가로 분류되기 어려운 미국 등 앵글로색슨 국가들, 혹은 아직도 복지국가의 문턱에도 도달하지 못한 한국과 같은 명백한 복지 후진국이라는 사실로도 알 수 있다.

세계화 담론은 복지 공여의 필요성과 당위성을 폄하하거나 그것을 막연하고 불투명한 장기적 전망 속에 가둠으로써 복지의 축소를 정당화하고 있다. 아직까지 세계화는 결코 "거스를 수 없는" 대세나 선택이 아니며 신자유주의자들의 논리는 경험적으로 지지되지 않는다.

복지국가 체제의 지속성

앞서도 지적했듯이, 복지 지출의 증가율이 둔화된 것은 사실이지만 복지 지출의 절대 액수는 물론이고 GNP나 예산 대비 복지 관련 지출의 규모는 공공 부문과 공공지출 전체의 규모와 더불어 오히려 꾸준히 증가했다.[•] 21세기에 들어서서도 서유럽 국가들은 국내총생산^{GDP}

• 신자유주의가 정치적으로 맹위를 떨쳤던 1980년에서 1994년 사이 OECD 국가들의 GDP에서 차지하는 공공지출의 비율은 평균 39.7%에서 49.8%로 늘었다. 이전 지출 (transfer payments : 노년 연금, 실업 연금, 유아 급부, 질병 급부, 장애 급부 등 사회보장 급부와 공공 부조)도 15.3%에서 20.0%로 증가했고, 여기에 교육과 의료 등을

의 30% 전후, 특히 북부 유럽 국가들은 35%에 가까운 규모의 예산을 복지에 할당하고 있다.

물론 인구구성비의 변화, 생산 체제의 변화, 세계화 등 구조적 요인들이 종래의 사민주의적 복지 체제에 심대한 제약 요인으로 작용하고 있는 한, 오늘날 복지국가가 심각한 도전에 직면해 있다는 점은 아무도 부인할 수 없다. 성장률, 실업률, 국제수지, 재정 적자 등 경제의 주요 거시 지표들이 하나같이 어려움을 보이면서 복지 요구는 증가한 반면, 복지 지출의 증가율은 눈에 띄게 둔화된 것이 사실이다.• 그럼에도 복지국가의 적응력은 상당히 강고하며 그 어떤 급진적 변화의 조짐이나 가능성도 보이지 않는다.

사실 서유럽 국가들에는 복지 프로그램으로 나타나는 사회적 연대 혹은 파트너십에 대한 방대한 역사적 유산이 존재한다. 또한 국가 복지는 제도적 관성과 다수 유권자의 상당한 이해관계가 동반된 정치적 문제다. 이들 나라에서 복지 체제란 의회정치의 민주적 기능을 통해 전개된 장구한 세월의 이익집단 정치와 계급 정치의 산물이다. 따라서 서유럽 국가들의 복지 체제는 방대한 중산층을 그 내부자로 편입시키는 보편적 체제로서 장기간 정착될 수 있었다.

복지 축소에 대해 강한 사회적 저항과 유권자의 반발 가능성은 복지국가의 '정치적 불가역성' 가설의 설득력을 뒷받침하기도 했다. 복지 선진국들에서는 이미 방대해진 공공 부문 자체가 복지 기능의 수

합한 전체 사회 지출 역시 21.5%에서 26.6%로 늘었고, GDP에서 세입 부분이 차지하는 비율도 1975년 34.7%에서 1994년에는 41.3%로 증가했다(OECD various years).

• 오늘날 대부분의 서유럽 국가에서 노동자 세 명이 한 명의 연금생활자를 책임지는데 이 비율이 30년 내에 노동자 세 명이 두 명의 연금생활자를 책임지는 것으로 바뀔 것이라는 식의 예측들이 봇물을 이루는 시대에 살고 있다(The Economist, 2003/09/25).

행자이자 수혜자로서 국가 복지의 지속적 확대와 불가분의 관계를 맺고 있다. 복지의 지출은 생산의 효율성과 사회적 결속을 위해 오히려 긍정적으로 기여한 부분이 적지 않기 때문이다.

복지국가는 때로 자본주의와 대립하며, 때로 자본주의를 보완하면서 자본주의 발전 과정에 내재적인 변수로 자리 잡아 왔다. 이런 점에서 복지국가는 시장 체제와 함께 또 하나의 강력한 헤게모니, 혹은 많은 사람이 지적하듯 서유럽 국가 시민들의 의식과 문화 속에 깊이 내면화된 헤게모니 체제라 할 수 있다(Taylor-Gooby 1997; 박노자 2002).

복지가 정치경제적 지평을 넘어 하나의 지배적 문화 현상으로 자리잡은 북유럽 국가들의 경우에는 '시장주의'가 오히려 수세적인 대항 헤게모니의 성격을 띤다고도 말할 수 있다. 따라서 이들 나라에서 복지국가에 대한 신자유주의적 공세는 소리만 요란할 뿐 실제로 복지국가를 재편하지는 못했다. 복지국가의 이런 지속성이야말로 서유럽 경제체제에서 복지국가의 체제 내적 특성을 보여 주는 것이자, 역으로 복지국가이기 때문에 서유럽 경제체제가 상대적으로 건실할 수 있다는 사실을 의미하기도 한다. 가령 국가 복지 체제가 없었다면 1970년대, 1980년대 그리고 1990년대 초의 경제 위기가 이들 나라에서 어떻게 극복되었을지는 아무도 보증할 수 없다.

복지국가가 20세기 서유럽 자본주의가 이룩한 가장 중요한 업적으로 평가되는 것은 이런 맥락에서 이해할 수 있다.

권력으로서 세계화 담론

신자유주의적 구상이 추동한 세계화 논리가 현실 세계를 정확히 반영하지 못하는 이유는 무엇인가. 원인의 일단은 복지국가 위기론에도 불구하고 인구구성비나 생산 체제의 변화 등 구조적 요인들과 더불어 신자유주의적 세계화의 직접적 여파로 복지에 대한 수요 자체가 급격히 증가한 데서 찾을 수 있을 것이다.

그러나 더욱 근본적인 원인은 겉으로 드러난 현상 너머에서 찾아져야 한다. 가장 심각한 것은 세계화 담론이 현실을 있는 그대로 이해하고 설명하기보다는 오히려 현실의 변화를 과장하여 그것을 '자기 충족적 논리'로 대체한다는 점이다. 이런 점에서 우리는 세계화 담론과 복지국가 위기론에 내재해 있는 권력적 측면 내지 이데올로기적 특성에 주목하지 않으면 안 된다. 그렇지 않다면 복지국가 위기론 등의 담론이 서유럽 복지 선진국들에서가 아니라 복지국가의 발전 수준이 가장 낮은 앵글로색슨 국가들을 중심으로 가장 왕성하게 번창해 온 사실을 이해하기 어려울 것이다.

요컨대 오늘의 세계화 시대란 '권력으로서의 세계화 담론'이 '현실로서의 세계화'를 압도하면서 복지국가의 위기라는 그림자를 작위적으로 만들어 내는 것에 불과할지 모른다. 좀 더 자세히 들여다보자.

우선 신자유주의자들의 구상과는 달리 자유무역의 길은 여전히 험난하다. 자본 이동이나 자본 전환에 수반되는 비용으로 인해 자본의 이동은 무한정 가능한 것이 아니다. 현재 세계에는 보호무역이 강화되는 방향으로 가리라는 예측과 함께, 시장을 확보하기 위한 무역 전쟁이 갈수록 격화되리라는 전망 또한 만만치 않게 제기되고 있다.

예컨대 2002년 3월 미국 정부가 14개 수입 철강 제품에 대해 향후 3년 동안 8~30%의 추가 관세를 부과하기로 전격 결정한 것이나, 2003년 9월 서방 7개국^{G7} 회의가 중국의 위안화와 일본의 엔화 등의 평가 절상을 강력하게 요구하기로 합의했던 일 등은 자유무역을 포함한 세계화의 규칙과 표준이 강대국의 논리에 따라 언제든지 변경·철회될 수 있음을 단적으로 보여 주었다.

선·후진국 사이의 무역량 또한 여전히 미미한 수준이며 이 비율이 급격히 변화하리라는 조짐은 어디에서도 보이지 않는다. 유럽연합 국가들의 무역거래는 아직도 대개가 내부 거래, 즉 회원국들 간에 이루어지고 있으며 생산의 90%는 국내 수요를 겨냥하고 있다.

세계화가 자본은 풀고 노동은 묶자는 논리에 입각해 있는 한 노동시장의 세계화는 특히 요원하다. 세계화가 진행될수록 자본은 노동시장의 수량적 유연화 전략을 다양하게 강구하거나, 국내 노동자를 대상으로 한 외주나 비정규직 증가와 같은 전통적 전략 이외에도 고용 비용을 보다 직접적으로 줄이는 방법을 추구할 수 있다. 이주노동자와 같이 복지의 혜택 밖에 있는 후진국 저임금노동의 지속적 유입은 대표적인 예다.[*]

세계화가 진행되고 선·후진국 간 생활수준의 차이가 커질수록 후진국 노동자들의 이주 욕구는 그에 비례해서 증가할 수밖에 없을 것이다. 그러나 선진국의 노동자들 편에서 보면 고용 불안 등 경제 사정의 악화를 경험하게 될수록 이주노동자에 대한 인종주의적 편견과 배척 또한 그 강도를 더해 갈 것은 너무도 자명한 일이다.

최근 서유럽 국가들에서 계급 정치가 퇴조하는 가운데 네덜란드에서 우파가 득세하고, 덴마크 등에서 극우파가 집권하면서 극단적인

---

[*] 1990년 유럽공동체(EC) 국가로 유입된 200만 명 이상의 총 이민자 대부분이 저임금 고용을 찾는 '노동 이주자'(labour migrants)였다. 1981~85년 사이, 벨기에, 독일, 이탈리아, 네덜란드의 이주자 증가율은 각각 -0.7%, -0.3%, 7.2%, 1.2%였으나, 1986~1990년 동안 이 수치는 1.3%, 3.7%, 16.7%, 4.6%로 급격히 늘어났다(Cross 1993, 주 19).

반이민자 정책을 펴고 있는 것이 대표적 사례라 할 수 있다. 이는 세계화 시대가 갖는 또 하나의 아이러니라 할 수 있다.

오늘날 후진국에서 선진국으로의 노동 이주는 전문직 종사자와 같은 중상류층을 중심으로 이루어지고 있으며, 소수의 특수한 고숙련노동을 제외하면, 기능직이나 일반 노동 계층의 취업을 위한 이주는 갈수록 가능성이 줄어들고 있다.

노동의 국가 간 이동을 제약하는 이민이나 취업 관련 법적 규정들을 둘러싼 이른바 봉쇄의 정치politics of containment가 앞 다투어 강화되는 것이 지금의 현실이다(Castles 2002). 국가 간 노동 이주에 관한 결정권이 여전히 선진국들의 필요와 요구에 전적으로 좌우되고 있다는 점이야말로 세계화의 기만적 측면이라 할 수 있다.

더욱이 금융자본과는 달리 산업자본은 국경 이동이나 투자철회가 쉽지 않다. 원래가 단기주의에 집착하는 자본의 속성상 신규 투자 결정은 생각과 달리 매우 더디고, 공장폐쇄와 같은 투자철회는 전략적 언술 수준에서 제기되기 십상이다. 산업자본의 이동은 단순한 저임금 노동을 넘어서 이윤율을 총체적으로 결정하는 다양한 요인들, 예컨대 원료 공급처의 근접성, 유통의 편리성, 숙련노동의 공급 여부, 정치적 안정성 정도, 혹은 국가의 거시경제정책 등의 영향을 받기 때문이다(*The Economist*, 2003/09/25).

최근 일본 경제가 회복세를 타면서 일본의 제조업들이 고기능, 고품질의 자신감을 보이고 핵심적 제조 부문의 일본 내 생산, 즉 '메이드 인 재팬 전략'을 구사하는 것도 이런 맥락에서 조명될 수 있다. 값비싼 고부가 제품에 주력하는 일본 제조업체는 기술 유출에 대한 우려, 생산에서 유통까지 걸리는 시간 등을 임금과 같은 고전적인 생산 비용보다 훨씬 중요한 고려 사항으로 간주하는 것이다. 실제로 산업자본의 남/북 흐름은 여전히 사소한 수준에 머물러 있거니와, 선진국 제조 상품의 최종 가치에서 노동비용이 차지하는 비율은 20% 미만(미국은 11% 정도)이기 때문에 산업자본이 노동비용을 줄이기 위해 국경을 이동하는 경우는 여전히 드물다.

앞에서도 지적했듯이, 아직 세계 FDI 자본금의 80% 정도는 고임금과 고세금의 나라 사이에서 이루어진다. 그나마 선진국에서 FDI는 대개가 비생산 영역에 집중되어 있으며 국내 투자에 비해 그 비중 또한 지극히 미미한 실정이다.

반면에, 산업자본에 비해 금융자본의 이동은 훨씬 자유로운 것이 사실이다. 오늘날 포트폴리오 투자를 통한 단기적 이윤을 좇는 거대 기관투자가들의 주식시장 교란과 환투기가들의 외환시장 교란 가능성은 한 국가의 경제 상황을 하루아침에 곤경에 빠뜨릴 수 있다. 그러나 아직도 투자율, 실질이자율, 저축률 등에서 국가별로 상당한 차이가 엄존한다.

이런 사실은 금융자본의 이동이 국가의 재정·금융정책의 수렴을 자동적으로 가져오는 것은 아니라는 점을 말해 준다. 영국과 스웨덴의 사민 정부는 중앙은행(영국의 Bank of England, 스웨덴의 Rigsbanken)을 각각 정부(의회)로부터 독립시켰다. 이는 이자율 등 금융정책에 대해 선출된 정치인의 통제 범위가 축소된 것을 의미하기도 하지만, 일국 단위로 보면 국내 경기의 상황에 따라 금융정책이 좀 더 자율적이고 유연하게 조율될 수 있는 여지가 확대되었음을 말해 주기도 한다.

금융자본의 이동에 대한 국민국가의 적응력이나 정책 역량에 현저한 차이가 존재하는 한 이에 대한 일률적인 성격 규정은 결코 쉬운 일이 아니다(Weiss 1997, 3-13; Thompson 1997). 물론 세계 최대 금융자본가인 조지 소로스George Soros조차 고백했듯이 금융시장의 극단적 가변성이 가져올 가공할 위기에 비추어 금융자본의 자유이동이 무작정 방치될 수만은 없을 것이다. 금융자본의 이동에 제한을 가하기 위해 세계의 정부들이 토빈세 같은 다양한 제약 조치의 도입 필요성을 다방면으로 논의하는 것도 이런 맥락이다.

토빈세 Tobin Tax

단기성 외환 거래에 부과되는 세금을 의미한다. 단기성 외환 거래로 막대한 수익을 올리고 있는 국제투기자본(핫머니)의 급격한 자금 유출입으로 각국의 통화가 급등락하여 통화위기가 촉발되는 것을 막기 위한 규제 방안의 하나. 노벨경제학상을 수상한 미국 예일대학의 제임스 토빈(James Tobin)이 1978년에 주장한 이론이다.

복지국가 위기론은 부자들의 반란

이상 살펴본 내용은 세계화가 행위자 없는 단순한 흐름이나 불가피하게 주어진 조건 혹은 통제 불능의 대세가 결코 아니라는 점을 말하고 있다. 그런데도 '개방과 경쟁'의 구호는 축적과 사회정책 간의 근본적 상충, 양자의 제로섬 논리를 부각시키며 위기 담론을 일상적으로 선동한다. 경제는 자율적이고 자체의 일관된 논리를 지니고 있다는 이런 주장은, 예컨대 고수준의 사회복지 지출이 국제경쟁력을 약화시킨다는 주장처럼 일방적이고 오도된 논리를 전파한다.

이와 관련하여 "담론이 곧 권력"이라는 푸코[Michel Foucault]의 혜안이나, 위기론이란 기껏 "부자들의 반란"에 불과하다는 갤브레이스의 냉소는 모두 촌철살인의 정곡을 찌른다. 모든 담론이 그렇듯이 위기론 또한 정치권력과 경제 자원의 배분 혹은 계급 간 권력 분배를 둘러싼 이해관계의 첨예한 대립을 동반하거나 배경으로 한다는 점에서 분명 하나의 이데올로기다(Bryson 1992, 15).

위기론과 같은 담론, 논리, 구호 들이란 강력한 이익집단의 정치적 선호를 경제체제의 보편적 논리로 환치하는 것에 불과하며, '경제' 논

갤브레이스 John Kenneth Galbraith

캐나다 출신의 진보적 미국 경제학자. 제2차 세계대전 기간에는 물가청에서 근무했고, 케네디 대통령 시절에는 인도 대사를 지냈다. 저서로는 『미국의 자본주의』(1951), 『대공황』(1929, 1955), 『풍요한 사회』(1958), 『새로운 산업국가』(1967), 『불확실성의 시대』(1977), 『비판적 경제사』(1987) 등이 있다.

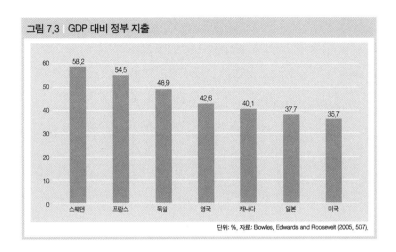

그림 7.3 GDP 대비 정부 지출

단위: %, 자료: Bowles, Edwards and Roosevelt (2005, 507).

리를 빌어 주창자의 '정치적' 입지를 강화하는 데 기여할 뿐이라는, 좀 더 적나라한 비판이 가능하다.

세계화와 복지국가 위기론이 범람하기 시작한 지 한 세대가 훨씬 더 지났지만 신자유주의자들의 호언과는 달리, 대량 실업, 고용 불안, 빈곤, 빈부 격차의 문제는 갈수록 심화되고 있다. 오늘날에도, 정부 예산이 국민 총소득의 절반을 넘고, 복지 지출이 정부 예산의 2/3에 근접하는 서유럽 국가들의 현실을 두고 복지국가가 위기에 빠졌다거나 '죽었다'고 말할 수는 없다.

원래 자본가들은 기본적으로 실용적이며 대세를 민감하게 포착하고 발 빠르게 현실에 적응한다. 그렇지 않다면 왜 전후 사반세기 동안 규제, 누진세, 재분배 등을 통한 국가의 다양한 개입에도 불구하고 자본은 침묵을 지켰는지, 위의 기간 내내 침묵으로 일관하던 자본이 복지 체제를 돌연 "불가능한 대안"으로 규정하고 전면전을 선포하는 지금의 현실은 또 무엇인지, 도무지 설명할 길이 없다(Bryson 1992, 25).

복지국가가 자본주의에 대한 일정한 저항의 산물이라면, 그것에 대한 시장주의자들의 공세란 언제라도 가시화될 수 있었다. 사실 19세기 말부터 자본주의가 축적의 위기에 부딪칠 때마다 국가의 경제 개입에 대한 지적·이데올로기적·정치적 공세는 부단히 존재했다. 단지 이번에는 그런 공세가 위에서 지적했던 몇 가지 구조적 요인들과 더불어 사회주의권의 붕괴와 냉전의 종식이라는 돌연한 환경적 변화에 편승하여 더욱 전투적으로 제기되고 있는 것이다.

이제 우리는 세계화를 빗댄 복지국가 위기론이 자본의 협소한 자기 이해에 기반을 두고 있다는 인식을 적극적으로 설명할 필요가 있다.• 우리가 이런 책무를 방치하는 동안, 신자유주의적 담론들은 실천되기도 전에, 혹은 실천과 무관하게, 벌써 이념과 정치적 공세에서 승리하고 있는 것이다(Burbach et al. 1997, 35-6).

• 복지국가 위기론의 역사적·이론적 논의, 특히 복지국가의 장래에 관한 거대 이론의 비관론에 대한 경고는 Alber(1988) 참조.

- 신자유주의 옹호자들은 복지국가는 세계화의 대세를 거스르는 것이며 축소 재편되어야 한다고 주장한다.

- 복지국가 위기론은 현실에 대한 객관적 평가라기보다는 정치적 담론 혹은 이데올로기적 공세다.

- 복지국가는 때로 자본주의와 대립하며, 때로 자본주의를 보완하면서 자본주의 발전 과정에 내재적인 변수로 자리 잡아 왔다. 이런 점에서 복지국가는 시장 체제와 함께 또 하나의 강력한 헤게모니, 혹은 많은 사람들이 지적하듯 서유럽 국가 시민들의 의식과 문화 속에 깊이 내면화된 헤게모니 체제라 할 수 있다.

- 정부 예산이 국민 총소득의 절반을 넘고, 복지 지출이 정부 예산의 2/3에 근접하는 서유럽 국가들의 현실을 두고 복지국가가 위기에 빠졌다거나 '죽었다'고 말할 수는 없다.

Welfare

8장 | 정치의 복원 혹은 민주주의의 재창출

세계화에 대한 국가의 역할

원래부터 복지국가는 시장 실패에 대한 정치적 수습과 견제 혹은 시장 논리의 과잉에 대한 민주적 투쟁, 타협, 선택의 산물이었다. 그것은 의회 민주주의를 부르주아 민주주의라 폄하하지 않으며, 의회 민주주의가 갖는 여러 정치적 장치를 통해서 노동계급의 힘이 사회경제적으로 증시될 수 있다는 믿음에 입각한 것이었다. 근대 민주주의는 국민국가의 단위에서 실현되었기 때문에 복지국가 역시 국민경제의 범위와 기초 위에서 구현되었다.

이처럼 일국 수준에서 시장 실패 혹은 자본주의의 폐해를 교정하기 위해 복지국가라는 정치적 대응이 있었다면, 이제 시장 논리가 국경을 넘어 전 지구적으로 관철되는 세계화 시대 복지국가의 운명은 어찌될 것인가? 점차 세계화되는 시장이 야기하는 문제들을 교정하기 위해 누가 나설 것인가?

가장 큰 문제는 자본주의가 국경을 넘어 확대와 통합의 기세를 확대할수록 그 폐해의 심각성은 가중되는 데 반해, 세계경제는 그것을 예방하고 치유할 정치적 기반을 갖추지 못하고 있을 뿐 아니라 그럴 전망 또한 희박하다는 점이다. 미국의 이라크 침공 강행이 보여 주듯이 유엔의 결의는 강대국의 이해관계 앞에 무력하며, IMF나 세계은행 같은 기관들은 분담금 규모에 따른 선진국 중심의 의사 결정 구조를 가지고 있고, 1국가 1표의 민주적 원리가 관철되는 듯한 '외양'을 지닌 세계무역기구WTO의 정책 아젠다조차 여전히 강대국 주도의 신자유주의적 내용을 벗어나지 못하고 있다(Jacobs et al. 2003, Ch. 5).

유럽중앙은행 ECB; European Central Bank

마스트리히트 조약(1992)으로 탄생한 ECB는 독립된 집행부 여섯 명과 회원국의 중앙은행 총재로 구성된 이사회에 권한을 집중시킨다. ECB의 규정은 그것이 여론의 압력이나 유럽연합의 정치기구로부터 독립된 것처럼, 각 중앙은행의 법적 지위 또한 자국 정부로부터 독립할 것을 요구하고 있다. 이는 회원국의 중앙은행들은 ECB에 종속될 수밖에 없으며, 소위 이사회의 투표 방식이 단순다수제인 점을 감안하면, 회원국 정부가 자국이 원치 않는 ECB 정책에 저항한다는 것은 사실상 불가능에 가깝다는 것을 의미한다. ECB의 핵심적 단일 의무는 가격 안정의 유지로 미국의 연방준비이사회(FRB)보다 훨씬 긴축적인 규정을 가지고 있다.

종종 세계화의 농축으로 간주되고 비교적 동질적인 국가들 간의 통합 시도인 유럽연합의 경우에도, 연방주의 논란에서 볼 수 있듯 경제 통합을 넘어선 정치적 통합이라는 문제에 이르면 회의론이 압도적이다. 말하자면 유럽연합은 이미 민주적 결손의 문제로 충분히 몸살을 앓고 있으며, "중세 교황권 이래 가장 막강한 권력"이 될 것이라는 유럽중앙은행은 이런 점을 더욱 부정적으로 부각시킬 뿐이다.

중앙은행주의Central Bankism란 원래부터도 "화폐의 신성성", 즉 "인플레라는 악마와의 성전聖戰" 개념에 입각해 있는 것이지만, 일급의 보수적 통화주의자들에 의해 주도되며 두 차원, 즉 회원국들의 정부와 유럽연합의 집행부 모두로부터 정치적으로 독립되어 있는 유럽중앙은행의 경우는 두말할 필요가 없다(Luttwak 1997, 221-22). 오늘날 유럽연합 수준의 통합적 복지 정책이 초보 단계에 머물러 있고 그 전망 또한 지극히 어두운 것으로 예측되는 것도 결코 무리가 아니다(고세훈 2000, 12장).

과거의 제국주의 국가들은 확연하게 위계적인 국제 체제 속에서 전쟁이나 식민 지배와 같은 노골적인 착취 구조에 의존해야 했다. 반면에, 오늘날에는 자본의 지배력 혹은 이해관계가 초국가적 차원에서 일방적으로 관철될 수 있는 조건이나 가능성이 더욱 은밀하고 강고하게 형성되고 있다(Hertz 2002). 무엇보다도 시장 논리에 대한 지구적 수준에서의 정치적·절차적 제어장치가 결여되어 있기 때문이다.

이런 맥락에서 보면 세계화 그리고 세계화와 동전의 또 다른 면으로 거론되는 복지국가의 위기, 국민국가의 소멸 등의 논리는 정치적 규제를 내재적 특징으로 하는 국민경제를 세계경제로부터 강제로 절연시키기 위한 일종의 담론적 시도다. 그것은 사실에 대한 객관적 진술이라기보다는 시장주의자들에 의해 주도되고 있는 주장이며, 정치적 규제를 피하고자 하는 자본의 편에서 보면 말할 수 없이 긍정적 함의를 지닌다.

이런 담론들은 개별 국가와 정치 세력들이 무비판적으로 수용하거나 국제 자본 혹은 IMF 등의 요구에 굴복할 때마다 하나하나 현실로 구체화될 것이다. 요컨대 민주적 결손을 특징으로 하는 세계화 체제가 지금처럼 방치된다면 '권력으로서의 세계화'는 더욱 기승을 부리고, 국민국가의 자율성이나 정책 역량은 시간이 흐를수록 그에 비례하여 위축될 것이 분명하다.

물론 지금대로의 세계화가 불가피한 대세로서 미래를 규정하리라는 전망은 시기상조다. 그리고 희망은 역시 국민국가에 있다. 이미 지적했듯이 오늘날 세계정부는 없고 IMF나 세계은행 등 경제조직 혹은 유럽연합 등 지역 통합체들은 민주적 결손의 문제로 시달리고 있다.

사실상 서유럽과 미국, 캐나다의 인구를 다 합쳐도 중국이라는 한 나라 인구의 절반에도 미치지 못하는 상황에서, 인구 비례 혹은 진정한 의미의 1인 1표 원리가 관철되는—예컨대 세계의회a world parliament 와 같은—민주적 통제장치를 상정하는 것 자체가 순진한 발상이다.

이런 때에 "지구적으로 사고하는 지역공동체들"과 같은 도덕적이고 당위적인 개념에 기대는 것 또한 각자의 이해관계에 따라 다양하게 분화되어 있는 냉엄한 현실 정치의 세계에서는 꿈같은 얘기일 뿐이다(Legrain 2003). 원래부터 세계 체제란 어떤 외양을 갖든, 강대국 중심의 위계 체제에 불과하기 십상이다. 세계 수준의 민주주의가 요원하다면, 혹은 세계정부가 환상이고 '세계 정치'의 민주화가 이론에 불과하다면, 세계화 추세가 지니는 심각성을 인지하고 그 추세를 제어하며 그 폐해를 교정할 수 있는 주체는 국민국가 이외는 없다(Jacobs et al. 2003, 58-9).

왜 국민국가인가

시장이 원래 불균등한 권력관계를 산출하고, 세계화가 손짓하는 시장의 전 지구적 단일화가 권력 자원의 분배에 던지는 부정적 함의가 자명하다면, 정치적 민주주의를 통해 지배와 분배의 윤리적·실천적 정당성을 확보할 수 있는 통치 단위는 아직 국민국가뿐이다. 자본의 과열 경쟁이 시장 판도를 좌우하고 노/자 협상력의 배분이 날로 자본 편향적이 되어 가며 자본주의의 불안정성·불확실성이 커질수록, 너무 늦기 전에 세계화를 통제 가능한 조건 아래 묶어 두어야 한다.

계급 권력의 균형추를 다시 이동시키고 경쟁의 공정성과 공익성을 회복해 나갈 민주적 주체로서 국가의 위상은 오히려 제고될 필요가 있다. 세계화와 복지국가 위기론 담론과 경험적 현실 사이의 괴리, 그리고 전자가 현실 세계에서 산출하는 수많은 부조화와 불안 요인들에 비추어 국민국가의 과제는 어느 때보다도 막중하며 운신할 수 있는 기회 또한 그에 비례하여 열려 있다고 봐야 한다.

세계화 과정 자체도 국민국가에 의해서 추동되고 조율될 수밖에 없다는 인식, 세계화는 국가의 후견을 통해 정치적으로 유발된, 즉 국가 정책의 산물이라는 각성 역시 중요하다(Weiss 1997, 23). 돌아보면 자본주의는 국가의 다양한 정치적 개입을 통해 발전해 왔고 자본시장의 개방, 무역, 투자, 생산 등 기업 활동의 국제화를 앞장서서 촉진한 것도 정치적 선택의 결과였다.

우리는 19세기 후반에서 제1차 세계대전 발발 이전까지의 기간을 자유무역주의가 비교적 온전하게 실천되었던 자본주의의 도약기로 회고한다. 그러나 폴라니Karl Polanyi가 빈 체제의 출범(1815)과 제1차 세계대전 발발(1914) 사이의 1백 년 유럽 문명을 면밀하게 검토한 결과에서 밝혔듯이, 시장의 자기 조정적 능력이란 국가의 보호를 받아 형성되고 발전했으며, 19세기 산업자본주의의 융성 역시 국가의 적극적 노동시장 개입 정책과 사회정책에 결정적으로 힘입은 바 크다(Polanyi 1944).

폴라니의 발견을 다른 측면에서 보면, "자기 조정적 시장 자체에 내재하는 자기 파괴적 경향"이 초래했던 전간 시절의 재앙도 결국 정치적 선택의 결과로 이해할 수 있게 된다(안청시 2003, 140). 마찬가지로 1970년대 이후 자본시장의 개방 또한 기업이나 어떤 집산체 혹은 비인격적인 기술혁신의 결과가 결코 아닌, 닉슨Richard Milhous Nixon, 레이건, 대처와 같은 '선출된 정치인들'에 의한 의지적 결단의 산물이었다.•

지금도 자본주의적 세계화는 기술적·기능적 필요에 의해 자동으로 진행되는 것이 아니며 새로운 국제경제 전략은 다양한 수준의 조정과 협력을 필요로 한다. 실제로 국가는 경쟁 우위를 확보해 가는 과정에서, 혹은 앞서 언급했던 경쟁적 긴축의 해소를 위해, 지역공동체 수준이나 세계 수준에서 국가 간 협력 혹은 국가-국가, 국가-국제기구, 국가-초국적 기업 간의 복합적인 협상과 조정을 추구해 왔다.

세계화의 지역적 사례로서 유럽연합이 유럽통화연합EMU을 출범시키기 위해 (마스트리히트 조약을 통해) 제시했던 수렴 조건도 어떤 '보이지 않는 손'이 아니라 '보이는 국가들'의 부단한 협상과 조정 과정의 산물이었다. IMF나 G7 같은 국제조직 혹은 북미자유무역협정NAFTA나 EU 같은 지역 연합체들이 아무리 막강한 영향력을 행사한다 하더라도 이들은 국민국가를 지배하는 자율적인 권력이 결코 아니며 이들의 정책은 국가라는 대리자를 통하지 않고는 현실화될 수 없다.

마스트리히트 조약 Treaty of Maastricht
유럽의 정치 통합과 경제 및 통화 통합을 위한 유럽 통합 조약. 유럽공동체(EC)가 시장 통합을 넘어 정치·경제적 통합체로 진전하기 위한 기반을 제공했다. 1991년 12월 10일 네덜란드 마스트리히트에서 EC 정상 간에 합의되고 1992년 2월 7일 EC 외무장관회의에서 정식으로 조인되었다. 유럽중앙은행 창설과 단일 통화 사용의 경제통화 동맹, 노동조건 통일의 사회 부문, 공동 방위 정책, 유럽 시민 규정 등을 내용으로 하고 있다.

우리는 지역적이든 지구적이든 초국가적 수준에서 수요 부족을 해결하고 유휴설비를 활용할 수 있는 메커니즘이나 정치적 수단을 아직 가지고 있지 못하다. 아직 국제적 조정과 통합을 위한 장기 전망을 제시하고, 그것을 실천하기 위해 막대한 자원을 동원할 수 있는 주체는 국가뿐인 것이다.

시장과 계약이 확대되고 작업과 기능의 전문화가 심화되며 의사 결정의 구조가 복잡해질수록 자본주의의 원활한 작동을 위한 법과 제도

• 오늘날 중산층 이하의 사람들을 막대한 채무자 혹은 신용불량자로 전락시킨 엄청난 신용 거품이 창출된 것도 정치인들이 국민경제의 보호자 역할을 스스로 포기하고 비가시적이고 무책임한 금융 부문에 권력을 넘겨주면서 금융자본의 무제한한 이동을 허용한 결과였다는 추측이 가능하다(Pettifor 2003).

의 필요성, 따라서 법과 제도의 공급자로서 국가의 역할은 커질 수밖에 없다. 국제 자본이 필요로 하는 안정과 질서, 그리고 투자 인프라의 구축 등도 국민국가에 의해서 제공되며, 초국적 기업이 요구하는 표준화된 규율과 규범을 만드는 것도, 그렇게 만들어진 시장 규준을 국내의 공사 부문에 강제하는 과정도 국가권력이 매개해야 한다(Evans 1997, 74).

탈규제 정책 또한 단순히 기존 규제의 제거가 아니라 많은 경우 경쟁력 증진을 위한 새로운 규제 구조의 창출(지적재산권의 보호를 위한 규제 제정 등)을 의미한다. 예컨대 EU의 통합이 심화될수록 개별 회원국과 유럽연합과의 권위의 상충 내지 관할권jurisdictions의 중복이 빈번해지고 이를 재정비하고 조정하기 위한 국가의 개입주의는 일정하게 늘어날 수밖에 없다.

현실적으로도 시장 통제와 무관하게 국가 활동의 총량은 오히려 증가하고 있다. 이는 국가가 탈상품화의 담지자로서 직접 서비스를 공여하거나 생산하는 역할 이전에 시장화의 주체로서 엄정한 거래와 금융 기준을 제시하고 감독하는 역할을 수행한다는 의미다(Cerny 1997, 265-7). 대부분의 서유럽 국가에서 국가는 아직 GDP의 반 이상을 통제하고 있으며 세계화 전략과 관련된 거의 모든 정책이 정치적으로 결정된다.

최근 세계화 담론이 융성하는 한편에서 경제 거래의 제도적 틀을 강조하는 신제도주의 경제학이 동아시아 국가에서 각광을 받고 있는 것이나, 경제성장에서 국가의 역할을 긍정적으로 용인하는 이른바 신성장론new growth theory이 부각되는 것도 놀랄 일이 아니다. 세계화는 경제적 과정이면서 동시에 복합적인 정치적·역사적 과정이다. 사람이 특정 국가에 물리적으로 예속되어 있는 한, 현존하는 유일한 '정치적' 주권으로서 국민국가의 주권은 세계화의 맥락 속에서도 여전히 유효할 수밖에 없다. 국가야말로 아직 가장 중요한 세계화의 담지자이며, 그에 대한 적응 의지나 능력 또한 국가마다 다른 것이다.

세계화를 주장하는 기존의 논지는 세계화의 양면성을 적절히 고려하지 않는바, 그것은 이동 자산 소유주들의 철수 위협 증대라는 측면에만 전적으로 주목하고 세계화의 또 다른 측면, 즉 시장 통합으로 인한 불안, 불평등, 불안정 증대와 관련하여 정부 개입에 대한 요구를 격발시키리라는 측면을 무시하는 경향이 있다. 그러나 자본주의의 불안정성과 불확실성이 커질수록 사회적 통합과 결속의 필요성은 그만큼 절실해진다. 따라서 세계화 자체가 아닌, 그것이 야기한 부정적 결과들을 해소하기 위한 새로운 규율과 관행의 집행자 혹은 균형자로서의 국가 개념 또한 부각될 것이 자명하다.

이런 점에서 1980~90년대 서유럽 국가에서 대거 실험된 신자유주의적 정책을 주도했던 우익 계열의 집권당들이 1990년대 말 일제히 야당으로 물러난 것은, 역설적으로 전통적 개입 국가의 이점들에 대한 향수를 새삼 확인시켜 준 측면이 있다. 세계화가 야기한 문제를 조사하기 위한 독립적 국제기구와 세계화 기구들에 대항할 수 있는 — 예컨대 세계경제포럼World Economic Forum에 대한 세계사회포럼World Social Forum 같은 — 대항 조직의 건설, 그리고 UN과 연계된 범세계적 조세 체제 — 예컨대 환경오염, 에너지 소비에 대한 간접세 부과와 다국적 기업 등에 대한 직접세 부과 등 — 의 건설 등이 다방면으로 구상되는 것도 이런 맥락이다(Hertz 2002, 16-19). 통상적인 가정과는 달리 세계화는 사민 정치를 위한 기름진 토양, 즉 새로운 유권자 군을 창출하기도 하는 것이다.

국가의 재창출을 통한 정치의 복원

이미 우리는 공공 부문의 역사적 팽창, 복지국가에 대한 광범위한 지지의 존재, 복지국가의 정치적 불가역성 등을 이유로 의회주의라는 현실 정치의 논리상 복지국가의 생명력은 쉽사리 포기될 수 없다는 점을 지적한 바 있다. 케인스주의와 더불어 사민적 복지 체제를 떠받쳤던 두 기둥 가운데 하나인 코포라티즘 역시, 노동운동은 시장에서의 투쟁을 통한 경제 임금의 상승보다는 정치적으로 결정된 사회 임금의 추가분을 선호하며, 따라서 복지 정책은 포괄적comprehensive 노동운동의 지도부들에 의한 노동시장의 규제와 선순환적으로 맞물려 있다는 가정에 입각해 있다.

이때 선순환의 효과는 작업장에서 노동과 기업의 협조 체제, 저수준의 사회적 갈등, 고숙련의 생산성 있는 노동자, 실질임금을 생산성과 경쟁성에 상응하도록 제한하는 임금 결정의 예측 가능성 등으로 이루어진다. 이런 효과는 거대 정부와 높은 노동비용으로 인한 자본의 탈투capital flight 유인을 상쇄해 왔다. 세계화된 경제에서도 노조 운동의 통제 범위가 광범위하고 노동계급의 분파적 행동에 대한 내부 규제가 노조 지도부들에 의해 성공적으로 수행된다면, 자본의 소유주들이 사민적 재분배 정책에 대해 조건반사적으로 자본 탈주를 선택하기 어렵다. 강력한 좌파 정당과 포괄적이고 중앙집중화된 노조 운동이 잘 결합된 나라들에서 거시경제정책의 성과가 성공적으로 나타난다는 연구 결과는 이 점을 확인시켜 준다(Garrett 1998).

예나 지금이나 좌우의 거대 경제 담론들이 제시하는 일련의 틀에 박힌 논거는 정치의 역할과 역량을 고려하지 않은 경우가 대부분이다. 이런 맥락에서 세계화의 경제 논리가 복지국가의 운명에 전권을 행사하는 듯한 오늘의 상황은 우리를 지적 혼돈 속으로 몰아넣는다. 예컨대 1960년대 말에서 1970년대 초에 이르는 기간에 활발하게 전개되었던 국가 성격에 관한 좌파 이론가들의 논쟁은 도구주의적 그리고 구조주의적 국가관 혹은 보다 유연한 국가의 상대적 자율성 개념을 둘러싸고 전개되었다.

그러나 좌파의 논지가 국가를 자본주의적 경제 관계의 산물로서 이미 자본에 의해 정치적으로 침투되고 지배되는 영역으로 간주하는 한, 경제 우월주의를 주장하는 신자유주의와 기본적으로 다를 바 없다. 좌파의 이론 체계에 있어서 국가는 무능하며, 신자유주의에 있어서 국가는 무익하거나 무용할 뿐이다. 이들 모두에게 본래적으로 자본주의적 과정인 세계화는 곧 생산, 시장, 금융의 전 지구적 통합을 통한 자본주의의 확대요 심화이며, 당연히 자본계급의 권력이 극대화되는 세계화 맥락에서 국가의 자율성 운운은 더더욱 부질없는 논설일 뿐이다. 오히려 여기에서 국가의 상대적 자율성이란 국가가 자본주의적 계급 관계의 재생산과 정치적 결속을 보장해 준다는 본질적 기능을 과거보다 더욱 심화된 형식으로 수행하는 것과 관계되는 개념이다(Tsoukalas 1999, 56-8).

이런 관점에서는 한 국가가 독자적으로 어떤 정책 목표를 제시하는 것은 사실상 불가능한 일이 되며 과거 일국 단위의 국민경제 개념을 전제로 했던 케인스주의적 관리 체계와 복지국가의 목표들은 포기될 수밖에 없다. 세계화가 규제, 코포라티즘, 완전고용과 복지의 부담 등으로부터 국가를 해방시킴으로써 새로운 번영의 시대를 약속해 준다는 시장주의자들의 선전은 대표적인 예다.

물론 현실이 우리에게 보인 모습은 그런 선전을 무색하게 만든다. 신자유주의 담론이 극성을 부렸던 1980년대 이후 구미 국가들에서 성장률은 줄어들었고 환율의 불안정성은 증폭되었으며 인플레가 억제되긴 했지만 실업률이 폭등하는 가운데 임시직, 비정규직의 비율이 급등했다. 저인플레에 대한 과도한 집착은 저투자를 유발했으며 긴축과 합쳐진 저투자는 다시 고실업과 저성장을 낳았고 이것이 다시 적자재정 폭의 확대를 결과했다. 신자유주의적 담론이 가장 위세를 떨친 미국과 영국의 경우 투자율과 저축률 모두에서 OECD 국가들 가운데 가장 낮은 위치를 점하고 있는 것은 결코 우연이 아니다.

현재의 고용 위기와 금융 혼란, 불평등의 확대, 복지국가의 위기 담론 등은 시장 논리가 무제한적으로 관철되는 세계화의 불가피한 산물이라 할 수 있다(Radice 1999, 12-3). 세계화는 갈수록 집단적 고통을 낳고 있는데, 그 과정에서 계급이 원자화되고 각자의 처소로 도피한 개인들은 저마다 성공 신화에 도취해 간다. 문화적 비관론자인 코넬리우스Cornelius Van Til는 "인간의 문화는 붕괴될 것이다. 붕괴될 가치가 있기 때문이다"라고 토로했지만, 후기자본주의의 불안정성과 혼돈은 속수무책으로 그 정도가 심해지고 있다.

원초적 불평등이 확대되고 정치적 교정의 가능성마저 차단된 채 소수를 위한 광포한 경쟁이 일상화되고 있는 오늘의 세계는 이미 돌이킬 수 없는 지점에 와 있을지 모른다. 만일 '지금대로의' 세계화가 저항 없이 지속된다면 "대안은 없다"라는 언명은 옳은 것이 될 것이고(Bienefeld, 1994, 95), 그때 선택이든 양보든 복지국가의 위기는 불가피할 것이다.

우리는 좌우의 모든 극단주의가 전체주의를 인도했다는 20세기의 교훈을 기억할 필요가 있다. 복지국가의 위기는 다름 아닌 정치가 우파의 패러다임에 압도되도록 방치한 데 있다. 만일 우리가 국가를 "납세자의 세금만 축내는 거대한 관료 조직" 정도로 파악한다면, 신자유주의자들의 외침처럼 시장 이외에는 진정 대안 없는 세상을 맞게 될지도 모른다. 따라서 문제는 국가 기능의 쇠락이 아니라 국가의 재창출 혹은 적응력의 정도다.

종전 이후 사반세기 넘게 자본주의의 황금기를 뒷받침했던 사민 정치는 정치적 민주주의에 근거하며 복지국가를 후원했다. 사민 정치를 후원했던 케인스주의가 자본의 일방적 판단에 따라 일거에 퇴조할 수 있는 상황이라면 과거의 사민 정치를 그대로 재현하는 것은 별 실효성이 없을지도 모른다. 그러면 정말 무엇을 할 것인가.

20세기 서유럽 사민주의의 역사를, 그람시Antonio Gramsci의 틀 속에서, "사회주의로의 일상적 투쟁을 유도할 이론과 실천의 연계 구축에 대한 지속적이고 참담한 실패"로 결론지은 도널드 서순Donald Sassoon 은 사민주의가 무엇을 해야 했고 왜 하지 않았는가라는 당연한 질문에 대해서는 침묵하고 있다(Sassoon 1996). 이것은 우리가 사민 정치의 본래적 한계에 대한 새삼스러운 각성과 더불어 사민 정치의 미래혹은 가능성을 점치는 일이 그만큼 어려운 시대를 지나고 있음을 의미한다. 이 책의 4부에서 집중적으로 논의하겠지만, 오늘의 조건에서 사민 정치의 재창출은 국가의 민주화를 넘어 시장의 민주화를 동반하는 것, 즉 국가와 시장의 양 영역에서 계급 간 권력 배분의 균형을 담보하는 제도를 통해 실현될 것이다.

물론 세계화 내지 국제 경쟁의 논리가 해당 국가들에 가하는 압박은 복합적이고 다양하다. 따라서 나라마다 세계화에 대응하는 정치의 현실적 역량의 문제는 세계 체제 내부에서 특정 국가가 핵심 국가군에 속하는가 혹은 주변적 위치를 점하는가에 따라 많은 차이를 보일 것이다. 중요한 점은 어떤 경우이든 국가란 단순한 (재)상품화의 도구가 아니며 오히려 제도적 유산에 따라 시장화의 적극적 담지자, 관리자로서 기능할 수 있다는 점을 상기하는 일이다.

경제 거래에서 제도적 틀이 지니는 중요성에 관해서는 폴라니의 1944년 저술인 『거대한 전환』*The Great Transformation*으로부터 최근의 신제도주의 경제학에 이르기까지 방대한 논거가 존재한다. "효율적 시장이란 효과적이고 강고한 비시장적 제도의 맥락에서만 존재할 수 있다"는 것은 이들의 대표적 논지다(Evans 1997, 78).

적응이란 동적 정치경제 체제로서 근대 국가의 본질 자체였으며 여전히 축적 과정의 핵심에 국민국가가 위치하고 있다는 사실에는 변함이 없다(Wade 1996). 무엇보다 우리는 전간기 동안 막대한 신용버블이 대공황을 이끌었던 점을 상기하면서, 1944년 브레튼우즈 체제가 출범할 때 그랬던 것처럼 자본 이동에 대한 통제 책임을 국민국가가 다시 떠맡아야 하는 시점에 와 있다. 자본계급이 적극적으로 활용하는 국가를 사민 정치 또한 활용하지 못할 이유는 없기 때문이다(Zuege 1999).

인류가 세계화의 후광을 업은 경제 논리에 대해 진정으로 대안을 필요로 한다면, '정치에 대한 일상적 경멸과 폄하'야말로 오늘날 인류가 가장 경계해야 할 태도일 것이다.

- 세계 수준의 민주주의가 요원하다면, 혹은 세계정부가 환상이고 '세계 정치'의 민주화가 이론에 불과하다면, 세계화 추세가 지니는 심각성을 인지하고 그 추세를 제어하며 그 폐해를 교정할 수 있는 주체는 국민국가 이외는 없다.

- 복지국가의 위기는 다름 아닌 정치가 우파의 패러다임에 의해 압도되도록 방치한 데 있다.

- 인류가 세계화의 후광을 업은 경제 논리에 대해 진정으로 대안을 필요로 한다면, '정치에 대한 일상적 경멸과 폄하'야말로 오늘날 인류가 가장 경계해야 할 태도일 것이다.

Welfare

4부

복지 한국 : 이해관계자 복지의 모색

9장 | 이해관계자 복지 : 배경, 개념, 의의

'이해관계자' 개념의 배경

지난 세기 서방국가들은 자본주의와 민주주의의 긴장, 재산권과 사적 시민권의 팽창과 상충, 혹은 시장의 운행과 사회정의의 원리 간의 갈등을 조율하는 제도적 타협으로서 케인스주의를 실험해 왔다. 그러나 사민주의적 케인스주의를 뒷받침했던 노동운동의 쇠퇴 담론이 부상하고 케인스주의가 후원했던 복지국가가 국가 실패의 전형으로 간주되면서, 사회과학적 실천 체계로서의 케인스주의는 돌연 쇠락의 길로 접어들었다. 자본주의를 사회주의로부터 구했다는 케인스주의가 현실 사회주의가 사라진 마당에 오히려 자본주의의 적으로 몰리고 있는 것이다.

국가나 노동조합 같은 집합체collectivity 개념과 정치와 같은 시장 외부 논리가 퇴조하는 데에는 현존 사회주의의 몰락이라는 세기적 사건이 큰 몫을 차지했을 것이다. 그러나 우리는 자본주의의 유례없는 황금기를 사반세기 넘게 지탱했던 케인스주의가 후퇴하고 세계화를 전면에 내세운 신자유주의 논리의 급격한 부상을 보면서, 시장이야말로 국가가 성취한 권력균형의 외양을 일거에 소멸시킬 수 있는 막강한 권력의 장임을 새삼스럽게 인식하게 된다(Bowles and Gintis 1986). 정치적 민주주의라는 시장 외적 장치는 국가 활동에 윤리적 정당성을 제공하며 시장 내적 민주화를 위한 전제 혹은 필요조건이지만 결코 그 자체로 충분조건이 될 수 없다는 점을 확인한 것이다.

이 책 2부와 3부에서 강조했듯이, 신자유주의의 정치적·담론적 지배가 당연한 것으로 치부될 수는 없다. 국가가 실패했다면 먼저 국가의 실험이 있었고 그 실험은 시장의 실패를 논리적·경험적으로 이미 전제하고 있는 것이다. 전후 좌파(사민주의)의 정책 도구였던 공공 소유와 공공지출이 차례로 뒷전으로 밀리고 세계화 추세와 더불어 통화주의, 공급 측 경제학, 혹은 공공선택이론 등의 이름을 앞세운 시장 논리가 전면적으로 복원되면서, 오히려 시장 실패의 양상은 그 폭과 깊이에서 심각성을 더해 가는 것이 현재의 상황이다.

계급 해체class dealignment 담론이 무성한 한편에선 빈곤과 불평등이 확산·심화된다. 공동체주의communitarianism 언술이 힘을 얻을수록 종래의 계급 개념으로는 분류조차 되지 않는 이른바 저변 계급 담론과 개인에게 책임을 귀착시키는 '비난의 정치'가 기승을 부린다(Levitas 1998; Murray 1990; 1994). 중산층은 저마다 상류층의 일원이 되기 위해 공동체를 버리고, 노동자들은 계급 밖의 새로운 정체성을 찾아 공동체를 이탈하지만, 그들은 모두 새로운 리스크와 불확실성 앞에서 고립무원의 개체로 우왕좌왕한다. 이것은 분명 새로운 아노미 상황이다.

그러나 인류가 화폐와 부에 대한 환상과 함께 인종주의, 지역주의, 종교적 근본주의 등 배제와 증오의 원초적 정서에 기댄 정체성의 정치에 매몰될수록, 정부의 실패는 이미 실패한 시장을 다시 불러들인다고 해서 해결되는 것이 아니라는 점을 확인시켜 줄 뿐이다. 그렇다면 대안은 가능한가? 자구책으로서의 '대안 찾기'는 도덕적 분노와 당위적 언명만으로는 가능하지 않다. 윤리적 지향이 아무리 숭고할지라도 그것이 현실 세계에 안착하는 과정은 무수한 선택을 동반하는 제도화의 과정이며 갖가지 관행과 경로를 역류시켜야 하는 혁명적 개혁의 과정인 것이다.

오늘날 세계화 대세는 정치, 권력, 지배 등의 단어가 국가에 한정된 것이 아님을 말해 주고 있다. 오늘날 자본은 그 자체로 생산, 투자, 국가정책 등에 영향을 미치는 확실하고도 우월한 권력이며 시장 또한 권력이 행사되는 공적 영역임을 부인할 사람은 별로 없을 것이다. 그런데도 자유주의적 사고는 정치/경제, 공/사 부문의 이분법적 논거를 암묵적으로, 그러나 집요하게 가정한다.

자유주의적 정치에서 경제는 부재하며, 자유주의적 경제에서 시장의 권력관계는 은폐된다(Bowles et al. 1999). 거기에서 케인스주의의 실패는 권력의 실패이며, 그 대안으로서 통화주의는 일차적으로 국가권력으로부터의 자유를 지칭한다. 오늘날처럼 자본이 이탈(가능성)을 무기로 국가권력을 일상적으로 위협하는 세계화 시대에는 자유주의의 이런 오만은 보다 확연하게 자신을 드러낸다.*

아마 현재의 세계화 속에서 사민주의의 쇠락과 관련한 논의가 가져

---

* 자본의 거부권, 예컨대 자본 파업(투자 철회나 회피)은 경제 상황, 유권자 심리, 따라서 정치권에 즉각적인 파장과 반응을 불러일으킨다.

다준 가장 중요한 교훈이란 진정한 의미의 계급 타협은 시장 자체의 민주적 제도화를 통해서만 가능하다는 점이다. 과거 사민주의적 타협이 국가의 민주화를 통한 자본주의의 교정이라는 개념에 입각한 것이었다면, 이제 사민주의는 시장 권력의 문제를 그 내부로 포괄해 냄으로써 공세적인 회생의 길을 모색해야 한다. 즉, 문제는 정치적 민주화에 토대를 둔 권력 자원의 당대적 균형과 그를 통한 구매력의 재분배가 아니라, 국가와 시장 모두에서 권력의 행사 자체를 민주적으로 규율하는 제도적 틀의 정립이다.

정치적 민주화가 자본 혹은 시장 권력에 대한 책임성과 민주성을 담보하기 위한 필요조건은 될 수 있지만, 결코 충분조건은 될 수 없다는 점이 명백해졌다. 시장적 민주화가 정치적 민주화와는 별도의 개념과 논리를 필요로 한다는 점이야말로 자본주의의 한 유형으로서 이해관계자 자본주의stakeholder capitalism 개념이 거론될 수 있는 맥락이다.

이해관계자 개념의 확장

이해관계자 자본주의는 현실 사회주의의 몰락 이후 이른바 '자본주의 대 자본주의'Capitalism versus Capitalism 논쟁이 시작되면서 새롭게 조명되기 시작한 개념이다. 그것은 과거 앵글로색슨 국가들이 포드주의 생산 체제하에서 경험했던 경영자 자본주의가 탈포드주의적 생산 체제와 더불어 점차 주주자본주의의 양상을 띠면서, 후자의 이론적·현실적 대립항으로서, 혹은 점차 궁지에 몰리던 사민적 합의 체제의 소멸이 남기게 될 공백을 메울 대안 체제로서 거론되어 왔다.

그러나 아직 이해관계자 자본주의의 정의·성격·범위뿐 아니라, 그것의 공간적·문화적 이월 가능성에 관해서도 왕성한 쟁론들이 끊이지 않고 있다(Dore 2000; Hutton 1995, 1999; Albert 1992). 이는 새로운 정치경제체제 — 즉, 자본주의적 '생산' 체제의 골격을 유지하면서도 전후 사민주의의 코포라티즘적 기제와도 일정하게 차별되는 대안 체제 — 를 강구하는 일과 관련하여, (이론과 실제 모두에서) 최소한의 합의라도 도출한다는 것이 얼마나 어려운지를 말해 준다.

만일 그간의 논의가 어렴풋이나마 확인해 준 바가 있다면, 그것은 이해관계자 자본주의가 경제, 사회, 정치 기업, 경영 등 모든 영역에 이론적·실천적 함의를 던지고 있을 뿐 아니라, 금융—기업 관계, 시장—정부 간의 관할과 경계, 복지국가의 위기와 재편 등 다양한 정책적·이데올로기적 쟁점들에 직접적으로 닿아 있다는 것 정도일 것이다(Kelly et al. eds. 1997).

오늘날 이해관계자 개념은 이론적으로 구축된 연역적 개념으로서보다는 귀납적으로 '정리'되고 경험적으로 이해되고 있다. 일반적으로 이 개념은 독일 등 유럽 대륙의 자본주의 체제 유형과 명시적·묵시적으로 등치되며, 라인형 자본주의, 사회적 시장경제 모형, 조정된 시장경제, 합의적 자본주의 등과 혼용된다(Hall and Soskice 2001; Coates 2000; Kelly et al. eds 1997; Albert 1992).

그러나 이해관계자 자본주의를 특정 국가의 경험과 동일시하거나 대립시키는 관점은 하나의 이념형으로서 혹은 분석을 위한 객관적 준거로서의 개념적 정립을 방해한다. 그것은 개념이 가져야 할 윤리적·현실적 당위성을 담보해 주지 못하기 때문이다. 한편 한국의 학계 전반에서 아직 이해관계자 개념에 대한 본격적인 논의와 성과는 산출되지 않고 있다. 기껏해야 세계화 담론의 와중에서, 주로 독일 등 외국의 사례와 동일시되어 취급되던가, 기업지배구조에 주로 국한하여 미

시적·제한적으로만 다루던가, 아니면 이론적 개념이 아닌 사전적^{辭典的}
의미 수준에서 취급되어 온 것이 대부분이다(전창환 외 2001; 임혁백 2000;
좌승희 1999; 김대환, 김균 1999; 공병호 1998). 이는 대안 체제 모색의 전환
기에 있는 한국적 상황을 고려할 때 다소 기이한 현상이라 할 수 있다.

다음에서는 이해관계자 자본주의에 대한 기존의 논의를 평면적으
로 소개하거나 어떤 표준적 정의를 제시하기보다는, 이 개념과 관련
하여 그간 서구학계에서 진행된 논의들을 최대공약적으로 수렴하되
이론적·현실적으로 유의미하다고 간주되는 핵심 내용을 중심으로 복
지 한국의 모색을 위한 논의의 준거를 삼고자 했다.

특히 이해관계자를 민주적 공동체를 조직하는 한 방식으로서 개념
화하는 과정에서, 경제·경영 분야의 집중적 관심 대상인 기업지배구
조 문제를 '내적 민주화'로, 기존의 복지국가론에서 다루는 탈상품화
조건을 '외적 민주화'로 각각 범주화하고, 이 둘을 접목시킴으로써 전
자에 치우쳐 온 종래의 이해관계자 개념을 확장하고자 했다.

이런 시도는 한 사회의 진정한 복지는 모든 이해관계자들의 복지이
며, 당연히 그것은 시장의 내부자, 곧 종업원, 주주, 하청 업체 직원,
지역 주민, 소비자 등 이해관계자들뿐 아니라 시장의 외부자, 곧 실업
자, 장애인, 노약자 등과 같은 시장으로부터 탈락한 이해관계자들의
복지도 포괄해야 한다는 인식에 기초한 것이다. 외적 민주화를 통해
실업자, 노약자, 장애인 등 시장의 외부자들 혹은 시장에서 밀려난 이
해관계자들의 탈상품화를 촉진하고, 내적 민주화를 통해 종업원, 소
비자, 공급자, 지역 주민 등 기업과 관련된 이해관계자들의 정당한 권
익이 침해될 수 있는 소지를 줄임으로써, 결국 시장 안팎의 모든 이해
관계자들을 체제의 당당한 구성원으로 편입시킨다는 취지다.

즉, 새로운 복지국가 개념을 정립하기 위해, 기업 내부 중심의 종래의

이해관계자 개념은 이제 기업 외부의 시장 탈락자들로 확장되어야 하고, 시장 외부자들의 탈상품화에 초점을 맞춰 온 종래의 복지국가는 이제 기업 내부 이해관계자들의 복지, 특히 노동현장에서의 노동자 권리까지 적극적으로 고려해야 한다는 것이다(Kaufmann 2001, 301-2).

중요한 점은 민주화의 이 두 범주가 서로 긴밀하게 연계되어 있다는 것이다. 예컨대 외적 민주화 수준이 취약하면 탈상품화의 정도가 낮아 시장으로의 강제적 (재)편입이 발생하는데, 이때 내적 민주화를 통해 이 문제가 적절히 제어되지 않는다면 저임금이나 불안정 고용 등과 같은 '어두운 고용'이 증가하고, 결국 시장 안팎에서 총 복지 수준은 저하된다.

또한 기업지배구조가 주주의 이해를 일방적으로 보호할 때 저임금 노동이나 해고 등으로 인한 종업원이나 하청 업체 직원과 같은 여타 이해관계자들의 권익은 침범당하고, 그럴수록 국가 복지, 즉 외적 민주화의 필요성은 증가하게 마련이다.

오늘날 저임금과 불안정 고용 등 '어두운 고용'의 가능성이 늘어나고, 실업 급여의 수준은 낮고 급여 조건은 까다로운, 즉 시장으로의 재편입을 재촉하는 '어두운 실업'이 증가하면서 전반적인 빈곤과 불평등 수준은 높아 가고 있다. 그럼에도 오히려 주주 중심의 자본주의 영향력은 더욱 커지고 국민국가에 의한 전통적 탈상품화 체제는 항시적으로 위협받고 있다. 외적 민주화와 내적 민주화가 끊임없이 위협받는 상황에서, 어두운 실업과 어두운 고용이 서로 맞물리며 상승작용을 일으키는 상황에 직면해 있는 것이다.

이런 상황은 우리에게 복지국가에 대한 발상의 대전환을 절실히 요구한다. 이제 복지국가는 종래의 소비적 복지의 축소를 독려하는 수세적 재편이 아니라, 오히려 세계화가 가져다준 새로운 복지 요구를 충족시키기 위해 국가의 탈상품화 체계를 강화하고 복지 개념을 기업 내부 영역으로 확장하는 공세적 재편을 모색해야 하는 것이다.

다음에서 자세히 논의하겠지만, 현재 한국 복지 개혁의 중심적 개념으로 간주되는 '생산적 복지'는 고용 중심의 복지를 구상하는 것으로서, 소비적 복지를 통한 탈상품화 효과의 고양, 즉 외적 민주화와 기업지배구조의 개선, 즉 내적 민주화의 문제를 소홀히 다루거나 사실상 방치하고 있다. '생산적 복지' 개념이 지니는 치명적인 한계가 여기에 있다.

'생산적 복지'의 우산 아래 복지 개혁이 시작된 지 10년 가까운 세월이 흐르는 동안 한국 사회의 빈곤율과 불평등의 정도는 오히려 심화되었고 기업지배구조는 소수의 소유 경영자 중심의 구태에서 여전히 벗어나지 못하고 있는 실정이다. '생산적 복지' 개념이 외적·내적 민주화에 대한 좀 더 명료한 지향을 담보하지 않는 한, 진정한 의미의 '생산적인' 복지 구상은 요원할 수밖에 없다.

이해관계자 개념의 정책적 함의

이제 신자유주의 경제 논리가 산출한 윤리적·현실적 문제들에 대한 반성적 성찰을 전제로 여기에서 사용된 이해관계자 개념이 담지하는 네 가지 기본 원칙과 그 각각에 내재된 정책적 함의를 살펴보고자 한다. 이런 개념적 '확인 과정'을 통해서 복지 한국의 모색을 위한 문제의식이 더욱 또렷해질 것으로 기대한다. 특히 '생산적 복지'의 위험과 한계 그리고 발전 방향에 관한 의미 있는 시사점이 던져질 수 있기를 기대한다.

첫째, 이해관계자 자본주의는 소유권ownership에 대한 전통적 관념으로부터 일정한 이탈을 요구한다. 원래부터 시장 근본주의, 케인스주의적 사민주의, 사회주의는 모두 소유권을 단일의 통합체unity로 파악한다는 공통점을 지닌다. 이들은 각각 소유의 사적 주체를 신성시하거나(시장 근본주의), 사적 주체를 용인하되 단지 그 행사를 정치적으로 제약하거나(사민주의), 혹은 사적 주체를 공적으로 전환하여 문제를 근본적으로 해결한다는(사회주의) 사상에 입각해 있다.

그러나 선진 국가들이 시장 실패와 정부 실패를 번갈아 겪고 현실 사회주의가 몰락하면서 이런 소유권 개념의 유효성도 점차 소실되고 있다. 만일 새로운 정치경제의 질서가 모색되어야 한다면, 그것은 소유권의 '이전'이나 그 주체에 대한 '외적' 통제를 통해서가 아닌, 소유권 개념 자체의 변화에서 찾아져야 한다. 즉, 소유권이란 하나의 다발bundle로서 이해되어야 하고, 이전되거나 통제되기보다는 다양한 이해관계자들의 참여에 의해 내부로부터 공유되고 견제될 수 있다는 사상에 기초해야 한다는 것이다.

이해관계자 자본주의에서 이해관계는 무엇보다 소유에 대한 이해관계를 의미하며, 그 핵심 개념으로서의 편입inclusion도 일차적으로 소유에 대한 '권리'quasi-ownership rights 혹은 소유권 자체의 민주화와 직접적으로 관련된 개념이다.•

둘째, 시장은 권리와 도덕적 의무로 얽혀 있는 사회적 제도다. 시장과 기업이 경제 효율의 이름으로 사회적 맥락에서 탈각될disembedded 때, 그것은 견제되지 않는 위계적 권력 현장으로 전락하기 쉽다. 시장

• '소유하다'라는 의미의 영어 단어인 own은 '의무나 부채를 진다'라는 뜻의 owe와 같은 어원을 지닌다. 소유자편에서의 의무와 부채는 곧 비소유자에겐 권리와 채권을 의미하는 것이다.

의 사회적 책임성은 신뢰·협력·헌신을 배양하는, 즉 상호성과 민주주의의 원리를 구현하는 강력한 제도를 통해 실현된다.

이때 시장의 민주화란 주 행위자인 기업의 내부자들(종업원, 공급자, 소비자, 주주 등)에 대한 책임을 확보하는 '내적 민주화'를 일차로 지칭한다. 이를 위해 기업의 자본 조달 체계도 관계 중심의 금융 체제, 즉 은행-기업 간의 장기적 금융 헌신을 근간으로 재편될 필요가 있다.

금융자본은 산업적 토대를 가져야 한다. 주식시장이 기관투자가들의 단기적 포트폴리오 투자의 장으로 변모해 갈수록 은행 중심의 자본 조달 방식이 지닌 의의는 부각될 수밖에 없다. 또한 기업의 투자, 고용, 경영진 구성 등 핵심 사항에서 주요 이해관계자들의 참여가 제도화되고 발언voice의 기회가 공유될수록, 주주의 이탈exit이나 적대적 인수 합병의 가능성은 줄어들고, 소유-경영의 대리인 문제나 내부자 담합은 불가능하거나 (사실상 모두가 내부자이기 때문에) 오히려 긍정적일 수 있다.

예컨대 소유 집중의 문제로 인해 소액주주의 대표권이 제한되는 경우를 막기 위해 지배적 주주의 주식 소유 상한선을 제한하거나 소액주주의 주식을 통합하여 대표권을 행사하도록 제도화함으로써 소유 집중으로 인해 공동 결정권이 제약당하는 일이 방지될 수 있다(조영철 2001, 209-10). 또한 종업원 대표는 노동조합과는 별개로 구성되어야 할 것인데, 노조는 주로 산별 혹은 전국적 수준에서 보편적으로 적용될 최저 수준의 단체교섭에 치중하든가 정당을 통한 정치적 동원의 주요 통로로서 기능해야 한다.

셋째, 이해관계자 개념은 시장으로부터 탈락한 외부자들에 대한 책임을 동반하는 '외적 민주화'를 동시에 함의해야 한다. 복지의 책무를 국가가 우선적으로 떠안는다는 보편적 국가 복지 체제는 여전히 외적 민주화를 위한 가장 중요한 장치다.

　물론 일반회계를 통한 국가 복지, 특히 고율의 누진세가 기업가 정신이나 투자 활동을 위축시킬 수 있다. 그러나 기업의 성공은 은행의 금융 헌신, 숙련노동의 공급, 경영자의 전문성, 안정적 수요 여건 등 호의적 투자 환경의 조성 여부에 더욱 좌우된다. 재산권의 행사도 사회적 안정을 전제로 하는 것이며, 고소득층이 부담하는 높은 세율은 재산권 행사를 위한 보증금down payment과 같다고 볼 수 있다. 고용이 최상의 복지To work is to be라는 말은 여전히 유효하며 국가와 기업은 인적 자원의 개발과 훈련을 위해 공동으로 노력해야 한다. 특히 국가는 총수요관리 등을 통해 투자와 고용 창출을 위한 여건을 적극적으로 창출해야 한다. 그러나 최저임금이나 고용 안정과 같은 최소한의 근로조건이 무시된 고용은 재차 시장에의 강제적 재편입을 낳고, 이는 오히려 국가 복지의 탈상품화 효과를 무색하게 만들기 쉽다.

　실제로 최저임금이나 고용 안정화 전략이 도입되면 직장에 대한 종업원의 헌신과 충성이 담보됨으로써 오히려 기술 발전과 생산성 향상에 기여할 수 있다는 사실을 많은 연구는 보여 주고 있다. 이런 맥락에서 가사노동unpaid labour도 아동 급여 등을 통해 그 자체가 지닌 '보이지 않는' 가치를 인정함으로써 노동시장에 대한 압박을 줄여야 하며, 탁아 시설을 포함한 적정 수준의 근로조건을 고려하지 않은 채 편모의 시장 재편입을 무리하게 도모하는 것 또한 복지의 관점에서는 부정적일 수밖에 없다.

　넷째, 이 책의 2부에서 반복적으로 강조했듯이, 대안을 위한 일체의 모색과 실천의 이니셔티브는 여전히 국가의 몫이다. 예컨대 우리는 그 자체가 권력적 공간인 기업과 시장의 제도적 교정, 즉 내적 민주화를 위한 개혁을 기업이나 시장의 자발성에 맡길 수 없다.

그간 국가가 자유주의의 이름으로 제정·활용해 온 무수한 반노동 입법들을 생각해 보면 내적·외적 민주주의, 다시 말해 '이해관계자' 원리를 실천하기 위한 시장 안팎의 입법들 — 예컨대 연금 개혁, 공공 부조, 인수 합병, 이사회 구성, 파산, 은행법, 회계 관행 등과 관련된 입법들 — 이 불가능할 논리적 이유는 없다.● 물론 이때 국가는 시장 안팎의 이해관계자들의 권익을 구체적으로 명시하기보다는 그들의 참여를 제도적으로 보장할 수 있는 민주적 틀을 마련하는 일에 초점을 두어야 한다.

시장의 민주화가 정치에 의한 입법public initiative을 통해 발의되어야 한다는 점에서 국가 영역의 민주화는 여전히 중요하다. 정치의 민주화는 입법의 주체로서 국가가 스스로 도덕적 권위를 확보하는 선결 조건이 되기 때문에 국가는 정당 체제, 선거법 개정, 과감한 분권화 등 정치적 대표 체계를 혁신해야 한다.

'이해관계자 복지'의 의미

다시 정리해 보자. 이해관계자 개념은 경제적·사회적·정치적 편입 개념에 의거하여 공사 부문 모두에서, 즉 기업 중심의 사영역과 국가 복지 중심의 공영역 모두에서 참여, 권리, 의무의 상호성mutuality 원리를 제도화함으로써 시장 자유주의의 확산이 가져올 배제와 분극화polarity 의 경향을 제어해야 한다.

● 원래부터 자유주의는 자유뿐 아니라 특정 유형의 질서에 관한 이론이었다. 예컨대 벤 담주의는 판옵티콘(Panopticon) 구상 등에서 보듯, 자유주의적 질서를 통제와 교정 체제로 연결시킨 대표적 이론이었다(고세훈 2001).

사적 영역과 관련하여, 오늘날 기업은 시장경제의 중심 행위자로서 투자, 생산, 고용 등과 관련하여 편입/배제 구조를 재생산하며, 세계화와 더불어 그 중요성이 점증하고 있다(Hall and Soskice 2001). 공적 영역과 관련하여, 국가로부터의 복지 공여를 통한 탈상품화는 시장에서 탈락한 인생들의 사회적 편입을 위한 핵심 전략이며, 비록 시장 권력의 근본적 교정에는 이르지 못할지라도 그것이 투자와 생산에 미치는 함의는 막대하다.

그런데 진정한 복지가 성립하려면 혹은 복지의 총량이 제고되려면 공적 영역, 즉 시장 외부자(실업자, 노약자, 장애인 등) 뿐 아니라 사적 영역, 즉 시장 내부자(저임금노동자와 불안정 고용자 등)의 이해관계가 당연한 것으로 고려되어야 한다. 따라서 전자를 위한 국가 복지의 확충 혹은 외적(실질적) 민주화와 후자를 위한 기업지배구조의 개선 혹은 내적(절차적) 민주화가 모두 앞의 네 가지 원칙에서 제시된 이해관계자 정신을 고양하는 개혁의 주요 관건이 될 수밖에 없다.

이때 내적 민주화와 외적 민주화는 서로 긴밀히 얽혀 있거니와, 예컨대 내적 민주화가 부실하면 시장으로부터의 탈락자가 양산되는 등 외적 민주화(탈상품화)의 부담이 커지고, 외적 민주화가 취약할 때 노동의 협상력은 약해지고 '어두운 고용'의 가능성 또한 증가할 수밖에 없다. 외적 민주화와 내적 민주화는 서로의 버팀목이 됨으로써 서로에게 부담을 떠넘기는 악순환을 피해야 하는 것이다. 다시 말해 우리가 복지 한국의 방향을 모색해야 한다면 그것은 이런 내적 민주화와 외적 민주화를 포함하는 '이해관계자 복지'를 지향해야 한다는 것이다.

한국의 기업지배구조와 국가 복지의 현황은 노동자로 하여금 '어두운 고용'과 '어두운 실업'(재상품화의 압력) 사이에서 부당한 선택을 강요한다. 다음 장에서 보듯이, 한국 복지 개혁의 핵심적 개념인 '생산적

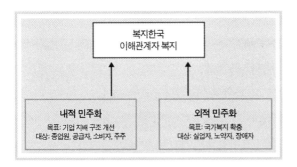

복지'는 고용을 통한 공급 측의 편입 구상, 즉 근로 복지 개념에서 출발한 것이었다. 그것은 고용이 최상의 복지라는 명분에서 시작되었지만 면밀하게 검토된 적극적 노동시장 정책을 결여하고 있기 때문에, 노동력의 재상품화를 강제함으로써 낙후되어 있는 한국 복지의 탈상품화 수준을 더욱 위협할 수 있다.

그런데 한국의 기업지배구조는 노동력의 재상품화가 '어두운 고용'으로 연결되지 않을 만큼 충분히 민주적이지 못하다. 따라서 기업지배구조가 이해관계자 개념 중심으로 재편되고 국가에 의한 수요 측의 고용 창출 노력이 병행되지 않는 한, '생산적 복지'는 오히려 민주적 편입inclusion이 아닌 배제exclusion의 메커니즘으로 작동하기 쉽다. 복지 한국의 명실상부한 정착은 이해관계자의 정신과 원칙을 실천하는 민주 공동체의 맥락, 곧 내적·외적 민주화가 병행 추진되어야 비로소 가능해질 수 있다.

다음 장에서는 한국에서 이해관계자 개념의 실천 가능성을 전망하기 위해, 사회적 편입을 위한 막대한 전후방 효과를 지닌 공/사의 두 영역, 곧 국가 복지와 기업지배구조와 관련된 제도적 여건을 검토할 것이다. 특히 김대중 정부 이래 한국 복지 개혁의 중심 개념으로 간주되어 온 '생산적 복지' 그리고 한국식 자본주의의 주 내용을 형성하는 소유자 경영 자본주의의 내용과 한계를 집중적으로 논의하고자 한다.

- 세계화 속에서 사민주의의 쇠락과 관련한 논의가 가져다준 가장 중요한 교훈이란 진정한 의미의 계급 타협은 시장 자체의 민주적 제도화를 통해서만 가능하다는 점이다. 과거 사민주의적 타협이 국가의 민주화를 통한 자본주의의 교정이라는 개념에 입각한 것이었다면, 이제 사민주의는 시장 권력의 문제를 그 내부로 포괄해 냄으로써 공세적인 회생의 길을 모색해야 한다.

- 새로운 복지국가 개념을 정립하기 위해, 기업 내부 중심의 종래의 이해관계자 개념은 이제 기업 외부의 시장 탈락자들로 확장되어야 하고, 시장 외부자들의 탈상품화에 초점을 맞춰 온 종래의 복지국가는 이제 기업 내부 이해관계자들의 복지, 특히 노동현장에서의 노동자 권리까지 적극적으로 고려해야 한다.

- 이해관계자 개념은 경제적·사회적·정치적 편입 개념에 의거하여 공사 두 부문 모두에서, 즉 기업 중심의 사영역과 국가 복지 중심의 공영역 모두에서 참여, 권리, 의무의 상호성 원리를 제도화함으로써 시장 자유주의의 확산이 가져올 배제와 분극화의 경향을 제어해야 한다.

Welfare

10장 외적 민주화 : 탈상품화와 '생산적 복지'

생산적 복지의 등장

'생산적 복지'는 고용이 최상의 복지이며, 노동 혹은 근로야말로 단순한 소득원을 넘어서 개인의 독립성, 궁극적 만족, 정체성, 인격적 위엄 등의 원천이라는, 한마디로 '최상위 가치로서의 고용'이라는 가정에서 시작된 개념이다. 그것은 김대중 복지주의DJ Welfarism 혹은 김대중 정부 이후 복지 개혁의 중심적 화두였으며 한국 복지의 낙후성에 비추어, 한국 복지의 현 단계를 성찰하고 미래를 전망하기 위한 논의의 출발점으로 간주되어 왔다.•

....

• 김대중 전 대통령은 1999년 신년사와 광복절 기념사에서 '생산적 복지'를 정부 사회정책을 지칭하는 단어로 거론했으며, 그 개념은 동년 8월 '대통령비서실 삶의 질 향상 기획단'이 발간한 『새 천년을 향한 '생산적 복지'의 길 : '국민의 정부' 사회정책 청사진』

'생산적 복지' 개념은 원래 IMF 외환 위기로 인한 사회 통합의 위기를 극복하고자 하는 절박한 필요성에서 나온 것이었다. 그것은 한 세대에 걸친 압축적 근대화 과정에서 기인한 계층 간 불균형의 적폐가 이제는 해소되어야 될 시점에 도달했다는 국내 정치적 당위와 급격한 세계화의 도전 앞에서 국가의 제반 경쟁력을 고무해야 한다는 세계사적 인식으로 인하여, 국민 일반으로부터도 광범위한 공감을 얻었다.

무엇보다 '생산적 복지'는 김대중 정부 복지 개혁의 정신뿐 아니라 정책의 범위 또한 대략적으로 규정해 주었다는 점에서 일종의 포괄catch-all 개념의 성격을 띠었다. 김대중 정부가 4대 보험과 기초생활보장 등 복지 체계의 각종 제도를 21세기 전환기의 불과 몇 년 동안에 정비 혹은 확충할 수 있었던 것, 반세기에 걸친 자본 편향적(노동 억압적) 성장 정책의 결과로 노동 진영의 권력 자원이 극도로 취약한 상황에서 노사정위원회를 출범시켜 사회적 갈등을 제도화하려고 노력했다는 것, 그리고 IMF 환란이 가져다준 실업 문제를 해결하기 위해 무려 10조 원의 예산을 실업 대책에 전격적으로 할당할 수 있었던 것 등도, 크게는 '생산적 복지'의 정신 혹은 구상 아래 가능했던 일이다(조영훈 2002a, 85-86). 요컨대 '생산적 복지'의 가장 큰 의의는 그것이 한국 복지에 대한 논의를 상황 대응적 처방을 넘어 하나의 거대한 개념적 틀 속에서 이해할 수 있는 가능성 혹은 단초를 열었다는 데 있다.

그럼에도 불구하고, '생산적 복지'가 거론되기 시작한 지 10여 년이 지난 지금에 이르기까지, 그것은 복지 개혁을 위한 실질적인 발판으로서 이렇다 할 역할을 해내지 못하고 있다. 한국 복지의 내용은 국가의 최소 개입주의에 의존하는 배제의 기제라는 한계를 여전히 벗어나

에서 구체화되었다.

지 못하고 있는 것이다. 앞에서 지적했듯이, 노사정위원회는 정부가 노/자 간에 이미 존재하는 불균등한 권력 상황을 조정하는 권력 조정자로서의 역할을 방기함으로써 사회 통합을 위한 진정한 대타협을 이끌어 내는 데 사실상 실패했다.

실업 대책을 위해 사상 최대의 예산이 배정되었음에도 불구하고, 배정된 예산은 실업자를 위한 실질적인 안전망을 제공하거나 안정적 고용 창출을 위해 투자되고 사용되기보다는, 미봉적인 공공 취로 사업을 위해 대부분 낭비되었다. '생산적 복지' 구상의 대종을 형성하는 국민연금 등 사회보험은 민간 부문의 기여, 혹은 수익자 부담의 원칙에 의존하면서 재분배보다는 기금 안정화에 초점을 맞춘 것이었다. 거기에 저소득층을 위한 기초 연금은 처음부터 존재하지 않았고, 정부는 자신의 역할을 보험 관리자로 한정하면서 관리를 위한 행정 비용 이외의 재정 부담 — 예컨대 서민층을 위한 보험료 보조금 지급 등 — 은 거의 회피해 왔다.

그러다 보니 빈곤층의 최저 생계를 위한 공공 부조가 사실상 국가의 복지 관련 지출의 대부분을 차지하면서도, 빈곤과 불평등의 정도는 IMF 당시에 비해 오히려 증가했다. 요컨대 '생산적 복지'는 복지의 전통적 과제로 간주되어 온 탈상품화와 사회재계층화를 위해 이렇다 할 성과를 가져오지 못한 것이다.

과연 '생산적 복지'에 내재된 본질적 한계는 무엇이고, 그 개념은 복지 한국의 장래를 담보해 줄 제도적 인프라의 구축을 위해 적절하고 유효한 것인가. 그간 '생산적 복지'가 복지보다는 시장을 강조한다거나, 생산성이나 효율 등 성장 관련 개념들에 치중한 나머지 수요 측의 소비적 복지를 폄하하고 공급 측의 (노동)시장적 유연화에 과도하게 의존하려 한다는 유類의 비판이 적지 않게 제기되어 왔다(정무권 2002;

조영훈 2002a; 남찬섭 2002a).

'생산적 복지'가 노동 능력이 있는 저소득층의 재상품화를 구조적으로 강제한다는 점에서, 논리와 형태는 다르지만, 과거 값싼 노동력에 의거한 산업화 전략의 정신과 별 차이가 없다는 평가도 이런 비판의 연장선상에 있다. 오히려 '생산적 복지'가 태동하게 된 시대적 배경과 그것이 담지하는 철학적·실천적 한계가 더 중요한 측면으로 부각되고 있는 것이다.

'생산적 복지' 개념이 태동하게 된 배경은 한국적 상황을 훨씬 뛰어넘는 세계사적 맥락에 닿아 있다. 그것은 한편으로 선진적 복지국가들이 '과도한 복지 지출→만성적 재정 적자 구조와 거대한 복지 의존층 산출→경제 활력의 급격한 저하'라는 재정적 동맥경화 상황에 놓여 있다는 시장주의자들의 진단과 닿아 있다. 다른 한편, 기업 신뢰와 투자 유인을 위한 경쟁 조건의 확보가 최우선의 관건이 되는 세계화 시대에는 종래 관행이었던 소비 지향적 복지국가는 자기 패배적일 수밖에 없다는 이른바 '복지국가 위기론' 담론과도 근본적으로 궤를 같이한다.

실제로 1999년 '대통령 비서실 삶의 질 향상 기획단'이 발간한 『새 천년을 향한 '생산적 복지'의 길 : 사회정책 청사진』은 "서구의 복지 체계는 국민들에게 높은 수준의 서비스를 제공했지만, 만성적인 재정 적자 구조를 초래하여 결국 경제 활력의 약화와 복지국가의 위기를 가져왔다"고 기술함으로써 '생산적 복지'가 복지국가 위기론의 논지를 그대로 추인하고 있음을 간명하게 보여 주고 있다(조영훈 2002a, 83 각주 2) 재인용).

즉, '생산적 복지'의 태동 배후에는, 서유럽 복지국가들조차 '조세와 지출', '고부담·고복지'의 '소비적 복지' 논리를 앞 다투어 성토하는 마당에, 복지 후발국으로서 한국이 복지 선진국들마저 스스로 부담스러워 하는 복지 논리와 관행을 무작정 추종할 수는 없다는 논리가 있다. 요컨대 "이미 실패로 판명된" 서유럽 복지국가를 답습할 하등의 이유가 없다는 그럴듯한 형식논리가 자리 잡고 있는 것이다.

따라서 '생산적 복지'가 지향하는 새로운 유형의 복지국가는 생산성과 경쟁력 향상에 기여함으로써 적극적 투자자 혹은 경제 행위자의 역할을 떠안아야 하며, 차후의 복지 공여는 교육과 훈련을 통한 노동의 기능적 유연성을 확보함으로써 소비보다는 생산에 적극적으로 공헌해야 한다는 것이다.

특히 이 땅의 시장주의자들 편에서 보면, 소비적 복지에 관한 한 국가 복지의 사실상의 부재와 다름없는 한국적 상황에서, 서유럽 국가들이 한 세기 가깝게 제도화해 온 소비적 복지의 단계를 건너뛰고도 복지국가로 명명될 수 있는 통로가 있다면, 그것은 말할 수 없는 행운이며 흥분되는 일이라 아니할 수 없다.

사회투자국가 social investment state

'제3의 길'을 이론적으로 체계화한 앤서니 기든스가 담론 수준에서 처음 사용한 용어. 1990년대 중반 이후 유럽과 북미 지역에서 새로운 흐름으로 정착한 '적극적 노동시장 정책'이나 '근로 연계 복지' 등을 수용하는 동시에 기존 사회복지 정책의 투자적 기능을 새롭게 조명하면서 고전적 복지국가 및 신자유주의 노선과 구별되는 모델이라 할 수 있다. 신자유주의가 사회복지 지출을 비생산적이고 경제에 부담을 주는 것으로 인식하는 반면, 사회투자국가에서는 사회정책의 생산적 기능이 강조되고 경제성장과 사회정책을 상호 보완적인 관계로 인식한다. 노동시장 정책과 실업, 빈곤 정책의 적극적 연계를 중시한다는 점에서도 기존 모델과 상이하다.

따라서 국가 복지의 새로운 구상이, 앤서니 기든스의 사회투자국가가 지시하는 것처럼, 과거의 소비적 복지가 아닌 생산적 의의를 지녀야 한다는 당시의 '선진국적' 논리는 매력적일 수밖에 없었다. 이런 관점이 복지 공여의 기준을 강화하고, 임금, 고용, 해고 등에 관한 노동시장의 제도적 경직성을 완화함으로써 대내적으로 노동의 시장 편입을 촉진하고 대외적으로 상품 경쟁과 투자 유치에서 승리할 수 있다는 논리와 자연스럽게 맞물려 있음은 물론이다(Radice ed. 1996).

이처럼 복지의 생산적 기능과 소비적 기능을 분리하고 대립시키는 것이야말로 '생산적 복지'의 근본 전제다. 잘 알다시피, 원래부터 좌우의 고전적 담론들은, 비록 자본주의의 궁극적 전망과 관련해서는 그 처방이 비관과 낙관으로 분기分岐할지라도, 축적과 재분배를 통한 정당화 기능은 피차 충돌하고 상쇄trade-off한다는 이원론적 가정을 시발점으로 삼고 있다. 고전적 마르크스주의에 의하면, 축적이 자본주의의 어느 단계를 지나 위기에 몰리기 시작할수록 정당화 기능의 유효성은 점차 소진되고, 이 두 기능 간의 불가피한 상충은 자본주의의 종말을 재촉하는 궁극적 요인이 된다.

또한 시장 근본주의에 따르면, 축적은 분배를 선행해야 하며 성장이 모든 문제 해결의 궁극적 열쇠라는 성장 결정론이 정치경제의 당연하고도 주된 논리적 전제가 된다. 복지국가에 대한 오늘날의 인식이 후자, 즉 이론적 근본주의의 우익적 변형에 의해 지배되고 있음은 물론이다. 이런 논리의 배후에는 분배를 한없이 지연시키면서도 결코 만기滿期를 약속하지 않는 '성장에 대한 집착'growth obsession이 자리 잡고 있다.

그러나 전후의 합의 체제, 즉 복지국가의 전성기 시절에는 자본주의 국가의 이런 두 기능은 결코 상호 배타적이 아니었다. 재분배적 공여는 단순한 소모성 급여가 아니었으며, 사회정책은 경제정책의 보완적 쌍이었다. 효율과 사회정의는 결코 양립 불가능한 것이 아니었다. 오히려 소비적 복지 공여를 통한 탈상품화 전략은 국내 수요를 유발하고 인적 자원의 질을 향상시키며 국내외의 투자를 유치하는 통로로 간주되었다. 또한 재분배가 창출한 생산성 증대 효과는 단기적인 생산 비용 증가를 상쇄하거나 능가함으로써 국제경쟁력 향상과 국제수지 개선에 도움을 줄 수 있다고 가정되었다.

실제로 '분배가 성장을 자극하면 성장은 다시 분배를 촉진한다'는 이런 가정들은 당시 경제의 모든 주요 지표들에 반영되었다. 복지국가의 전성기는 동시에 자본주의의 전무후무한 융성기였던 것이다.

전후의 전통적 복지 체제와 관련하여 결코 간과할 수 없는 사실은 당시 비숙련노동 중심의 포드주의적 대량 생산 체제 아래에서 복지 정책의 일차적이고도 당면한 목표는 생산(성)과 투자의 고양을 통한 자본주의의 촉진이라는 사전적 고려가 아니라 재분배를 통한 자본주의의 안정이라는 사후적 교정에 있었다는 점이다.

사실 서유럽 복지 체계의 기본 골격이 구상되고 실천되던 제2차 세계대전 전후는 1930년대 대공황의 악몽이 아직 가시지 않던 때였다. 예컨대 제2차 세계대전의 와중에서 베버리지William Henry Beveridge는 무지, 불결, 결핍, 태만, 질병과 같은 5대 거악巨惡의 영원한 추방, 혹은 최소한의 안전망 제공이야말로 전후 영국 정부가 마땅히 떠안아야 할 책무임을 천명했다. 이런 내용을 담은 "베버리지 보고서"는 자본주의가 낳은 시장 실패의 질고疾苦에 대한 한 자유주의자의 자기 고백적 기록에 다름 아니었다(Timmins 1995).

거기에서 복지국가의 당면 과제는 탈상품화와 재사회계층화가 시사하는 복지 공여의 소비적 측면에 초점이 두어졌다. 소비적 복지가 가져다 줄 인적 자원의 질적 향상이나 총수요의 고양 등에서 보듯, 생산에 대한 복지의 기여는 결과론적이거나 기껏 부차적으로만 강조되었다. 이제 복지국가 위기론과 세계화 담론이 대세가 되면서 이 모든 것이 역전되고 있다. 생산성, 경쟁력 등이 초미의 관건으로 떠오르고, 국가정책은 수요가 아닌 공급 측 전략을 중심으로 재편되고 있다.

숙련도가 생산에 더욱 긴요해지는 유연 생산이 시대적 요구가 되면서, 사회정책은 투자 개념을 통해서만 조명되고, 사회 지출은 투자를 통해 경제 목표와 연결된다. 또한 복지 정책은 근로 유인, 민영화, 개인의 책임, 선택적 급여targeted benefits 등 과거와는 다른 시장 중심적 원칙에 의해서 정향되고 인도되어야 한다는 사상이 각광을 받고 있다. 이것이 '생산적 복지'가 태동하게 된 시대적 맥락이며 동시에 그 정신에 내재된 본래적 위험성의 배경이다.

생산적 복지를 가져온 또 다른 조건

빈곤과 불평등의 격증 그리고 새로운 불안으로 특징지어지는 세계화 시대에 복지마저 일방적으로 '생산'에 경도된다면 총수요의 부족, 결국 생산의 위기로 이어지는 자기 패배적 결과를 낳을 수 있다. 오히려 인류가 당면한 과제는 소비 지향적 복지와 생산 지향적 복지의 새로운 균형을 추구하는 일, 곧 소비적 복지가 그 자체로 갖는 의의를 견지하되 생산을 위한 복지를 좀 더 적극적으로 부각시키는 데 있다.

이와 관련하여 '생산적 복지'가 강조하는 "생산에 복무하는 복지" 구호가 유연 생산 체제에서의 생존 전략의 일환으로 주창되고 있다는 점을 지적해야 할 것이다. 시장과 복지가 상호 보완적으로 만나는 지점이 고용과 노동 부문이라는 점에는 이론의 여지가 없다. 고용은 세수를 높이고 복지 의존을 줄이며, 노동시장의 개혁을 통한 인적 자원의 개발은 다시 생산과 고용에 긍정적인 기여를 함으로써 복지 기반을 확충하고 재차 노동의 시장 편입을 유도한다. 잘 훈련되고 적응력이 강하며 고도로 동기 유발된 노동력이야말로 생산, 고용, 성장 그리고 정치적 안정과 긴밀하게 연계되어 있다.

기업들도 고도의 숙련노동을 사용하여 기술 발전과 시장 수요의 변화에 신속하게 적응하는, 경쟁력 있는 고부가 부문을 창출할 필요에 봉착해 있다(Taylor-Gooby 1997, 177-79). 따라서 복지국가는 노동자들의 훈련과 재훈련을 통해 신기술을 생산과정에 성공적으로 통합시키고 생산품에 대한 시장수요의 신속한 변화에 적응하기 위해, 단순한 소득 이전과 같은 과거의 수동적 소비 중심의 복지가 아닌 이른바 공세적 유연화 전략을 취해야 할 필요가 있다.

개인들도 직업훈련이나 공공사업 등에 참여할 의무, 즉 근로 혹은 근로를 통한 자기 부양self-supporting의 책임을 적극적으로 감당해야 한다. 그리하여 미시 경제적 공급 측 적응이 성공적으로 추진될 때, 고용과 경쟁력 측면에서 성공적인 거시 경제적 결과가 산출될 수 있다. 요컨대 노동의 재상품화를 독려하되 숙련노동 중심의 경쟁력 있는 고부가 기업들을 창출함으로써 세계화 환경에 능동적으로 대처한다는 논리다. 이런 시각이 가질 수 있는 한계 혹은 본질적 위험성에도 불구하고, 이를 막무가내로 부인할 수만은 없는 상황에 우리가 서 있는 것은 분명하다.

다른 한편 인구구성비, 고용구조, 가족 개념 등이 변하고, 전통적 윤리/가치 체계가 무너지며, 새로운 위험과 불안, 새로운 유형의 빈곤과 불평등이 늘어나는 현실에서 보듯, 소비적 복지가 부차적 수단이 아닌 그 자체 목전의 당면한 목적일 수밖에 없는 현실 또한 무시할 수 없다. 이처럼 전통적 복지의 필요성이 오히려 점증하는 상황에서, "사회적 권리에서 사회적 의무로!" 혹은 "케인스식 복지국가Keynsian Welfare State에서 슘페터식 근로국가Schumpeterian Workfare State로!" 혹은 "복지국가에서 조성助成국가Enabling State로!" 등의 현란한 개념 이동이 시사하는 복지국가의 근본적 재편 담론들을 무작정 추종할 수만은 없다.

중요한 것은 생산주의 프로젝트 자체가 아니다. 오히려 볼프강 스트릭Wolfgang Streeck이 "생산의 평등주의적 정치" 혹은 "새로운 좌파의 생산주의"라고 묘사했던 바대로, 혹은 그레고리 알보Gregory Albo 등이

"진보적 경쟁 전략"progressive competitiveness strategies으로 명명했던 바대로, 복지국가가 어떻게 재분배라는 전통적 과제the core를 떠안으면서 동시에 생산적 역할을 적극적으로 수행할 수 있는가를 모색하는 것이야말로 현상에 대한 정직한 성찰을 동반한 문제의식일 것이다(Rogers and Streeck 1994; Albo 1997; Panitch and Leys 1997).

오늘날처럼 자본의 대규모적인 이동이 속수무책으로 방치되는 새로운 위기의 시대에, 복지를 고용(생산)을 위한 ─ 좀 더 정확히는, 고용(생산)을 위해 희생되어도 좋은 ─ 도구 정도의 개념으로 취급하는 것은 매우 무책임한 일이다. 그럼에도 '생산적 복지'는 국가에 의한 급여의 소비(낭비)적 측면을 부각시키면서, 고용을 통한 생산에의 복무, 즉 국가 복지의 일차적 책무가 빈곤의 해소나 불평등의 교정이 아니라 기술교육과 훈련을 통한 노동 유연성과 경제 효율성을 증진시키는 데 있음을 강조한다(조영훈 2002a, 83-84).

이런 근로 복지의 관점, 즉 공급 측 복지 개념으로서 인적 자원의 교육과 훈련을 통한 고숙련 노동력의 공급이야말로 이 시대 복지국가가 담당해야 할 최우선의 정책 과제라는 시각은, '생산적 복지'가 안고 있는 온갖 문제점들에도 불구하고, '생산적 복지'를 가장 설득력 있는 대안으로 만드는 내용이다.

'생산적 복지'에 내재된 이런 생산 편향적 성격은 김대중 정부 이후에도 별다른 변화가 없는 소비적 복지 관련 지출의 현황을 볼 때 극명하게 드러난다. 앞서 자세히 언급했지만, 선진국 대부분은 GDP의 절반을 차지하는 정부 지출의 다시 절반을 훨씬 넘는 복지 예산의 2/3를 국민연금, 질병 수당, 실업 급여, 공적 부조 등 소비적 복지에 사용하는 반면, 한국의 경우 GDP의 20% 전후를 차지하는 정부 지출의 다시 10%에도 미치지 못하는 빈약한 예산만이 공공 부조 중심의 소비적 복지를 위해 사용된다.

실제로 빈곤과 불평등의 현실적 상황, 곧 '생산적 복지'가 가져온 탈상품화와 사회재계층화 효과에 비추어 보면 '생산적 복지'는 사실상 실패했다고 보는 편이 옳다. 빈곤과 불평등의 급격한 증가가 이를 보여 준다. 최근의 한 보고서는 외환 위기 이후 빈곤율뿐 아니라 한국의 전반적 분배 구조는 국제 비교의 관점에서도 현저히 악화되고 있음을 보여 주는데, 예컨대 외환 위기 직전 가처분소득을 기준으로 본 한국의 소득 불평등도는 OECD 30개 국가들 가운데 중간 정도였지만 2000년 현재 OECD 국가들 가운데 한국보다 소득 불평등도가 높은 나라는 멕시코, 러시아, 미국 정도에 불과했다(유경준 2003).

물론 소득 불평등도의 문제라면, 멕시코는 1980년대 이후 줄곧 그리고 러시아는 소련 해체 이후 내내 타의 추종을 불허할 정도로 심각한 나라들이었으며, 선진국들 가운데 복지국가성이 현격히 낮은 미국을 포함한 앵글로색슨 국가들의 경우에도 유럽 대륙 국가들에 비해 훨씬 높다는 점은 익히 알려져 있다. 빈곤과 불평등이 이처럼 심화되는 상황에서도 김대중 정부는 복지 예산에 어떤 획기적인 변화도 보여 주지 못했다.

오히려 2000년 보건복지부의 생활보호와 기초생활 관련 예산은 전년도에 비해 0.4%나 감소했는데 이런 경향은 이후 일련의 예산에서도 크게 달라지지 않았다. 수평적 정권 교체 이후 10년 가까운 세월이 흘렀지만 한국의 복지 체계가 정부로서는 '비용이 들지 않는' 체계라는 사실에는 아무런 실질적인 변화가 없다.

요컨대 '생산적 복지'에서 성장과 복지가 상충하는 개념이라는 신자유주의적 전제는 강하며, 복지의 경제적 효과 혹은 사회적 결속이 가져올 경제 효율성 제고 효과는 크게 고려되지 않는 듯이 보인다. 오히려, 그것은 복지 급여의 수준이 근로 동기를 해치지 않는 최소수준에서 정해져야 한다는, 19세기 신구빈법의 열등 처우의 원리를 준수한다는 인상을 강하게 준다(김연명 2002, 123-24). 복지국가의 재창출 reinventing은 재분배 정치를 생산의 정치와 연결시키는 한에서 비로소 정당성을 회복한다. 지금까지 '생산적 복지'의 실천을 살펴보면, 그것이 재분배 정치와는 필연적 연계 없는 일종의 '오도된 생산주의'misguided productivism 프로젝트에 기반하고 있다는 의구심을 준다.

'준비된 성장'의 필요

이와 관련하여 우리는 신자유주의 전략이 그렇듯이, 성장, 효율, 경쟁력 증진을 위한 저조세, 저이자율, 그리고 무엇보다 노동시장의 탈규제와 유연화 등 포드주의 축적 체제하에서 형성된 제도적 경직성을 타파하는 것만이 능사가 아님을 인정해야 한다. 역사적으로 볼 때 성장 혹은 생산 증대가 절대적 빈곤의 문제를 상당한 정도 해소하는 데 기여했다는 점은 부인할 수 없다. 그러나 성장이 자동적으로 분배의 문제를 해결하는 것은 아니며, 그것이 경험적으로 확인된 바도 없다. 오히려 오늘날의 세계가 여실히 보여 주듯이 성장에 대한 집착은 특정 계기마다 새로운 불안, 새로운 빈곤을 낳았을 뿐 아니라, 불평등의 문제를 더욱 심화시켰다.

오늘날 이런 현상은 세계화의 주도 국가인 미국이나 세계화의 종속국을 '자처하는' 한국을 포함한 개별 국가 수준에서, 또한 국가 간 차원에서 전 지구적으로 관찰되고 있다(Hertz 2002; Frank 2002; Burbach et al. 1997). 우리는 성장이냐 아니냐가 곧 사느냐 죽느냐의 문제로 가

볍게 전치될 수 없는 상황에 처해 있다. 이런 점에서 오늘날 한국 언론과 정부가 무분별하게 유포시키고 있는 국민소득 몇 만 달러의 성취 여부를 한국 사회의 성패 문제와 직접적으로 연결시키는 담론 행태는, 나눔을 위한 경험도 준비도 인색했던 그간의 한국적 관행에 비춰볼 때 매우 부정적인 결과를 가져올 수밖에 없다.

역시 관건은 한 사회가 도달한 성장의 수준에 관계없이 그 사회 자체의 건강한 재생산을 담보해 줄 제도화된 분배 구조다. 만일 한 사회의 분배적 양상이 경제 상황이나 노/자 간 권력 자원의 당대적 배분에 따라 요동한다면, 그 사회에는 단기적 이해관계를 둘러싼 집단들 간의 죽기 살기의 쟁투가 끊이지 않을 것이다.

한 사회의 재분배 체계가 제도와 관행으로 정착되지 않고 우연에 맡겨질 때, 재물의 단기적 취득이나 현재적 소비를 위한 투쟁은 격렬해지게 마련이다. 오늘의 자기희생이 미래의 보상으로 돌아오리라는 약속이 제도화되지 않을 때, 공동체 자체를 위한 사회 구성원들 간의 장기적 헌신은 담보될 수 없고, 그때 공동체는 이미 붕괴의 길에 들어서고 있는 것이다. 거듭 강조하지만, 우리에게 지금 필요한 것은 성장 자체가 결코 아니다. 우리가 필요로 하는 것은 성장의 과실을 포함해 한 사회가 동원할 수 있는 모든 가용 자원이 안정적이고 예측 가능하게 분배되는 관행 혹은 제도화가 동반된 성장이다. 나는 이를 '준비된 성장'이라 부르고자 한다.

준비되지 않은 성장, 즉 분배를 위한 영속적 원리가 제도화되지 않은 상태에서 추진되는 성장 전략은 위험하다. 무엇보다 성장 중심의 정책이 추진되는 과정은, 그 과정 자체가 곧 권력균형이 특정 진영으로 재편 혹은 강화되는 과정이기 쉽기 때문이다. 성장에 대한 집착 혹은 성장 강박증이란 교정 가능한 어떤 심리적 상태가 결코 아니며 첨예한 물적 이해관계로 뒷받침된 일종의 권력적 현상인 것이다. 따라서 한 사회가 성장으로의 맹진猛進을 일단 허용할 때 특정 계급이나 계층으로의 권력 편향은 누적적 성격을 띨 수밖에 없다.

마찬가지로, 시간이 흐를수록 그 사회가 사회정의를 위한 항구적인 제도적 장치를 구축하게 될 가능성 역시 더욱 요원해질 수밖에 없다. 이 점이야말로 우리가 신자유주의적 노동시장 정책이 초래할 경쟁적 긴축(고용과 복지의 축소)을 불가피하고도 당연한 시대적 귀착점으로 수용할 수 없는 이유이며, 대안으로서의 '생산적 복지'에 내재된 근본적 한계와 위험성 또한 바로 거기에 있는 것이다.

우리는 때때로 현 영국 노동당 정부의 '일을 위한 복지'welfare to work 전략도 근로 복지 개념에 입각해 있다는 점을 들어, '생산적 복지'의 기본 정향을 세계화 시대의 정당한 대안으로서 주장하기도 한다.● 이런 주장의 배후에는 세계화 시대 자본주의의 새로운 재편을 주도하는 국가는 어차피 영미의 앵글로색슨 국가들이 아니냐는 전제가 깔려 있다.

그러나 이런 전제가 갖는 함정이나 근로 복지 개념이 갖는 본질적·실천적 문제는 차치하고라도, 블레어 정부의 복지 재편은 한 세기에 걸친 소비적 복지, 즉 재분배의 제도와 관행 위에, 그것을 토대로 수행되고 있다는 점에서, 우리와는 전혀 다른 출발선을 가지고 있다는 점에 주목해야 한다. 앞에서 지적했듯이, '생산적 복지'는 공급 중심의 개념이며 기본적으로 성장 지향적 전략이다.

● '세계화'야말로 개혁 부재에 대해 노무현 정부가 가장 빈번히 내세우는 알리바다. 최근 (2006년 5월)에는 친정부적 진보 인사들이 여기에 '분단'을 추가함으로써 노 정권에게 면죄부를 주고 있다. 세계화와 분단이 주는 구조적 제약을 전적으로 무시할 수는 없겠지만, 이런 류의 주장들이 종종 그렇듯이, 이런 담론들은 인과적 고리와 경험적 실증에서의 문제를 지닐 뿐만 아니라, 정치에 대한 허무주의를 더욱 부추길 뿐이다.

오늘날 한국 사회의 빈곤과 불평등 실태 그리고 이런 문제들의 교정 또는 해소와 관련하여 한국 복지의 현황을 평가해 볼 때, 그간의 '생산적 복지' 실험이 소비적(재분배적) 복지와 관련하여 보인 한계는 분명하다. '생산적 복지'가 성공적으로 수행되려면 재분배를 위한 제도적 장치 혹은 소비적 복지를 위한 제도적 배려가 우선적으로 마련되어야 하는 것이다.

생산적 복지의 협애성

다른 한편, 국가는 공급 측 간섭에 못지않게 수요관리를 위해서도 적극적으로 개입해야 한다. 그러나 '생산적 복지'에서처럼 국가의 역할을 공급 측(훈련과 교육)에 주로 한정할 때, 수요 측면의 직장 창출 노력, 즉 투자 촉진을 위한 총수요관리 차원의 복지 개념은 너무나 쉽사리 정책 아젠다 밖으로 밀려날 수밖에 없다.

'생산적 복지' 전략으로 노동 공급이 아주 유연해지고 변화하는 생산 환경에 노동자 개인이 유연하게 대처할 수 있는 기술을 성공적으로 습득했다고 하자. 그렇다 하더라도, 유연한 노동 공급에 상응하는 노동 수요의 구조 혹은 고용의 역량(기회 구조) 자체가 마련되지 않는다면, '생산적 복지'가 최고의 가치로 삼고 있는 최상의 복지로서의 고용 개념은 성립되기 힘들다. 문제는 '생산적 복지'가 교육과 훈련의 문제를 그 핵심 개념으로 설정하면서도 그것을 위해 국가가 체계적으로 개입하고 지원할 수 있는 체제 구축에 관해서는 대체로 침묵하고 있다는 점이다.

특히 '생산적 복지' 구상에는 서유럽의 적극적 노동시장 정책에서의 정부의 역할처럼, 정부의 기능과 관련하여 특별히 실효성 있는 내용이 포함되어 있지 않다. 예컨대 이른바 '이원적 노동시장론'에 의하면, 노동시장이란 개별 노동자를 취급하는 데 결코 동질적이지 않다. 노동자의 수입은, 고기술이 가져다준 높은 한계 생산성뿐 아니라 성별, 나이, 인종, 출신 등 요인들에 따라 심대하게 영향을 받으며, 단순히 인적 자원에의 투자에 대한 보상으로 환원되지 않는다.

또한 노동자들은 취득할 수 있는 정보의 양과 특정 정보에 대한 접근 가능성, 그리고 직종 이동과 취업 가능성 등에서 다양하게 차별화되어 있다. 반면에, 자본가들은 비용이 많이 들고 시간이 걸리는 노동자의 훈련을 위해서는 투자를 기피하는 경향이 있거니와, 특히 첨예한 경쟁에 노출된 기업일수록, 훈련에 관심을 갖기보다는 노동비용 삭감이라는 단기적이고 손쉬운 전략을 택할 가능성이 크다.

기업의 요구대로, 만일 고용 문제를 시장에 맡긴다면, 기업이 정규 근로자가 아니라 임금 등 고용조건에서 훨씬 열악한 비정규 근로자를 선호하는 경향은 늘어날 수밖에 없다. 비정규 근로자의 비중이 늘어날수록 기업에 대한 노동자의 헌신 정도, 기술 축적의 수준, 한 나라의 인력자원의 질, 그리고 성장 잠재력은 위축되게 마련이다.

더욱이 전적으로 기업 특수적인firm-specific 기술이란 사실상 매우 적기 때문에, 기업들은 훈련의 비용을 지불하기보다는 고임금으로 훈련받은 노동자를 사냥해 오는 것이 훨씬 이롭다고 간주하는 경향이 있다. 따라서 기업들은 (숙련노동자를 뺏거나 빼앗기는 쪽 모두) 점점 더 훈련에 대한 투자를 줄이고, 좀 더 용이한 인재 사냥(스카우트)에 몰두하게 되는 것이다. 이는 결국 숙련노동의 만성적 부족을 낳을 가능성이 있을 뿐 아니라, 인플레 유발적인 고임금 경향을 확산시킬 수 있다. 따라서 훈련의 제공과 과정뿐 아니라 훈련과 고용의 연계 문제를 해결하기 위해 국가는 적극적으로 개입할 필요가 있다(Albo 1997, 148ff).

요컨대 '생산적 복지' 구상은 북유럽 국가들이 실천해 온 기왕의 적극적 노동시장 정책의 기본 정신, 즉 실업을 당했을 때 충분한 소득 보전을 보장하고 고용이 됐을 때는 일정 수준의 임금 등 근로조건을 확보해 준다는 정신과 한참 동떨어져 있다. '생산적 복지'가 전제하는 일을 '위한' 복지welfare to work 정신은 일을 '통한' 복지welfare through work 개념에 의해 보완되어야 하는 것이다(Nathan 2001).

이와 관련하여, 우리는 현재 팽배해 가는 고용 불안이 단순히 축적 체제의 전환에 따른 조정 국면 — 즉, 기술혁신이나 새로운 경쟁적 상황에 걸맞은 기술 습득의 지체 등 공급 측 요인 — 에 기인한 것으로만 볼 수 없다는 점을 인식해야 한다. 비숙련노동자뿐 아니라 숙련노동자의 경우에도 시장에의 편입 자체가 애초에 불가능해지거나 당사자가 원하지 않는 강제적 시장 편입에 몰릴 경우에는, 만성적 저임금 고용이나 불안정 고용이 증가하면서 한 사회의 생활수준, 따라서 총수요 능력은 급속히 하락하게 된다.

그리하여 신기술이 가져다준 생산성 증가가 '고용 없는 성장'jobless growth, 즉 만성적 수요 부족과 심대한 불평등을 동반하는 것이라면, 그것이 성장과 고용과 교호하며 결과할 파국적 악순환의 비용은 결국 우리 모두가 떠안을 수밖에 없다. 따라서 복지국가의 공급 측 전략, 즉 생산주의적 관심은 동시에 총수요 전략과 어느 정도 병행 추진될 때, 다시 말해 경제정책 전반과 통합적으로 구상되고 운용될 때 참다운 효과가 발생할 수 있다.

이해관계자 복지로의 확대

'생산적 복지'가 지닌 또 하나의 심각한 문제는 그것이 시장(기업)의 내부자와 외부자 간의 갈등과 긴장을 해소하기 위한 아무런 장치를 마련해 놓지 않고 있다는 점이다. 이는 '생산적 복지'하에서도 기업 이윤이나 경제 임금이 국가를 매개로 사회 임금으로 적절히 전환되지 못하고 있음을 의미한다.

만일 생산성 향상을 통한 수익 증가가 기업주나 종업원의 납세를 통해 국가의 일반재정으로 유입되지 못하고 이윤이나 고용된 자의 실질임금 상승을 위해서만 사용된다면, 내부자(고용된 자)와 외부자(실업자) 간의 갈등은 증폭될 수밖에 없다. 적정 수준의 탈상품화 제도 등 내부자에 대한 외부자의 권력 강화를 위한 조치들이 그 자체로 의미를 띠는 것은 이 때문이며, 그때 비로소 시장에서 밀려난 자들도 선택과 책임의 주체, 곧 복지국가에 대한 이해관계자의 지위를 획득하게 되는 것이다.

조직, 자금, 연대 가능성 등 일체의 권력 자원에서 상대적으로 취약할 수밖에 없는 외부자들(즉 시장에서 밀려난 자들)을 위해 또 하나 중요한 것은 '일 나누기'를 통한 고용 기회의 증대일 것이다. 이때 필요하다면 줄어든 노동시간만큼 임금에 대해서도 일정한 양보를 수용해야 함은 물론이다. 이 모두는 적어도 실업자 등 외부자를 위한 좀 더 강력한 누진적 세제 개편의 도입 등 외적 민주화의 조건이나 기업 내부자에게 임금 인상을 자제하고 일 나누기를 강제할 수 있는 내적 민주화를 위한 제도가 국가에 의해 법적으로 강제되어야 함을 의미한다.

대기업 노조의 노사 타결에서 볼 수 있는, 즉 임금드리프트 현상에서 종종 확인되듯이 이런 일들이 내부자, 예컨대 노조 가입자의 이익에 집착하는 노조 운동에만 맡길 수 없는 것은 당연한 일이다(Corry 1997, 197). 예컨대 현대차 노조와 같은 강력한 대기업 노조의 협상력은 내부자의 실질임금을 과도하게 올리면서 그로 인한 원가 상승의 압박을 (자동차 가격 인상을 통해) 소비자나 (부품 가격 인하를 통해) 수많은 중소 하청 업체와 같은 여타 이해관계자들에게 전가하거나 (정규직이나 신규 채용을 기피하는 등 고용 확대에 대한 기업의 부담을 가중시킴으로써) 실업자 등 외부자의 희생을 일방적으로 강요할 수 있다.

이런 일이 반복된다면, 노동운동 내부에 분열과 위화감이 조장되고 그럴수록 연대가 생명인 노동운동의 장기적이고 통합적 발전은 저해되게 마련이다. 그리하여 분배 논리가 관철될 수 있는 계급 간 권력 자원의 길항 혹은 긴장이 자본 편향적으로 이완될 때 권력 현상으로서의 세계화의 논리가 지배적 윤리로 정착되는 것은 시간문제일 것이다(Garrett 1998).

그런데도 '생산적 복지'는 세제 개편을 통한 총수요 창출을 도모한다거나 고용 창출을 위해 기업의 몫을 할당하는 등 법적 장치를 전혀 마련해 놓지 않고 있다. 특히 이 문제와 관련하여 노사정위원회는 아무런 실질적인 기여나 업적을 남기지 못했다. 오히려 노무현 정부는 법인세 인하 등 1980년대 미국의 레이건 대통령 시절 이미 실패로 판명 난 바 있던 공급 측 경제학에 입각한 전략에 온통 치중하거나, 대통령 자신이 노동시장 유연화의 필요성에 대한 거듭된 발언을 통해 고용 창출의 문제를 실업자 등 외부자 개인의 노동 유연성, 즉 개인의 적응력 등 개인의 책임으로 돌리려는 경향을 보였다.

요컨대 '생산적 복지'는 시장 혹은 기업 안팎의 이해관계자 모두를 참여시키는 메커니즘, 즉 내적 민주화와 외적 민주화를 위한 아무런 법적 장치도 마련해 놓지 못한 채, 문자 그대로 순수한 근로 복지의 정신만을 구현했던 것으로 보인다.

한편 위기 담론의 주요 테마 가운데 하나인 중앙집권적인 관료적 복지국가의 폐해는 곧장 국가의 후퇴와 시민사회의 강화를 통한 복지 공여, 즉 복지 다원주의로 연결되곤 한다. '생산적 복지'에서 말하는 "사회연대에 기초한 참여형 복지 체제"란 바로 이를 지칭하는 것이다. 실제로 김대중 정부 이래 노무현 정권에 이르기까지 '민간 복지 제도의 활성화'라는 이름 아래 복지 다원주의가 적극적으로 장려되어 왔다.

서유럽 국가들에서 주창되는 복지 다원주의가 국가 부문의 전면적 축소와 민간 부문의 확대를 공통으로 지향하는 것은 사실이지만, 이는 국가 복지가 자신의 역할을 일정하게 수행하고 난 이후의 '잔여적 보완책'의 성격이 강한 개념이다(이 책 1장; 조영훈 2002a, 92).● 예컨대 외견상으로는 '생산적 복지'가 미국의 근로 복지나 영국의 '일을 위한 복지'와 많은 점에서 유사하다 할 수 있다.

그러나 영국과 미국 같은 앵글로색슨 계열의 국가들조차, 서유럽 국가들의 기준에서는 상대적으로 낮지만 우리로서는 감히 생각하기 어려운 높은 수준의, 최소한의 국가 복지를 이미 성취한 국가들이다. 이런 점에서 동일한 '잔여적 복지'를 추구할지라도, 영미 국가들의 그것은 우리와는 그 출발점에서 현격한 차이가 있는 것이다. 복지 다원주의에 입각한 처방은 국가 부문의 규모가 형편없이 낮을 뿐 아니라 복지'국가' 이전의 단계에 있는 한국적 실정에선 결코 수용될 수 없는 대안임이 자명하다. 물론 그런 관점은 최근 부상하는 신성장론new growth theory과도 배치된다.

● 민간 보험과 국가 보험의 지출 규모 비율은 한국이 전자가 후자의 2.5배에 달하는 데 반해 영국과 미국은 모두 후자가 전자의 2배, 독일, 프랑스와 북구 국가들은 후자가 전자의 5~7배를 차지한다(조영훈 2002a, 표 3).

따라서 '생산적 복지'를 조성 국가enabling state의 한국적 형식으로서 간주하여 시장과 자발적 민간 부문이 사회적 보호의 역할을 떠맡을 수 있도록 해 주어야 한다고 주창하는 것은, 적어도 한국적 상황에서는 별 설득력이 없다(Gilbert 2001).

생산적 복지의 결과

'생산적 복지'가 발의되고 추진된 김대중 정권 이래, 복지에 대한 일반 회계의 지원과 관련하여, 어떤 의미 있는 변화의 추세도 찾아볼 수 없다. 오히려, 개인연금에 대한 세금 공제가 대폭 확대되고 민간 보험회사의 계약 보유 건수가 급격히 늘었으며 수입 보험료가 천문학적 수치로 증가했다. 이는 분명, 국가 복지의 부재에 가까운 한국적 상황에서는 우려할 만한 경향이 아닐 수 없다. 보다 원론적으로, 한국처럼 노동운동의 산업적·정치적 강도가 취약하고, 계급/계층 간의 권력 배분이 심대하게 불균등한 상황에서 시민사회가 복지를 떠안는 것이 얼마나 현실성 있는 대안인지 의구심을 가질 수밖에 없다(이원보 2001).

일정한 수준의 국가 복지로 뒷받침되지 않은 민간 복지 제도는 탈상품화와 사회재계층화 효과를 정면에서 약화시키는 역복지를 낳는다. 국가 복지의 문턱에도 들어서지 못한 한국적 상황에서 복지 다원주의 운운은 복지국가 위기론을 운위하는 것과 그 논리에서 큰 차이가 없는 또 하나의 담론적 기만이라 아니할 수 없다.

한편 점차 심각한 양상을 띠어 가는 청년 실업의 문제를 해결하기 위해 반드시 근로 복지의 전형적 전략처럼 복지 압박, 즉 훈련과 교육을 위해 소비적 복지를 전용轉用할 필요는 없다. 특히 정책의 우선순위와 관련하여 한국은 지금 어느 때보다도 발상의 과감한 전환이 요구된다. 예컨대 정권 유지 차원에서 높은 군사비가 낮은 복지비를 정당화하는 구실로 활용되던 군부 권위주의 시절이 사라진 오늘날 지출항목의 전향적 조정이 진지하게 검토될 필요가 있다.

오늘날 예산 배정에서 국방비가 차지하는 비중과 관련하여, 미국을 제외한 대부분의 선진 복지국가들의 경우 국방비 항목이 전체 예산의 10%를 훨씬 밑도는 데 반해, 한국은 평균 20%를 훨씬 상회하는 예산이 매년 국방비 항목을 위해 지출될 정도로 경제 역량에 비추어 국방비 지출이 과도하다. 군비 지출 수준이 높으면 복지에 대한 지출이 낮아진다는 이른바 군비 대복 복지 교환 가설guns vs. butter trade-off hypothesis은 선진국의 경우 대체로 경험적으로 검증되며, 한국과 같이 군비를 위한 예산 할당 비율이 높은 나라에서도 매우 설득력이 있다.

최근 논의되고 있듯이, 청년들의 군 복무 기간을 대폭 단축함으로 얻어지는 자원을 장애인이나 노인복지를 위해 활용하고, 군 복무를 하지 않는 청년들에게는 동일한 기간을 장애인이나 노약자를 돌보는 일에 의무적으로 복무하도록 만듦으로써 자원의 좀 더 효율적인 배분을 꾀할 수 있다. 약자를 배려하는 가운데 체득되는 공동체 의식과 사회적 결속의 강화는 오히려 국가 안보를 위한 가장 든든한 자산이 될 수도 있다.

또한 몇 년 전 군 제대자 특혜 논란이 있었지만, 이 기회에 여성들로 하여금 남성 군 면제자에게 적용하는 조치, 즉 일정 기간(최소한 1년)을 장애 시설이나 노인복지 시설에 봉사자로 근무하게 만드는 조치를 도입할 수도 있다. 남성이든 여성이든 청년들이 투자한 시간은 훗날 노년시의 연금 급여를 위한 레인체크(credits)로 적립이 가능하도록 제도화하면 된다. 이 모두는 인생 기회의 재분배를 통해 이해관계자 사회로 근접하게 하는 효과를 가져올 수 있다.

세계화 담론과 복지국가 위기론이 무분별하게 회자되면서 소비적 복지와 생산적 복지 혹은 재분배 정책과 생산주의적 프로젝트를 피차 상충하는 별개로 인식하려는 관행이 늘고 있다. 그러나 원래부터 복지국가는 생산과 분배의 쌍방향적 연계, 즉 생산의 분배적 함의와 분배의 생산적 함의를 그 안에 내포하는 개념이었다. 그것은 분배 측면에서 탈상품화와 사회재계층화 효과를 가져오는 반면, 인적 자원의 질을 향상시키고 총수요를 증대시킴으로 투자와 생산의 요건 창출에 기여한다는 사상에 입각한 것이었다.

그런데도 현재의 신자유주의자들은 생산과 분배를 이원적으로 분리하여 "복지국가는 재분배를 촉진하지만 생산에 부정적"이라는 관점을 앞세우며 복지국가에 대한 전면전에 나서고 있다. 이런 공세는 국가 복지의 역사적 성취를 억지로 무시하려는 시도이며, 무엇보다 성장이 주춤하고 실업이 고조되며 전통적 복지에 대한 수요 요인들이 급증하는 오늘의 상황에서는 무책임한 태도다.

'생산적 복지'가 이런 인식의 연장선상에 있음은 복지 관련 지출의 그간의 추이가 충분히 보여 주고 있지만, 소비적 복지의 사실상의 부재에서 시작해야 하는 한국의 경우에 '생산적 복지'로 대표되는 복지 개혁의 구상이 이런 추세에 편승하고 있다는 것은 위험천만한 일이 아닐 수 없다.

앞서도 강조했지만, 서방세계의 복지국가는 이미 그 사회에 체제적으로 각인되어 있는 헤게모니 체제다(Timmins 1995, 27; 박노자 2002). 서유럽 국가들의 복지 '위기'는, 명백히 복지국가 자체에 내재된 근본적 갈등 요인에서 기인한 재정적·도덕적 문제라는 측면을 안고 있지만, 오히려 성공의 위기라는 측면이 강하다.

예컨대 1990년대 초 서유럽 국가들이 1930년대의 위기에 버금가는 불황을 극복할 수 있었던 것도 대공황을 교훈 삼아 창출되었던 복지국가의 자동조절적·반경기순환적 장치 덕분이었고, 서유럽 국가들의 복지 지출은 그 증가율이 다소 둔화되거나 지출 내역의 재조정이 있을 뿐 여전히 증가 추세에 있고, 시민 정치에 대한 지지는 여전히 높다(Garrett 1998). 오늘날도 정부 예산의 50~60%가 복지 관련 항목에 정례적으로 지출되는 현실을 두고 복지국가가 위기라고 말할 수는 없다(Stephens et al. 1999).

어떤 점에서 보면, 정부 지출이 분배(소비)적 복지에서 생산적 복지로 '이전'해야 한다는 담론도 서유럽의 '고부담 고복지' 중심의 복지 체계가 '위기'에 부딪히거나 실패했다는 (신자유주의적) 전제를 묵시적으로 가정한 '위기 이후以後' 담론의 성격이 강하다. 서유럽의 복지 체계가 이미 그 안에 적극적 노동시장 정책을 통해 생산과 긴밀히 연결되어 온 마당에, 구태여 복지가 생산적이어야 한다는 언술은 불필요한 처사이며, 이런 교묘한 담론적 전치야말로 '제3의 길', '신중도'die Neue Mitte, '일을 위한 복지' 등과 같은 현란한 수사에 감추어진 위험성이다.

우리가 '생산적 복지'가 갖는 복지의 '생산주의적' 경도에 비판적인 이유는, 복지에 관한 한 우리는 물려받거나 물려줄 유산도 지니지 못한, 요컨대 복지 부재의 상황에 놓여 있다는 점과 시민사회의 이해관계가 적절히 대표될 수 있는 정치적 대표 체계를 갖고 있지 못하다는 점 때문이다. 만일 점증하는 국제적 압박 속에서 '역사와 정치'가 생존의 여지를 제공하는 원천이 되어야 한다면, 복지 한국의 모색과 관련하여 독자적 대안 찾기란 참으로 암중모색의 지난한 작업이 아닐 수 없다. 한국의 복지는 그 초입에서 벌써 안팎의 심대한 구조적 장애에 노출되어 있는 것이다.

- 지금까지 '생산적 복지'의 실천을 살펴보면, 그것이 재분배 정치와 연계 없는 일종의 '오도된 생산주의' 프로젝트에 기반하고 있다는 의구심을 준다.

- 우리가 필요로 하는 것은 성장의 과실을 포함해 한 사회가 동원할 수 있는 모든 가용 자원이 안정적이고 예측 가능하게 분배되는 관행 혹은 제도화가 동반된 성장이다. 나는 이를 '준비된 성장'이라 부르고자 한다.

- '생산적 복지'가 전제하는 일을 '위한' 복지 정신은 일을 '통한' 복지 개념에 의해 보완되어야 한다.

- '생산적 복지'가 갖는 '생산주의적' 경도에 비판적인 이유는, 복지에 관한 한 우리는 물려받거나 물려줄 유산도 지니지 못한, 요컨대 복지부재의 상황에 놓여 있다는 점과 시민사회의 이해관계가 적절히 대표될 수 있는 정치적 대표 체계를 갖고 있지 못하다는 점 때문이다.

11장 내적 민주화 : 기업지배구조와 '어두운 고용'

한국의 기업지배구조

지금까지의 논의에 비추어 '생산적 복지' 구상은 수정되거나 최소한 신자유주의적 근로 복지 개념과는 차별화되어야 한다. 이 과정에서 다음의 세 가지 점을 핵심적 사항으로 고려해야 한다.

첫째, 시장에서 밀려난 자를 위한 외적 민주화를 제도화하여 탈상품화 체계, 즉 소비적 복지를 위한 최소한의 국가 복지 체계를 확보함으로써, 노동시장에서 사용자와의 협상력이 부당하게 손상되는 것을 방지해야 한다.

둘째, 고용 가능성의 문제가 노동 유연성의 확보 여부, 즉 개인의 책임 여부로만 귀착될 수 없다는 점이 강조되어야 한다. 동시에, 직장 (고용) 창출을 위한 구조적 환경을 만들기 위해 국가적 차원에서의 총수요 창출 노력이 병행되어야 한다(Hutton 2000).

셋째, 이상의 두 조건이 어느 정도 성공적으로 충족되어 시장에서 밀려난 자들이 대부분 시장에 재편입하는 일이 발생하여 고용이 최상의 복지라는 '생산적 복지'의 원래 취지가 달성되었다 하더라도, 진정한 복지 구상으로서의 '생산적인' 복지가 실현되기 위해서는 기업지배구조의 개혁을 통한 저임금과 고용 불안 등 '어두운 고용'의 문제가 해결돼야 한다.

다음의 논의는 특히 세 번째 조건과 관련하여, 이해관계자 개념에 입각한 기업지배구조의 개혁을 '생산적 복지'의 명실상부한 정착을 위한 필수적인 요소로 간주하여 서술한 것이다. 국가-자본의 성장 지배 연합이라는 구조 속에서 성장한 한국의 재벌 체제는 앵글로색슨 국가들의 기업 유형이나 서유럽 대륙의 기업 형태와는 사뭇 다른 지배 구조를 지니고 있다.• 그것은 노동 배제적 (국가)코포라티즘의 환경 속에서 '소유자 경영'체제로 정착되었다는 점에서 경영자 자본주의나 주주자본주의의 유형과 차별화되며, 종업원이나 채권자 등 기업 안팎의 이해관계자들의 권리와 자산을 탈취한다는 점에서 이해관계자 자본주의식 기업지배구조와도 일치하지 않는다.

주주 중심도 이해관계자 중심도 아닌 한국의 재벌 기업은 이사회, 종업원 등 내부 통제뿐 아니라 자본시장의 인수 합병이나 기관투자가 그리고 부채 시장(은행)의 평가와 같은 외부 통제 등 일체의 감시 장치로부터 거의 완전히 자유로운 통제 부재의 상황을 향유하고 있다. 즉, 곧 지배주주이면서 동시에 경영자인 총수 일인의 제왕적 지배 아래

• 국민총생산, 총매출액, 자산 규모, 고용 등과 관련하여 한국의 5대, 10대 혹은 30대 재벌이 한국 경제 전체에서 차지하는 막대한 비중에 관해서는 김기원(2002)을 참조할 것.

놓여 있는 것이다.* 자본 조달도 증자 등 직접금융을 통하기보다는 소유권에 영향을 주지 않는 은행 대출 같은 간접금융에 의존하거나, 계열사 상호출자, 부당 내부 거래, 상호지급보증 등 내부 자본시장을 동원해 이루어졌다.

그러나 오랜 관치금융 아래에서 자율성을 상실한 은행은 채권자로 서 투자 대상 기업을 평가하고 감시할 만한 금융 기법을 발전시키지 못했다.** 자본시장 또한 감시 기능을 적절히 행사할 수 없었다. 과거 의 고도성장 국면에서 경영 감시의 유인을 갖지 않았던 일반 투자가 들은 장기 배당 투자가 아닌 단기거래 차익 투자에 치중했다. 단기적 주가 등락에 따른 적대적 인수 합병과 경영진 교체 같은 (주주자본주의 에 전형적인) 경영 규율 장치도 소유 경영자 지배 체제 아래서는 제 역 할을 거의 수행하지 못했다. 주주를 제외한 여타 이해관계자들도 무 력하기는 마찬가지였다.

20세기 막바지에 이르도록 노동자(종업원)는 제3자 개입 금지, 복수 노조 금지, 노조의 정치 활동 금지 등 노동운동에 대한 극심한 법적· 제도적 제약 아래 있었다. 이 상황에서 기업 가족주의라는 것도 가부 장적 위계질서로의 노동 포섭을 위한 이데올로기로 기능했으며, 노동

• 오늘날 재벌 총수의 경영 지배는 총수 1인이 평균 1.7%의 지분을 가지고 특수 관계인 과 계열사 간 상호출자라는 편법을 통해 45.6%의 내부 지분율(2002년 현재)을 확보 하는 소유 구조에서 기인한다(이연호 외 2002, 210). 이런 지배 구조는 재벌 총수가 대주주로서 직접 경영권을 행사면서도 경영에 대한 내부 및 외부의 통제가 부재하다 는 점에서 소유 경영자 자본주의(owner- managerialism)로 불리기도 한다(한국경 제연구원 1999b, 50).

•• IMF 환란을 전후하여 기관투자자들의 주식 소유 비율은 전체의 10%를 약간 상회하 는 정도로 영미 국가의 1/4에 불과했지만 30대 재벌의 부채비율은 400%에 근접할 정 도로 은행 의존도가 높았다(한국경제연구원 1999b).

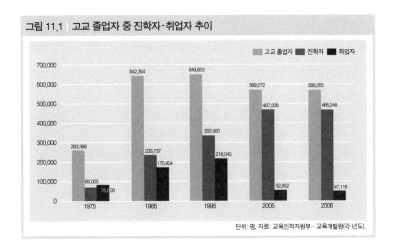

그림 11.1 고교 졸업자 중 진학자·취업자 추이

<table>
<tr><th></th><th>고교 졸업자</th><th>진학자</th><th>취업자</th></tr>
<tr><td>1975</td><td>263,369</td><td>68,055</td><td>76,805</td></tr>
<tr><td>1985</td><td>642,354</td><td>233,737</td><td>170,404</td></tr>
<tr><td>1995</td><td>649,653</td><td>333,950</td><td>218,040</td></tr>
<tr><td>2005</td><td>569,272</td><td>467,508</td><td>52,862</td></tr>
<tr><td>2006</td><td>568,055</td><td>466,248</td><td>47,118</td></tr>
</table>

단위: 명, 자료: 교육인적자원부 · 교육개발원(각 년도).

의 경영 협의 관행이 정착된 일본식 기업 문화와는 전혀 무관한 개념이었다(최장집 1996, 341).

재벌 기업이 하청 업체인 대다수의 중소기업들에 대해 생사여탈권을 휘두르고, 소비자들은 변변히 조직되지 못한 채 인플레를 통해 원가 부담을 속수무책으로 떠안을 수밖에 없었으며, 소액주주들은 분산되고 무력했다. 가장 중요한 감독 기관인 이사회마저 그 구성을 총수 1인에 의존하고 그에게 책임을 한정했다. 재벌 기업과의 정치적 유대가 확보되는 한 국가 또한 기업 경영에 대한 통제를 거의 방기했으며, 국가의 통제는 대출 중단이나 세무조사 등 정치적 고려에 의한 편법을 통해 행사되는 것이 고작이었다.

따라서 재벌 경영에 대한 통제는 근면과 절제 그리고 로비 능력 등 선대 재벌 총수의 개인적이고 지극히 우연적인 성품에 기댄 자율적 통제가 거의 유일했다. 하지만 이조차도 검증되지 않은 2대, 3대가 총수직을 세습하면서 급속히 사라질 수밖에 없었다.

합리적 기업지배구조가 결여된 상황에서, 기업 안팎의 수많은 연고주의의 고리들이 정상적인 경쟁 질서를 유린하며 비합리적인 보상기준으로 작동했다. 더욱이 사농공상의 유교적 질서로 말미암아 학벌, 정확히는 학력 혹은 졸업장 중심의 사회적 상향 이동 체계와 보상 체계가 뿌리를 내리면서, 정규교육 과정은 사회의 계층구조와 신분 질서를 강화하며 불평등을 심화시키는 방향으로 자리 잡았다. 무엇보다 대학 교육 중심으로 교육이 일원화되면서 제조업 등의 생산성 향상을 직접적으로 책임지는 노동자들을 위한 기능적 훈련과 교육은 천시되었다.

한국에서 선대의 장인 정신을 고집하는 가업 전통이 거의 존재하지 않거나, 노동계급 다수가 현실의 사회경제적 지위와는 무관하게 중간계급의 일원으로 인식되기를 바라는 것도 이런 문화적 전통과 무관하지 않을 것이다(구해근 2002). 특히 가족주의적 유교문화는 기업 내부의 권위적 위계질서를 윤리적으로 승인해 주었다. 이런 상황에서 기업 경영에서 평등주의적 토론 문화와 민주주의적 질서가 자리 잡기를 기대하기란 쉽지 않다.

이 모두는 기업 내부에 다양한 이해관계자들의 이익이 제도적으로 표출될 수 있는 문화적·제도적 토양이 얼마나 척박한가를 보여 준다(홍훈 1999, 100-116). 요컨대 한국의 재벌 기업은 자본시장의 감시 체제와 부채시장(은행)의 감시 체제가 모두 저발달된 상황에서 유교적 가족주의 전통과 결합된 특유의 지대 추구형 소유자 경영구조를 발전시켰던 것이다.

기업지배구조의 개혁 방향

그럼에도 한국의 기업지배구조가 종종 독일 기업과 유사한 것으로 간주되는 것은 선단식 경영이나 내부 자본 시장 체제 그리고 금융 유동성에 대한 국가적 통제 등이 오히려 외부 주주의 압력 등 주주자본주의에 내재된 단기주의 문제를 방지하는 데 기여한 측면이 있다고 보기 때문이다. 따라서 시장 질서의 확립이라는 명분 아래 재벌 체제를 개혁하기 위해, IMF 이행각서가 요구하는 방향을 무비판적으로 수용하거나 효율이나 국제경쟁력의 이름으로 신자유주의적 개혁을 당연한 것으로 허용한다면, 금융 헌신을 통한 고도성장과 산업구조의 점진적 선진화를 가능케 했던 발전주의의 장점은 소실될 수밖에 없다. 그리고 대신 앵글로색슨식 기업지배구조만을 그대로 떠안게 되는 결과를 낳을 수 있다(강철규 1999; 조영철 2001a, 71; 2001b, 309-10).

그럼에도 한때 성장의 주요인으로서 칭송되던 아시아적 가치가 경제 위기를 계기로 전근대적이고 비효율적인, 실패한 자본주의의 원흉으로 지목되는 한편, 앵글로색슨식의 신자유주의 담론은 갈수록 정치적 지배력을 확산해 가고 있다(이홍종 2002). 한국 사회에서 저변 계층이 확대되고 불평등이 심화되며 비정규직이 전체 고용의 60%에 이르는 등 고용 불안이 심화되고 있는 현 상황은 한국이 신자유주의적 세계화 담론에 무비판적으로 편승하고 있는 것이 아닌가 하는 우려를 낳게 한다.*

물론 세계화의 진행과 더불어 기업 경영의 투명성에 대한 요구가

---

* 예컨대 노사정위원회의 출범은 새로운 가능성을 보여 주었지만, 그 후의 전개 양상은 오히려 신자유주의적 경도(傾倒)의 한 전형을 보여 주었다(강민 외 2002, 59-62).

높아질수록 정보 비대칭 등에서 오는 지대 추구는 점차 어려워지고 기업지배구조는 경제적 성취와 밀접한 연관을 지닐 수밖에 없다. 그러나 지금대로의 세계화가 방치된다면 장기적 산업 이윤보다는 단기적 자본 이득에 대한 기업의 집착은 더욱 완고해질 것이 자명하다.

요컨대 재벌 개혁의 핵심은 재벌 총수의 전횡을 제어하고 기업 경영의 투명성을 제고하면서 신자유주의도, 아시아적 연고주의도 아닌 이해관계자 개념을 도입할 수 있을까의 문제다(조영철 2001b, 316-317). 중요한 것은 재벌 개혁 등 기업의 병리적 지배 구조를 개선해 나가되, 그 방향이 무한정한 탈규제의 방향으로 나아가서는 안 된다는 점을 인식하는 일이다. 예컨대 재벌 총수의 1인 지배 체제는 마땅히 해체되어야 하겠지만, 서방국가들에 비해 기관투자가들의 주식 소유 비율이 현저히 낮은 한국적 실정에서 구태여 투자 패턴을 자본시장 중심으로 이전하는 것은 현명한 일이 되지 못할 것이다.

이 점에서 최근의 주주 행동주의에 입각한 소액주주 권한 강화와 같은 기업 감시 방안은 근본적으로는 주주자본주의의 맥락을 벗어나는 것이 아니라는 한계를 지닌다. 그간 서유럽 국가들이 종업원의 영향력 행사를 위해 취했던 방식, 즉 종업원 지주제와 임노동 기금 등도 주식 소유를 영향력의 핵심 자원으로 간주한다는 점에서 종래의 주주 자본주의 정신에 합치하며, 종업원과 주주 이외의 여타 이해관계자의 참여를 배제한다는 문제를 지닌다.•

스톡옵션 제도를 도입하거나 인수 합병 시장을 활성화함으로써 주주자본주의에 전형적으로 나타나는 대리인 문제는 해소할 수 있겠지

• 종업원 지주제와 과거 스웨덴 사민 진영이 추진했던 임노동 기금과 같은 혁신적 개혁들은 종업원이나 기금의 주식 소유 자체에 상한선을 두는 등 각종 제약 요인들로 인해 주주자본제를 극복하는 데는 실패했다.

만, 그럼에도 주주와 경영자 간의 담합으로 기업 안팎의 여타 이해관계자들의 이해가 배제되는 것은 소유 경영자 체제에서와 별다름이 없게 된다.

독일식 모델을 좇아 중앙은행을 분리하여 통화정책 자체를 정부의 통제에서 완전히 벗어나게 하는 것도 현 단계에서는 그리 바람직해 보이지 않는다. 일반적으로 중앙은행에 보수적 금융론자들이 집결해 있다는 사실을 고려하면, 국가 주도의 강력한 개혁 드라이브를 필요로 하는 한국적 상황에서는, 거시경제정책을 위한 도구들을 정부가 보유하는 것이 반드시 부정적인 것은 아니다(한국경제연구원 1999a).

민주화가 진행될수록 무분별한 경기 부양 정책과 같은 자의적 관행은 점차 사라질 수밖에 없다. 블레어 정부가 중앙은행의 분리와 더불어 케인스주의의 총수요관리를 위한 정책 도구를 스스로 포기하면서 실업과 고용 불안 등이 급속히 확대됐던 사실도 고려할 필요가 있다. 더불어 은행의 기업 경영에 대한 발언권을 확대하되, 은행의 권한을 이해관계자 정책 결정 구조의 큰 틀의 제약을 받도록 함으로써 특정 이해관계자가 경영을 장악하는 일이 없도록 해야 할 것이다.

최근 논의대로 은행의 경영 관여 방식을 주식 소유 방식으로 전환한다면, 은행의 주식 소유 상한에 대한 규제를 도입한다 하더라도 이것이 곧 기업에 대한 은행의 장기적 금융 헌신을 훼손시킬 수 있기 때문에 바람직하지 않다. 또한 앞으로 지식기반산업이나 벤처기업 그리고 서비스산업의 비중이 커갈수록 인적 자원의 중요성, 특히 종업원이 정책 결정 과정에 참여하는 일은 더욱 중요해질 것이다.

이해관계자 체제의 도입

한국의 기업이 이해관계자의 제도적 유산이나 강력한 노동운동의 전통을 가지고 있지 않은 것은 사실이다. 그러나 소유 경영주가 주주뿐 아니라 은행이나 종업원 등 어떤 이해관계자로부터도 상당한 자율성을 향유해 왔다는 점은 한국의 선택이 반드시 주주자본주의로 경사될 필요는 없다는 것을 말해 준다. 따라서 민주화 이후의 정부들이 노동시장의 유연화를 강화하고 경영자 통제에 초점을 맞춘 주주(시장) 중심의 기업 감시 체제와 영미식 금융 개혁을 답습해 온 것은 유감스러운 일이 아닐 수 없다(안예홍 1999, 40).

이해관계자 자본주의가 신자유주의적 개혁을 역사적 선례로서 전제하거나, 시장 질서의 확립을 위해 현 단계의 잠정적 대안으로서 신자유주의적 개혁을 당연한 것으로 수용해야 하는 것은 아니다. 만일 현 단계에서 신자유주의가 대안이 된다면, 앞에서 누누이 강조했던 것처럼, 권력관계의 제도화로서 이해관계자 체제의 도입은 그만큼 어렵게 될 것이다(이찬근 2002). 신자유주의를 포함한 모든 개혁은 새로운 권력관계를 창출하거나 기존의 권력 구조를 공고화하는 데 기여할 수밖에 없기 때문이다.

이런 점에서 한국은 주주자본주의를 선도하는 영국보다 개혁을 위해 오히려 유리한 입지를 확보하고 있을지 모른다. 한국이 추구해야 할 새로운 유형의 정치경제 체제는 어떤 기준에 의거하더라도 시대착오적인 재벌 체제의 개혁에서 시작되어야 하기 때문에 도덕적 정당성 확보가 용이하기 때문이다.

1997년 외환 위기 이후 한국의 금융 체제는 은행 아닌 자본시장 중심으로 변화되었고 그 속도는 급속했다. 2003년 들어 외국자본의 한국 주식시장 지배는 38%로 급증했고 이는 대만이나 일본의 외국인 지분율 20% 정도에 비해 두 배 가까운 수치였다(『내일신문』 2003/08/28). 같은 시기 은행 산업에 대한 외국자본 점유율 역시 30%로 미국(19%), 일본(7%), 독일(4%) 등 선진국보다 크게 높은 수준으로 증가했다(한국은행 2003). 단기 수익을 노리는 포트폴리오 투자도 — 예컨대 1997년 22억 달러에서 1999년 115억 달러로 — 폭발적으로 증가하고 있다(Ryou et al. 2002, 82-84).

그러나 미국의 경우와는 달리 한국의 주식시장은 아직 드물지만 유상증자가 왕성하게 이루어지는 발행시장의 역할을 담당하고 있으며, 기업지배구조가 금융 유동성의 단기주의에 의해 전적으로 좌우되는 것은 아니다(Kelly 2001). 비록 외환 위기를 계기로 은행의 투자 행태가 장기적 기업 금융을 기피하며 단기적 유동성을 선호하는 것으로 바뀌고 있지만, 은행은 아직 기업에 관한 가장 많은 정보를 가지고 있는 한국 기업의 주 자금 조달원이다. 상대적으로 자본시장이 저발전된 상황에서 민주화의 진행과 더불어 관치금융의 관행에서 벗어날수록 은행은 기업을 위한 장기적 자본 조달, 예컨대 기술 개발과 설비투자를 위한 중심적 역할을 수행할 수 있다(조영철 2003; 조영훈 2002b).

마지막으로 한국의 정치적 유산, 특히 시민사회에 대한 정치의 압도적 우위의 전통과 한국 노동계급의 시민권이 1987년 이후 지속적으로 확대되어 왔다는 점 등도 기업지배구조의 개혁을 위해 긍정적으로 활용될 수 있다. 국가–자본의 오랜 유착이 정착시킨 지대 추구 관행과 노동의 정치적 배제 등 정치적 대표 체계의 저발전 문제가 민주화와 더불어 일정하게 해소된다면 민주화가 국가 능력을 반드시 약화시킬 것이라는 가정은 오히려 성급하다고 할 수 있다(이정진 2002).

이런 점에서, 한국이 국가 우위의 발전 국가 모형에서 후퇴하고 있다 하더라도 여전히 "시장의 규칙을 제정하고 이를 감시하는 감독자 및 규제자의 역할을 강화"하는 규제 국가의 양상을 완전히 떨치지 않고 있는 것은 그나마 다행스런 일이다(최영종 2002, 219).

　이해관계자 자본주의의 주 내용을 형성하는 내적 민주화와 외적 민주화 모두 자본 권력에 대한 제도적 견제 장치라는 점에서 노동이라는 요소는 여전히 중요하다. 거기에서 하나의 계급 혹은 집단으로서 노동의 참여는 여전히 중심적 요소를 형성한다. 이때의 노동계급은 전통적 의미의 동질적·연대적 계급이 아니라, 세계화와 생산 체제의 변화 등으로 인해서 새롭고도 광범위하게 창출되는 사회적 약자 그룹과 소외 집단, 예컨대 저임금과 불안정 고용에 시달리는 계층과 만성적 복지 의존층으로 분류되는 사회 저변 계급 등을 모두 포괄하는 개념이다.

　기업지배구조의 개혁을 통한 내적 민주화는 저임금과 불안정 고용이라고 하는 어두운 고용의 문제를 해결하는 데 있어서 기업 내부의 이해관계자를 참여시키는 것을 의미한다.

- 은행의 기업 경영에 대한 발언권을 확대하되, 은행의 권한을 이해관계자 정책 결정 구조의 큰 틀에 의해서 제약받도록 함으로써 특정 이해관계자가 경영을 장악하는 일이 없도록 해야 할 것이다.

- 이해관계자 자본주의의 주 내용을 형성하는 내적 민주화와 외적 민주화 모두 자본 권력에 대한 제도적 견제 장치라는 점에서 노동이라는 요소는 여전히 중요하다. 거기에서 하나의 계급 혹은 집단으로서 노동의 참여는 중심적 요소를 형성한다.

- 기업지배구조의 개혁을 통한 내적 민주화는 저임금과 불안정 고용이라고 하는 어두운 고용의 문제를 해결하는 데 있어서 기업 내부의 이해관계자를 참여시키는 것을 의미한다.

Welfare

5부
결론

Welfare

12장 | 복지 한국의 미래는 있는가

서유럽 사민주의의 쇠락

우리가 복지국가 혹은 복지 선진국으로 부르는 국가들이 모두 서유럽 국가들인 데서 알 수 있듯이, 복지 혹은 복지국가라는 개념은 그 이론과 실천의 양면에서 분명히 서유럽 사회에서 적용되고 발전된 개념이다.

이들 국가에서는 소련과 동구의 사회주의권이 몰락하기 훨씬 이전부터 생산수단 국유화의 정책적 의의가 급속히 퇴색하는 대신 각종 복지 관련 정책을 통한 소비 수단의 국가 통제가 시장경제의 내적 갈등을 완화시킬 수 있는 가장 현실적인 정책 영역으로 부각되어 왔다. 실제로 제2차 세계대전 종전 이후, 자본주의의 융성은 곧 복지국가의 발전과 맥을 같이 했으니, 한동안 복지국가가 표방하는 가치와 규범은 전 인류가 그 성취를 부러워할 만큼 보편성과 정당성을 인정받아 왔다.

이런 상황은 1970년대를 거치면서 변하기 시작했다. 처음에는 복지국가의 정당성에 관한 거대 이론들 간의 이론적 공방이 주를 이루다가, 1980년대 이후는 신자유주의적 세계화 담론에 편승하여 복지국가의 축소 지향적 재편이 불가피하다는 주장이 대세를 형성하기 시작했다.

복지국가 위기 혹은 쇠퇴 담론의 배경에는 서유럽 사민 정치 혹은 '민주적 노동 정치'의 쇠락이 자리 잡고 있다. 서유럽 정치사에서 노동계급의 동원 혹은 노동을 주축으로 한 계급연대는 절차적 민주주의와, 통상 복지 체제로 대변되는, 실질적 민주주의 모두의 뿌리였다.

과거 봉건시대는 부의 근원인 토지를 장악했던 영주들이 동시에 정치권력도 독점했던 시대였으며, 거기에서 경제 권력과 정치권력 혹은 시민사회와 정치 영역은 통합되어 있었다. 그러나 자본주의적 산업화가 진행되면서 정치가 경제로부터 일정하게 자율성을 확보하기 시작했으니, 돈money이 말하는 시장보다 1인 1표의 수number의 원리가 관철되는 정치에 이해관계를 걸었던 노동계급이 투쟁을 통해 마침내 획득한 결과가 (정치적) 민주주의였던 것이다.

복지국가란 서유럽의 사민 정당들이 민주주의를 통해 경제, 즉 시장적 실패를 교정하기 위해 일궈 낸 실질적 성과였다. 노동의 권력 자원을 지지와 동원의 근거로 삼았던 사민 정치야 말로 복지국가의 발전을 견인했던 핵심적 요인이었던 것이다.

그런 서유럽 사민 정치가 급속히 쇠락하고 있다. 좌파 연립정부의 집권은 급격하게 감소했다. 소수의 좌파 정부들조차 그 이념과 정책 내용의 실상에서는 우파의 그것과 다름없다는 비판이 비등하고 있다. 더욱이 최근 서유럽 정치판도가 보여 주듯, 좌파 정치의 쇠락은 단순한 중도나 중도 우파의 부상을 뛰어넘는 극우 정치 세력의 급부상을 동반하고 있다.

덴마크에서는 극우파가 연립내각을 구성했고, 2002년 5월의 총선 직후 집권당이 된 네덜란드 기민당CDA은 인종주의적 극우 정당LPF과 연립정부를 구성한 바 있었다. 2006년 5월에 있었던 영국의 지방선거에서는 노동당이 완패한 대신 극우 정당인 영국국민당BNP이 급부상했다.

오늘날 서유럽 사민 정치는 최소한 다음의 네 가지로 요약되는 심각한 딜레마에 처해 있다고 볼 수 있다.

첫째, 과거 사민주의 정치가 의존해 왔던 계급 구조가 해체되고 있다는 관찰이다. 소품종대량생산이 점차 다품종소량생산 체제로 전환되고 고용구조가 복합적 양상을 띨수록, 전통적 노동계급의 소멸, 좌파(사민) 정당에 대한 지지도 약화, 부동표 증가, 투표율의 전반적 하락 등의 현상이 발생한다. 특히 오늘날 서유럽 국가들에서 육체 노동자의 비율은 1/3 이하로 급속히 저하되었고, 절반 이상의 유권자가 스스로를 좌도 우도 아닌 온건 진영으로 규정하면서, 좌와 우의 정당에 대한 유권자 충성도 혹은 정당 일체감도 지속적으로 하락하고 있다. 이제 사민 정당들은 정치적 생존을 위해 "충성스러운 소수"가 아닌 "무관심한 다수"를 먼저 고려해야 하는 상황에 이르렀다.

둘째, 이른바 정체성 정치가 계급 정치를 점차 대체해 가고 있다는 인식이다. 종래 계급이라는 보편적이고 본질적인 갈등 요인의 하위 개념으로 간주되던 요인들이 대거 부상하면서, 이미 각종 구조적 여건에 취약하게 노정되어 있는 노동 정치의 내적 분열은 가속화된다. 특히 세계화가 초래한 불안과 소외 의식이 확대될수록 시민사회의 분노가 적대적 '타자' — 예컨대 유색인, 이교도, 이주자, 범죄자, 복지 의존자 등 저변 계급 — 에게 옮아가는, '책임 전가의 정치', '희생양의 정치'가 일상적 관행으로 자리 잡는다. 계급 간 분화로부터 계급 내 분화로의 '대상 전치'對象轉置가 발생하는 것이다. 최근 만연하는 국수주의나 극단적 인종주의에서 드러나듯, 민족, 언어, 종교와 같은 인간의 원초적 감정에 닿아 있는 갈등 요인들은 쉽사리 타협되지 않으면서 오히려 과잉되기 쉽거니와, 극우 정치가 왕왕 거리의 폭력으로 발전하며 우익 엘리트의 선거적 조작과 권력 자원의 강화를 위해 활용되는 것은 이 때문이다.

셋째, 단합된 노동계급의 동원 전략에 의존했던 기존의 사민 정치, 곧 전후 합의 체제(케인스식 수요관리, 보편적 공공 서비스, 공사 혼합 체제)의 유효성이 세계화와 같은 새로운 환경의 도전 앞에서 소멸되고 있다는 관측이다. 국내적으로는 복지국가의 재정적·도덕적 위기 논제가 증폭되고, 국외적으로는 신자유주의가 추동한 세계화가 '경쟁적 긴축'을 생존의 논리 내지 조건으로 회자시킨다. 그리하여 자본과 (자본의 신뢰 확보에 혈안이 된) 국가에 의해 노동시장 유연화 전략이 대세를 이루고, 노동계급의 집단적 정체성이 분산·약화될수록, 노동계급은 점차 권력 게임의 밖으로 밀려난다. 종래 국민국가라는 시공간적 경계 속에서 단합된 노동운동이 후원하고 복지 공여와 교호하며 발전되어 온 사민주의 프로젝트는 이제 소멸 내지 재편이 불가피해진 것이다.

넷째, 외적으로 현실 사회주의의 몰락은 내적으로 서유럽 사민 정치에 대한 불신을 고조시켰다. 때마침 불어 닥친 포스트모더니즘의 해체 담론과 인식론적 회의론이 지식사회를 강타하면서 종래 거대 담론에 의존했던 좌파 정치의 설 자리가 점차 사라지게 되었다.

복지국가 지속의 의미

요컨대 복지국가 위기론의 배후에는 세계화 추세와 더불어 계급 정치와 사민 정치의 쇠퇴담론이 자리하고 있는 것이다. 그럼에도 불구하고, 보편적 갈등 요인으로서 계급 혹은 계층이 지니는 유일성 혹은 독특성은, 그것이 인종, 성, 지역 등 갈등과는 달리, 쉽사리 다양성 개념으로 분석될 수 없는, 그리고 자본주의적 경제관계가 지속되는 한 철폐되기도 힘든 개념이라는 데 있다. 도덕적 측면에서 보더라도, 시민사회의 수평적 분화(편견)를 조장하는 정체성 정치는 권력의 수직적 위계에 도전하는 계급 정치에 비해 취약할 수밖에 없다.

더욱이 오늘날 인류는, 실업과 저임금의 문제를 넘어, 새로운 위험, 새로운 불평등의 문제에 직면해 있다. 임시직, 계약직, 비정규직의 격증으로 인한 고용 불안과 소득의 불확실성은 거의 모든 직종과 계층에 걸쳐 만연되고 있으며, 저변 계급으로 불리는 비경제활동인구economically inactive 또한 그 수가 팽창 일로에 있다.* 노동시장의 상층부에서는 초고소득층(CEOs, 연예계와 스포츠계 스타, 은행가, 변호사, 소프트웨어 개발자, 의사 등)에 대한 동경과 환상이 급격히 늘어나는 등 사회 전체의 자원이 비효율적으로 배분되는 한편, 다른 한편에선 '빈곤은 개인의 책임'이라는 철학, '조세와 정부 지출은 경제적으로 비효율적이고 도덕적 해이를 가져온다'는 경제 원리가 더욱 내면화된다.

• 월 허튼은, 예컨대 영국 사회가 30/30/40의 '새로운 범주화'를 요구하고 있다고 진단한다. 그에 따르면, 영국은 30%의 소외 계층(the disadvantaged, 한계화된 실업자와 경제적 비동층), 30%의 불안정 고용에 시달리는 신불안층(the newly insecure), 그리고 40%의 고용 안정층(the advantaged)으로 나뉘고 있으며, 안정된 상위 40%조차도 1년에 1%의 비율로 축소되고 있다(Hutton 1995).

그럴수록 기업들에게 최고의 단기금융 수익을 요구하는 기관투자가들의 항시적이고 격렬한 압박이 가중되고, 복지국가에 대한 '위기' 담론과 함께 정치적 공세가 전방위적으로 진행된다. 물론 새로운 리스크가 증가할수록 그에 비례해서 계급 정치의 필요성은 절실해질 수밖에 없다. 이런 상황에서 서유럽 좌파 정치가 지레 수세적 자세를 취하는 것은 참으로 기묘한 역설이 아닐 수 없다.

그럼에도 우리는 국가 복지에 관한 규범적·실천적 합의가 변함없이 지속되고 있다는 점을 포착해야 한다. 사실상 복지가 어느 정도 문화적·체제적으로 각인되어 있을 때, 그것에 대한 과격한 재편은 우선 정치적으로 가능하지 않다. 복지 인구(복지 관료, 복지 수혜자)의 팽창과 사회경제적 급여 요인들(이혼율, 노령 인구의 증가와 실업률의 상승 등)이 하나의 구조적 압박으로 작용하는 상황에서, 집권 세력의 이데올로기적 성향이나 단순한 경제 논리에 기대어 위기를 전망하는 것은 지나친 속단이다.

오히려 복지 선진국들은 좀 더 미시적 차원의 정치적 실천, 즉 환경의 복합적 변화 — 예컨대 성장의 둔화, 생산 체제의 변화, 노사 협상 체제의 변화, 국제경제의 압박 등 — 에 적응하기 위한 대책 강구에 부심해 온 실정이다. 다양한 내적 차별성에도 불구하고, 사회권이 어느 정도 재산권에 접근할 수 있는 정치적·실천적 지위를 지닌다는 최소한의, 그러나 광범위한 합의는 건재하다.

그렇다면 복지국가에 대한 지지와 사민 정치의 쇠락이라는 상반된 듯한 현상은 어떻게 화해할 수 있는가? 혹은 유권자 편에서 볼 때, 복지국가에 대한 지지에는 변함이 없으면서 복지국가의 발전을 반세기 넘게 견인했던 사민 정치에 대한 지지를 철회하는 이유는 무엇인가?

앞에서 지적한 대로, 우리가 처한 현 상황이 계급 정치를 오히려 절

실히 필요로 한다는 점을 고려하면, 이런 의문에 대한 답변은 자명하
다. 사회경제적 하층계급이 대거 좌파 정치로부터 이반하고 서유럽
정치 판도가 급격히 우경화한 이유는 무엇보다도, 사민 '정치'가 실패
했기 때문이다. 서유럽의 사민 정치는 "대안은 없다!"와 같은 신자유
주의적 세계화 담론의 공세 앞에서, 계급 형성을 위한 적극적 전략의
수립을 일찌감치 포기한 채 오히려 수세적 자세를 선택했던 것이다.

새로운 민주화의 추구

중요한 점은, 과거의 사민 정치가 신자유주의의 담론적 공세로 인해
일거에 수세에 몰릴 정도로 허약한 측면이 있었다는 것을 인정하는
것이다.

　무엇보다 그것은 국가의 민주화를 통한 국가 복지 체계에 초점을
맞추면서 막강한 위계적·권력적 영역인 시장을 민주화 개념 밖의 신
성불가침의 영역으로 취급했다. 따라서 오늘날 민주화야 말로 사민
정치의 재창출을 위한 중심적 화두가 되어야 한다고 말할 때, 그때 민
주화란 정치적 민주주의가 후원한 그간의 복지 체제, 즉 시장 경쟁에
서 비자발적으로 밀려난 사람들을 위한 외적 민주화와 시장의 주 행
위자인 기업의 지배 구조를 개선하는 시장 자체의 민주화, 즉 내적 민
주화 모두를 포괄하는 개념이다.

　새로운 민주화는 이해관계자 개념을 국가와 시장에 도입하는 문제
와 직접적으로 닿아 있는 것이다. 그리하여 새로운 사민 정치가 후원
하는 새로운 복지 구상은, 첫째, 외적 민주화, 즉 국가에 의한 전통적
복지 공여를 공고히 함으로써 복지의 양적 수준과 질적 내용에서 '어

두운 복지', 따라서 강제적 시장 재편입의 가능성을 줄이고, 둘째, 내적 민주화, 즉 기업지배구조를 민주적으로 개편함으로써 '어두운 고용'(저임금이나 고용 불안정 등)을 줄일 뿐 아니라 기업과 관련된 다양한 이해관계자들(하청 업자, 소비자, 지역 주민, 주주 등)의 이익을 도모함으로 국가 복지에 대한 부담을 경감시켜야 한다.

강제적 시장 재편입이 '어두운 고용'을 낳고, '어두운 고용'이 다시 국가 복지의 부담을 증가시켜 '어두운 복지'를 낳는 악순환을 피하기 위해 이 두 차원의 민주화는 피차 보완되고 긴밀히 조율되어야 한다.

그런데도, 언제부터인가 복지국가가 권위주의, 관료주의의 온상으로 매도되면서 민주주의라는 용어는 우익 진영의 전유물로서 국가의 후퇴, 시장의 전진 배치와 동일시되어 왔다. 그러나 신자유주의가 정치적·경제적 권력을 장악해 갈수록 권력 현상으로서의 시장이 낳는 병폐는 오히려 증대되고 있다. 이제 민주주의는 더 이상 보수정치와 이론의 전유물이 되어서는 안 되며, 오히려 복지국가의 재편을 포함한 일체의 개혁을 위한 본래의 지위를 회복하고 확장해 나가야 한다.

그것은 개혁의 과제를 자원의 당대적 배분을 둘러싼 실천적 투쟁에 두기보다는 자원배분의 항구적 구조를 마련하기 위한 제도화에 초점을 맞추어야 한다는 의미다. 예컨대 지금처럼 노/자 혹은 이해관계자들 간의 영합게임적zero-sum 쟁투가 첨예할 때에는, 구체적이고 실질적인 배분에 대한 단기적 집착은 노동운동의 권력 자원을 더욱 약화시킬 수 있다. 아마 영국의 경우는 대표적인 사례가 될 것이다.

영국 노조 운동은 단기적 이해관계에 치중한 경제주의적 투쟁에 몰입하는 가운데 노동의 경영 참여나 정치적 노동운동 같은 제도화의 문제에는 등한시하거나 때로는 적대적 태도를 견지하기까지 했다. 영국 노조 운동이 (지금은 이조차 과거의 얘기가 되었지만) 화려한 외양에도 불구하고, 그 내실은 대처 수상의 신우익적 공세에 일거에 무너질 정도로 취약했던 것도 권력의 항구적 배분을 위한 제도화의 문제를 단기적·경제적 이해라는 제단에 희생시켰기 때문이다. 오늘날 영국이 서유럽 국가들 가운데 가장 낮은 수준의 복지국가, 가장 취약한 노동운동, 가장 우경화된 사민주의를 '자랑하는' 국가가 된 것도 이런 점들과 결코 무관치 않다. 물론 이 점이야말로 이해관계자 개념이 각별히 부각되는 근거가 되며, 한국 복지가 궁극적으로 취해야 할 길이 또한 거기에 있는 것이다.

복지 개혁, 두 차원의 민주화

유연성이 국가 경쟁력의 관건으로 회자되는 상황에서 내적 민주화와 외적 민주화를 결합하려는 새로운 복지 구상은 단기적으로는 시대를 역행하는 발상이라는 부담을 줄 수 있다. 그러나 제도화란 오랜 시행착오를 거친 후에 정착되는 장기적 기획이며, 인류는 어차피 목전의 현안을 넘어 당장은 요원해 보이는 것들에 대해 지속적으로 문제를 제기함으로써 개혁을 성취해 왔다. 오늘날 한국 사람들은 모든 영역에서 균형이 붕괴되고, 그런 붕괴가 고착화되는 시대를 살아가고 있다. 이는 지난 세월 우리의 소위 민주 정부들이 1987년 체제가 만들어 준 형식적 민주주의에 안주하면서 신자유주의적 시장 논리를 오히려 강화시켜 왔기 때문이다. 신자유주의가 요구하는 주주자본주의, 노동시장의 수량적 유연화 전략을 무비판적으로 수용할 때, 빈곤과 불평등 그리고 그로 인한 불안은 증대될 수밖에 없다.

빈곤, 불평등, 불안의 요인들을 근본적으로 성찰하려면, 신자유주의적 담론을 대체하는 확고한 정치경제학의 논리가 제시되어야 하며, 이를 위한 논의의 단초는 시장 안팎을 상호 연계적으로 아우르는 공세적 담론으로부터, 즉 시장 외부의 국가 복지로서 외적 민주화와 시장 내부의 기업지배구조 개혁으로서 내적 민주화를 강화하는 것에서 마련되어야 한다. 이를 위해 국가는 세제와 기업지배구조에 관련된 법적 이니셔티브를 능동적이고도 지속적으로 발의해 나가야 한다.

그런 과정을 통해 생산과 유통 과정에서 발생하는 모든 부는 사회적 산물이라는 것, 재산권은 소유주의 배타적 특권이 아닌 사회가 인정하고 국가가 법적으로 보장할 때 비로소 가능한 권리라는 것, 따라서 소유권의 행사에는 의무가 따르며 국가가 보호해야 할 재산이 많을수록 더 많은 대가를 지불해야 한다는 것 등에 대한 사회적 합의가 서서히 자리 잡아 갈 것이다.

이것은 결코 용이한 실험이 아니다. 그러나 역사에서 모든 의미 있는 개혁적 논의는 언제나 부당한 현실과 호의적이지 않은 기존의 조건들로부터 일정한 거리를 전제하고 시작되었다는 것을 상기할 필요가 있다.

민주주의의 실질화, 정치의 사회화

지난 반세기 동안 우리는 회고하고 향수에 젖을 만한 체제를 경험해 보지 못했다. 따라서 우리가 지향해야 할 사회경제적 체제는 어떤 것이 되어야 하는가에 대한 정직한 소통을 시작해야 한다.

지금 우리에게 필요한 것은 본질적 개혁의 방향을 제시하는 지식인과 그런 개혁을 위해 (절차적) 민주주의가 용인한 권력적 기반을 전향적으로 활용할 용기와 의지가 있는 정치적 리더십이다. 그런데도 개혁을 강조했던 정당 내부에서조차 "정부 여당이 중산층과 서민 정당의 정체성을 상실했다"는 고백이 나오고, 상대적으로 진보적이라 기대했던 대통령조차 "권력은 시장으로 넘어갔다"고 공공연히 선언했다. 이것이 정직한 고백이요 선언이라면, 그간의 개혁 정권은 민주적 정치 세력으로서 권력적 기반과 동원을 위해 국민이 선택해 준 민주주의를 활용하고자 하는 의지가 없는, 곧 집권의 가장 큰 이유와 명분을 실현하지 못한 정권이다. 정치가 정치 계급만의 게임이 되지 않으려면, '정치의 사회화', 곧 정치가 사회적으로 소비되어야만 한다. 그렇지 않다면 민주주의는 존재 이유를 상실할 수밖에 없다.

무엇보다 한국 민주주의는 1987년의 흥분에서 하루빨리 벗어나야 하며, 시장은 그 자체가 권력적임을 새삼 상기해야 한다. 시장적 경쟁은 물적·지적 자원의 소유가 승패를 좌우하는 승자독식의 논리 위에서 있다. 신자유주의가 시장 권력을 강화할수록, 시장 안팎에서 패자들이 겪어야 하는 빈곤과 불평등은 늘어 가지만, 때때로 그것들은 인센티브의 이름으로 정당화되기도 한다.

절차적 민주주의는 자본주의를 견제하기 위해 형성·발전되었고, 실질적 민주주의란 절차적 민주주의를 도구로 교정된 자본주의의 다른 이름일 뿐이다. 요컨대 정치권력이 1인 1표의 평등한 절차적 민주주의를 통해 정당성을 담보하는 이유는 불평등한 소유권에 기초한 시장 권력을 제어하기 위함이다. 당연히 정치권력은 절차적 민주주의가 허용한 권력적 기반 위에서 승자독식의 논리를 거스르려는 강한 의지와 정직한 시도를 부단히 보여 주어야 한다.

이는 노동운동과 같은 대항적 권력이 명실상부하게 제도화되지 않으면 불가능한 일이다. 물론 이런 개혁적 시도들이 당장 정책적으로 실험되고 실천될 수 없을지도 모른다. 그러나 그런 시도들 자체가 민주주의의 절차와 내용에 관한 한 더할 수 없는 교육과 훈련의 기회이며, 근본적 개혁일수록 중장기적 전망 위에서 추진될 수밖에 없음은 분명하다.

- 개혁은 국가 영역의 민주화 특히 정당 체제, 선거법 개정, 과감한 분권화 등 정치적 대표 체계의 혁신에서 시작되어야 한다.

- 새로운 복지 개혁의 큰 방향은, 첫째, (시장) 외적 민주화, 즉 국가에 의한 전통적 복지 공여를 공고히 함으로써 '어두운 복지'(시장에서 밀려났지만 국가 복지의 양과 질이 열악하여 시장 재편입을 강제당하는 상황)의 가능성을 줄이고, 둘째, (시장) 내적 민주화, 즉 기업지배구조를 민주적으로 개편함으로써 '어두운 고용'(고용은 됐지만 저임금이나 열악한 근로조건, 고용 불안정 등으로 인하여 강제적으로 시장 밖으로 내몰리는 상황)의 가능성을 줄여서 국가 복지에의 부담을 경감시키는 것이어야 한다.

- 정치가 정치 계급만의 게임이 되지 않으려면, '정치의 사회화', 곧 정치가 사회적으로 소비되어야 하거니와, 그렇지 않다면 민주주의는 존재 이유를 상실한다.

- 한국 민주주의는 1987년의 흥분에서 하루빨리 벗어나야 하며, 시장은 그 자체가 권력적임을 새삼 상기해야 한다.

참고문헌

강문구. 2003. 『한국민주화의 비판적 탐색』. 당대.

강민 외. 2002. "국가의 변혁능력을 위한 정책 네트워크 : 헤게모니 담론, 전략관계, 그리고 구조적 맥락." 『한국정치학회보』 36권 1호.

강승복. 2005. 『우리나라 저임 근로자의 현황과 특징』. 한국노동연구원.

강철규. 1999. 『재벌개혁의 경제학』. 다산출판사.

고세훈. 1999. 『영국노동당사』. 나남출판.

_____. 2000. 『복지국가의 이해 : 이론과 사례』. 고려대학교 출판부.

_____. 2001. "벤담주의적 자유주의와 빅토리아 영국의 개혁." 이근식·황경식 편. 『자유주의란 무엇인가』. 삼성경제연구소.

_____. 2002. "세계화와 블레어 노동당의 사민주의." 한국사회민주주의회 편. 『세계화와 사회민주주의』. 사회와연대.

_____. 2006. "역자 서문." 『페이비언 사회주의』. 아카넷; George Bernard Shaw et al. 1949[1889]. *Fabian Essays in Socialism*. London: George Allen & Unwin, Jubilee Edition.

공병호. 1999. "Corporate Governance." http://www.cfe.org/english/publi/story2.htm.

구해근. 2002. 신광영 옮김. 『한국노동계급의 형성』. 창작과비평.

김경근. 2005. "한국사회 교육격차의 실태와 원인." 『교육사회학』 15권 3호.

김균·박순성. 2001. "자본주의 경제의 신자유주의적 재편과 사회민주적 대안." 전창환·조영철 편. 『미국식 자본주의와 사회민주적 대안』. 당대.

김기원. 2002. 『재벌개혁은 끝났는가』. 한울아카데미.

김대환·김균. 1999. 『한국재벌개혁론』. 나남출판.

김수행 외. 2003. 『제3의 길과 신자유주의 : 영국, 독일, 프랑스를 중심으로』. 서울 대학교 출판부.

김연명. 2002. "김대중 정부의 사회복지 정책 : 신자유주의를 넘어서." 김연명 편. 『한국 복지국가 성격논쟁 I』. 인간과 복지.

김유선. 2005. "비정규직 규모와 실태." 한국노동사회연구소 자료보고서.

김정우. 2005. "노동소득분배율의 변동추이와 의미."『노동리뷰』. 한국노동연구원.

김태길. 1990. 『변혁시대의 사회철학』. 철학과 현실사.

남찬섭. 2002. "경제위기 이후 복지 개혁의 성격 : 구상, 귀결, 복지국가체제에의 함의." 김연명 편.『한국복지국가 성격논쟁 I』. 인간과 복지.

대통령비서실 삶의질 향상 기획단. 1999. 『새 천년을 향한 '생산적 복지'의 길 : '국민의정부' 사회정책 청사진』.

류정순. 2005. "2004년의 빈곤현황과 정책대안," '함께하는 여성회 창립대회 여수 지역 저소득층 밀집지역 여성생활실태조사 보고회'(12월 16일).

민주노동당. 2005. 『2005 사회포럼』 발표문.

박노자. 2002. 『좌우는 있어도 위아래는 없다 : 박노자의 북유럽 탐험』. 한겨레신문사.

박찬용 외. 2002. "소득분배와 빈곤동향 및 변화요인 분석." 한국보건사회연구원 보고서.

보건복지부. 2006. "양극화를 이겨내는 희망프로젝트 2006." 2006 업무보고서.

산업경제연구원. 2005. "소비회복을 위해 소득분배 개선에 노력해야."『산업경제정 보』 2005-18.

아사 브릭 외. 한국복지연구회 옮김. 1987. 『사회복지의 사상』. 이론과 실천.

안예홍. 1999. "최근의 기업지배구조에 관한 논의와 개선방향."『금융시스템 리뷰』 8.

안청시. 2003. "폴라니의 정치경제학." 안청시·정진영 편.『현대 정치경제학의 주 요 이론가들』. 아카넷.

양재진. 2003. "노동시장유연화와 한국복지국가의 선택: 노동시장과 복지제도의 비정합성 극복을 위하여."『한국정치학회보』 제37집 3호.

유경준. 2003. "소득분배 국제비교를 통한 복지 정책의 방향." KDI 정책포럼 제 167호 (2003-05).

윤상우. 2002. "동아시아 발전국가의 위기와 재편 : 한국과 대만 비교연구." 고려 대학교 사회학과 박사학위 논문.

윤영관. 1996. 『전환기 국제정치경제와 한국』. 민음사.

이강국. 2005.『다보스, 포르투 알레그레 그리고 서울』. 후마니타스.

이병희 외. 2005.『노동시장현안과 정책과제』. 노동연구원.

이원보. 2001. "한국 노동운동의 현주소와 전망."『한국사회 노동정책의 새로운 비전과 과제』노동아카데미 학술대토론회 Proceedings.

이정진. 2002. "한국의 민주화와 대통령의 권력변화 : 금융실명제와 대선후보 결정과정을 중심으로."『한국정치학회보』36권 2호.

이찬근. 2002. "신자유주의와 경제적 민주주의."『한국의 민주주의, 종료된 프로젝트? : 현 단계 한국 민주주의의 이념, 현황, 전망』. 2002년 학술단체협의회 연합 심포지엄 Proceeding.

이혜경. 2002. "한국 복지국가 성격 논쟁의 함의와 연구방향." 김연명 편.『한국 복지국가 성격논쟁 I』. 인간과 복지.

이홍종. 2002. "오리엔탈리즘과 아시아적 가치."『계간사상』겨울호.

임혁백. 2000.『세계화시대의 민주주의』. 나남출판.

재정경제부. 2005. "경제양극화 현황과 정책과제." 2005 국가비전 당정 워크숍 자료(6월 3일).

전병유. 2005. "일자리 양극화와 정책과제." KNSI 특별기획 2호.

전창환·조영철. 2001.『미국식 자본주의와 사회민주적 대안』. 당대.

정무권. 2002. "'국민의정부'의 사회정책 : 신자유주의 확대? 사회통합으로의 전환?" 김연명 편.『한국 복지국가 성격논쟁 I』. 인간과복지.

정원오 외. 2005. "실업, 불안정노동자의 사회보장체계 구축방안." 진보정치연구소 프로젝트 중간보고서(5월 23일).

조영철. 2001. "독일의 기업지배구조: 세계화의 물결과 협력적 경영자 자본주의의 명암." 전창환·조영철.『미국식 자본주의와 사회민주적 대안』. 당대.

_____. 2001a. "미국의 기업지배구조 : 주주자본주의의 신화와 한계". 전창환·조영철. 2001.『미국식 자본주의와 사회민주적 대안』. 당대.

_____. 2001b. "세계와와 사회민주적 대안의 조건". 전창환·조영철. 2001.『미국식 자본주의와 사회민주적 대안』. 당대.

_____. 2003. "이해당사자 자본주의와 한국자본주의의 개혁방향 : 기업지배구조와 금융시스템 개혁을 중심으로"(미발표 논문).

조영훈. 2002a. "'생산적 복지론'과 한국 복지국가의 미래." 김연명 편.『한국 복지국가 성격논쟁 I』. 인간과 복지.

_____. 2002b. "유교주의, 보수주의, 혹은 자유주의? 한국의 복지유형 검토." 김

연명 편. 『한국 복지국가 성격논쟁 I』. 인간과 복지.

조영훈. 2002c. "현 정부 복지 정책의 성격 : 신자유주의를 넘었나?" 김연명 편. 『한국 복지국가 성격논쟁 I』. 인간과복지.

좌승희. 1999. 『독일의 사회적 시장경제』. 한국경제연구원.

최영종. 2002. "한국과 일본의 경제구조개혁 비교 : 정치제도와 사회자본의 역할을 중심으로." 『아세아연구』 45권 2호.

최장집. 1996. 『한국민주주의의 조건과 전망』. 나남출판.

_____. 2005. 『민주화 이후의 민주주의 : 한국 민주주의의 보수적 기원과 위기』. 후마니타스.

_____ 편. 2005. 『위기의 노동』. 후마니타스.

통계청. 각년도. 『도시가계연보』.

한국경제연구원. 1999a. 『독일의 사회적 시장경제』. 한국경제연구원.

_____. 1999b. 『우리나라 기업지배구조의 새로운 패러다임 모색』 정책보고서(99-03).

홍훈. 1999. 『한국 자본주의의 실체』. 대한상공회의소 한국경제연구센터.

Abrahamson, P. 2000. "The Welfare Modelling Business." Nick Manning and Ian Shaw eds. *New Risks, New Welfare : Signposts for Social Policy.* Oxford: Blackwell.

Alber, Jens. 1988. "Is There a Crisis of the Welfare State? Cross-national Evidence from Europe, North America, and Japan." *European Sociological Review* Vol. 4, No. 3.

Albert, Michel. 1992. *Capitalism against Capitalism.* London: Lawrence and Wishart.

Albo, Gregory. 1997. "A World Market of Opportunities? Capitalist Obstacles and Left Economic Policy." Leo Panitch ed. *Ruthless Criticism of All That Exists: Socialist Register 1997.* London: Merlin Press.

Atkinson, A. B. 1999. *The Economic Consequences of Rolling Back the Welfare State.* London: The MIT Press.

Barry, Brian. 2001. *Culture and Equality: An Egalitarian Critique of Multiculturalism.* London: Polity.

Barry, Norman. 1990. *Welfare*. Buckingham: Open University Press.

Bauman, Zygmunt and Keith Tester. 2001. *Conversations with Zygmunt Bauman*. Cambridge: Polity.

Bienefeld, Manfred. 1994. "Capitalism and the Nation State in the Dog Days of the Twentieth Century." Ralph Miliband and Leo Panitch eds. *Socialist Register 1994 : Between Globalism and Nationalism*. London: Merlin Press.

Boron, Atilio A. 2005. "The Truth about Capitalist Democracy." Leo Panitch and Colin Leys eds. *Telling the Truth: Socialist Register 2006*. London: Merlin Press.

Bowles, Samuel and Herbert Gintis. 1986. *Democracy and Capitalism: Property, Community, and the Contradictions of Modern Social Thought*. New York: Basic Books.

Bowles, Samuel, Maurizio Franzini, and Ugo Pagano. 1999. "Introduction : Trespassing the Boundaries of Politics and Economics." Samuel Bowles, Maurizio Franzini, and Ugo Pagano eds. *The Politics and Economics of Power*. London: Routledge.

Bowles, Samuel, Richard Edwards and Frank Roosevelt. 2005. *Understanding Capitalism : Competition, Command, And Change*. Oxford: Oxford University Press.

Bryson, Lois. 1992. *Welfare and the State: Who Benefits?* London: Macmillan.

Burbach, Roger, Orlando Nunez and Boris Kagarlitsky. 1997. *Globalization and Its Discontents : the Rise of Postmodern Socialisms*. London: Pluto Press.

Byrne, John A. 1999. *Chainsaw : the Notorious Career of Al Dunlap in the Era of Profit-At-Any-Price*. New York: HarperBusiness.

Castles, Francis and Deborah Mitchell. 1993. "Words of Welfare and Families of Nations." Francis Castles ed. *Families of nations : Pattern of public policy in Western Democracies*. Aldershot: Darmouth.

Castles, Stephen. 2002. "The International Politics of Forced Migration." Leo Panitch and Colin Leys eds. *Fighting Identities: Race, Religion and Ethno-Nationalism — Socialist Register 2003*. London: Merlin Press.

Cerny, Philip G. 1997. "Paradoxes of the Competition State: The Dynamics of Political Globalization." *Government and Opposition* Vol. 32, No. 2(Spring).

Coates, David. 2000. *Models of Capitalism : Growth and Stagnation in the Modern Era.* Cambridge: Polity Press.

_____ ed. 2003. *Paving the Third Way : A Critique of Parliamentary Socialism — A Socialist Register Anthology.* London: Merlin Press.

Corry, Dan. 1997. "Macroeconomic Policy and Stakeholder Capitalism." Kelly, Gavin, Dominic Kelly, and Andrew Gamble eds. *Stakeholder Capitalism.* London: Macmillan.

Cox, Robert Henry. 1998. "The Consequences of Welfare Reform: How Conceptions of Social Rights are Changing." *Journal of Social Policy* Vol. 27.

Cranston, M. 1973. *What Are Human Rights?* London: Bodly Head.

Dahrendorf, Ralph. 1995. "Preserving Prosperity." *New Statesman and Society* 15 (29 December).

Desai, Meghnad. 2002. *Marx's Revenge: the Resurgence of Capitalism and the Death of Statist Socialism.* London: Verso ; 김종원 옮김. 2003. 『마르크스의 복수 : 자본주의의 부활과 국가 사회주의의 죽음』. 아침이슬.

Dore, Ronald. 2000. *Stock Market Capitalism : Welfare Capitalism.* London: Oxford University Press.

Esping-Andersen, Gφsta. 1990. *The Three Worlds of Welfare Capitalism.* Princeton: Princeton University Press.

Evans, Peter. 1997. "Eclipse of the State? Reflections on Stateness in an Era of Globalization." *World Politics* Vol. 50(October).

Frank, Thomas. 2002. *One Market under God: Extreme Capitalism, Market Populism and the End of Economic Democracy.* London: Vintage.

Furniss, Norman and Timothy Tilton. 1977. *The Case for the Welfare State: From Social Security to Social Equality.* Bloomington: Indiana University Press.

Garrett, Geoffrey. 1998. *Partisan Politics in the Global Economy.* Cambridge: Cambridge University Press.

George, Vic. 1998. "Political Ideology, Globalisation and Welfare Futures in Europe." *Journal of Social Policy* Vol. 27 part 1(January).

Giddens, Anthony. 2000a. *The Third Way and Its Critics.* Cambridge: Polity; 박찬욱 옮김. 2002. 『제3의 길과 그 비판자들』. 생각의나무.

_____. 2000b. *Runaway World : How Globalization Is Reshaping Our Lives.* London: Routledge ; 박찬욱 옮김. 2000. 『질주하는 세계』. 생각의나무.

Giddens, Anthony and Will Hutton eds. 2000. *On the Edge.* London: Random House ; 박찬욱 외 옮김. 2000. 『기로에 선 자본주의』. 생각의나무.

Gilbert, Neil. 2001. "Productive Welfare and the Market Economy : Korea's Enabling State." paper presented for International Symposium for Sharing Productive Welfare Experience, Seoul(September 6-7).

Gills, Barry K. and Dong-Sook S. Gills. 2000. "Globalization and Strategic Choice in South Korea : Economic Reform and Labor." Samuel S. Kim ed. *Korea's Globalization.* Cambridge: Cambridge University Press.

Goodin, Robert E. 1988. *Reasons for Welfare: The Political Theory of the Welfare State.* Princeton: Princeton University Press.

Gorringe, Timothy. 1999. *Fair Shares : Ethics and the Global Economy.* London: Thames & Hudson.

Gough, Ian. 2000. *Global Capital, Human Needs, and Social Policies: Selected Essays, 1994~99.* New York: St. Martin's Press.

Graham, Gordon. 1988. *Contemporary Social Philosophy.* Oxford: Basil Blackwell.

Hall, Peter and David Soskice. 2001. "Introduction." Peter A. Hall and David Soskice eds. *Varieties of Capitalism : The Institutional Foundations of Comparative Advantage.* Oxford: Oxford University Press.

Harris, D. 1986. *Justifying State Welfare.* Oxford: Basil Blackwell.

Held, David and Anthony McGrew. 2001. "Globalization." Joel Krieger et al. eds. *The Oxford Companion to Politics of the World.* Oxford: Oxford University Press.

Held, David, Anthony McGrew and Gareth Schott. 2007. *Globalization Theory: Approaches and Controversies.* London: Polity Press.

Held, David, et al. 1999. *Global Transformations*. Stanford: Stanford University Press.

Hertz, Noreena. 2002. *The Silent Takeover : Global Capitalism and the Death of Democracy*. London: Arrow Books.

Hirst, Paul and Grahame Thompson. 1999. *Globalization in Question : The International Economy and the Possibilities of Governance*. Cambridge: Polity Press.

Hoover, K. and R. Plant. 1989. *Conservative Capitalism*. London: Routledge & Kegan Paul.

Howard, Dick. 1998. "The French Strikes of 1995 and their Political Aftermath." *Government and Opposition* Vol. 33, No. 2.

Hutton, Will. 1995. *The State We're In*. London: Verso.

_____. 1999. *The Stakeholding Society: Writings on Politics and Economics*. London: Polity Press.

_____. 2000. *The Revolution That Never Was : An Assessment of Keynesian Economics*. London: Vintage.

_____. 2002. *The World We're In*. London: Little Brown and Company.

Jacobs, Michael, Adam Lent and Kevin Watkins. 2003. *Progressive Globalisation : Towards an International Social Democracy*. London: Fabian Society.

Kagarlitsky, Boris. 1999. "The Challenge for the Left : Reclaiming the State." Leo Panitch and Colin Leys eds. *Global Capitalism versus Democracy: Socialist Register 1999*. London: Merlin Press.

Kaufmann, Franz-Xaver. 2001. "Towards a Theory of the Welfare State." Stephen Leibfried ed. *Welfare State Future*. Cambridge: Cambridge University Press.

Kelly, Gavin, Dominic Kelly, and Andrew Gamble eds. 1997. *Stakeholder Capitalism*. London: Macmillan.

Kelly, Marjorie. 2001. *The Divine Right of Capital: Dethroning the Corporate Aristocracy*. San Francisco: BK.

Kelly, R. 1995. "Derivatives: A Growing Threat to the International Financial System." J. Michie and J. G. Smith eds. *Managing the Global Economy*. Oxford: Oxford University Press.

Kersbergen, Kees van. 2004. "Welfare State Reform and Political Allegiance." *The European Legacy* Vol. 8, No. 5.

Kim, Samuel S. 2000. "East Asia and Globalization: Challenges and Responses." Samuel S. Kim ed. *East Asia and Globalization.* Lanham, MD: Rowman & Litlefield.

_____. 2000. "Korea and Globalization(Segyehwa) : A Framework for Analysis." Samuel S. Kim ed. *Korea's Globalization.* Cambridge: Cambridge University Press.

Klein, Naomi. 2001. "Farewell to The End of History : Organization and Vision in Anti-Corporate Movements." Leo Panitch and Colin Leys eds. *A World of Contradictions : Socialist Register 2002.* London: Merlin.

Kloppenberg, James T. 1985. *Uncertain Victory: Social Democracy and Progressivism in European and American Thought, 1870~1920.* Oxford: Oxford University Press.

Korpi, Walter. 1983. *The Democratic Class Struggle.* London: Routledge & Kegan Paul.

Krugman, Paul. 1995. *Peddling Prosperity: Economic Sense and Nonsense in the Age of Diminished Expectations.* New York: W.W. Norton & Company.

_____. 1996. *Pop Internationalism.* London: The MIT Press.

Lansley, Stewart. 2006. "Britain's Undeserving Rich." *Fabian Review* Vol. 118, No. 1.

Legrain, Philippe. 2003. "The Delusion of World Capitalism." *New Statesman* 25(April).

Leibfried, S. 1992. "Towards a European Welfare State? On Integrating Poverty Regimes into the European Community." Z. Ferge and J. Kolberg eds. *Social Policy in a Changing Europe.* Colorado: Westview Press.

Levitas, R. 1998. *The Inclusive Society? Social Exclusion and New Labour.* New York: Palgrave.

Lipset, S. M. 1960. *Political Man.* London: Mercury Books.

Lipset, S. M. and Gary Marks. 2000. *It Didn't Happen Here : Why Socialism Failed in the United States.* New York: WW. Norton & Company.

Luttwak, Edward. 1997. "Central Bankism." Peter Gowan and Perry Anderson eds. *The Question of Europe.* London: Verso.

MacShane, Denis and Chris Brewster. 2000. *Making Flexibility Work.* Fabian Pamphlet 595. London: The Fabian Society.

Marquand, David. 2004. *Decline of the Public.* Cambridge: Polity.

Marshall, T. H. 1963. *Class, Citizenship and Social Development.* Chicago: University of Chicago Press.

Mishra, Ramesh. 1973. "Welfare and Industrial Man." *Sociological Review* Vol. 21, No. 4(November).

_____. 1990. *The Welfare State in Capitalist Society: Policies of Retrenchment and Maintenance in Europe, North America and Australia.* New York: Harvester.

_____. 2001. "Globalization and the Welfare State: Towards an International Perspective." paper presented for International Symposium for Sharing Productive Welfare Experience, Seoul, September 6~7.

Mitchell, Deborah. 1991. *Income Transfers in Ten Welfare States.* Aldershot: Avebury.

Mouffe, Chantal. 2000. *The Democratic Paradox.* New York: Verso.

Muller, W. C. 1994. "Political Traditions and the Role of the State." *West European Politics* Vol. 17, No. 3.

Muller, W. C. and V. Wright. 1994. "Reshaping the State in Western Europe." *West European Politics* Vol. 17, No. 3.

Murray, Charles. 1990. *The Emerging British Underclass.* London: IEA.

_____. 1994. *Underclass: The Crisis Deepens.* London: IEA.

Nathan, Max. 2001. *Getting Attached: New Routes to Full Employment.* London: Fabian Society.

Nozick, Robert. 1974. *Anarchy, State and Utopia.* Oxford: Basil Blackwell.

Overbye, E. 1996. "Pension Politics in the Nordic Countries: a Case Study." *International Political Science Review* Vol. 17, No. 1.

Panitch, Leo and Colin Leys eds. 1997. *The End of Parliamentary Socialism :*

From Benn to Blair. London: Verso.

_____ eds. 2002. *Fighting Identities : Race, Religion and Ethno-Nationalism : Socialist Register 2003*. London: Merlin Press.

Panitch, Leo and Colin Leys. 1997. *The End of Parliamentary Socialism: From New Left to New Labour*. London: Verso.

Pateman, Carole. 2004. "Democratizing Citizenship : Some Advantages of a Basic Income." *Politics & Society* Vol. 32, No. 1.

Pettifor, Ann. 2003. "Coming Soon: the New Poor." *New Statesman* 1(September).

Pierson, Christopher. 2001. *Hard Choices : Social Democracy in the Twenty-First Century*. Cambridge: Polity Press.

Piven, Frances Fox. 1995. "Globalizing Capitalism and the Rise of Identity Politics." Leo Panitch ed. *Why Not Capitalism: Socialist Register 1995*. London: Merlin.

Plant, Bob. 2005. *Wittgenstein and Levinas: Ethical and Religious Thought*. Abingdon, Oxon: Routledge.

Polanyi, Karl. 1944/1964. *The Great Transformation: The Political and Economic Origins of Our Time*. Boston: Beacon Press.

Radice, Giles ed. 1996. *What Needs to Change: New Visions for Britain*. London: Harper Collins.

Radice, Hugo. 1999. "Taking globalisation seriously." Leo Panitch and Colin Leys eds. *Global Capitalism versus Democracy : The Socialist Register 1999*. London: Merlin Press.

Raphael, D. D. ed. 1967. *Political Theory and the Rights of Man*. London: Macmillan.

Rawls, John. 1971. *A Theory of Justice*. Cambridge, Mass.: Harvard University Press.

Retallack, Simon. 2003. "Blueprint for the Screwed-up World." *New Statesman* (25 August).

Rogers, Joel and Wolfgang Streeck. 1994. "Productive Solidarities: Economic Strategy and Left Politics." David Miliband ed. *Reinventing the Left*. Cambridge: Polity Press.

Ruciman, W. G. 1966. *Relative Deprivation and Social Justice : A Study of*

Attitudes to Social Inequality in Twentieth-Century England. London: Routledge & Kegan Paul.

Rueschemeyer, Dietrich, Evelyne Huber Stephens, and John D. Stephens. 1992. *Capitalist Development and Democracy.* Cambridge: Polity Press.

Russell, Meg. 2005. *Must Politics Disappoint?* London: Fabian Society.

Ryou, Jai-Won and Tae-Joon Kim. 2002. "The Stock Market and Macroeconomic Policy in Emerging Market Economies : The Case of Korea." *Korean Social Science Journal* Vol. 29, No. 1.

Ryscavage, Paul. 1998. *Income Inequality in America : An Analysis of Trends.* Armonk, N.Y.: M. E. Sharpe.

Sassoon, Donald. 1996. *One Hundred Years of Socialism: The West European Left in the Twentieth Century.* London: Fontana Press.

Seccombe, Wally. 1999. "Contradictions of Shareholder Capitalism: Downsizing Jobs, Enlisting Savings, Destabilizing Families." Leo Panitch and Colin Leys eds. *Global Capitalism versus Democracy: Socialist Register 1999.* London: Merlin Press.

Standing, Guy. 1997. "The New Insecurities." Peter Gowan and Perry Anderson eds. *The Question of Europe.* London: Verso.

Streeck, Wolfgang. 1995. "From Market Making to State Building? Reflections on the Political Economy of European Social Policy." Stephan Leibfried and Paul Pierson eds. *European Social Policy: Between Fragmentation and Integration.* New York: The Brookings Institution.

Taylor-Gooby, Peter. 1997. "In Defense of Second-best Theory : State, Class and Capital in Social Policy." *Journal of Social Policy* Vol. 26, No. 2.

Thompson, Helen. 1997. "The Nation-State and International Capital Flows in Historical Perspective." *Government and Opposition* Vol. 32, No. 1(Winter).

Thompson, Noel. 2002. *Left in the Wilderness : The Political Economy of British Democratic Socialism since 1979.* Chesham: Acumen.

Timmins, Nicholas. 1995. *The Five Giants: A Biography of the Welfare State.* London: Fontana Press.

Townsend, P. 1954. "The Meaning of Poverty." *British Journal of Sociology* Vol. 5, No. 1(June).

Tsoukalas, Constantine. 1999. "Globalisation and the Executive Committee : The Contemporary Capitalist State." Leo Panitch and Colin Leys eds. *Global Capitalism versus Democracy: Socialist Register 1999.* London: Merlin Press.

Turner, Adair. 2001. *Just Capital: the Liberal Economy.* London: Pan Books.

Wade, Robert. 1996. "Globalization and Its Limits: Reports of the Death of the National Economy are Greatly Exaggerated." S. Berger and R. Dore eds. *National Diversity and Global Capitalism.* Ithaca: Cornell University Press.

Weiss, Linda. 1997. "Globalization and the Myth of the Powerless State." *New Left Review* No. 225(Sep/Oct).

Wilensky, Harold L. and Charles N. Lebeaux. 1965. *Industrial Society and Social Welfare.* New York: Free Press.

Wright, Erik Olin. 2004. "Introduction." *Politics & Society* Vol. 32, No. 1.

Zuege, Alan. 1999. "The Chimera of the Third Way." Leo Panitch and Colin Leys eds. *Socialist Register 2000: Necessary and Unnecessary Utopias.* London: Merlin Press.

OECD. 2003. *National Accounts.*

_____. 2004. *National Accounts.*

_____. 2005. *National Accounts.*

_____. 2006. *National Accounts.*

_____. *Labour Market Statistics,* various years.

_____. *National Accounts,* various years.

_____. *National Accounts,* various years.

Welfare

찾아보기

244